城市营销研究丛书

总主编：王成慧 骆欣庆

城市营销经典案例

（第三辑·国内城市篇）

陈 倩 欧海鹰 主编

City Marketing Cases （NO.3）

经济管理出版社
ECONOMY & MANAGEMENT PUBLISHING HOUSE

图书在版编目(CIP)数据

城市营销经典案例(第三辑·国内城市篇)/陈倩,欧海鹰主编. —
北京:经济管理出版社,2014.6
ISBN 978—7—5096—3211—6

Ⅰ.①城…　Ⅱ.①陈…　②欧…　Ⅲ.①城市管理—市
场营销学—案例—中国　Ⅳ.①F299.23

中国版本图书馆 CIP 数据核字(2014)第 143342 号

组稿编辑:王光艳
责任编辑:杨国强
责任印制:黄章平
责任校对:张　青

出版发行:经济管理出版社
　　　　(北京市海淀区北蜂窝 8 号中雅大厦 A 座 11 层　100038)
网　　　址:www.E—mp.com.cn
电　　　话:(010)51915602
印　　　刷:北京晨旭印刷厂
经　　　销:新华书店
开　　　本:720mm×1000mm/16
印　　　张:17.5
字　　　数:322 千字
版　　　次:2014 年 9 月第 1 版　2014 年 9 月第 1 次印刷
书　　　号:ISBN 978—7—5096—3211—6
定　　　价:58.00 元

总　序

　　"城市营销"的概念最早来源于西方的"区域营销"和"国家营销"理念。菲利普·科特勒在《国家营销》中认为，一个国家，也可以像一个企业那样用心经营。他认为，在剧烈变动和严峻的全球经济条件下，每个地区或城市都需要通过营销手段来整合自身资源，使地区或城市形成独特的风格或理念，以满足众多投资者、新企业和游客的要求与期望。城市形象影响城市顾客对该地区投资、办厂、移民、旅游、就业以及地区外市场消费者对该地区产品的态度和购买行为，因此，可通过在研究城市目标顾客群体的基础上进行市场细分、确定目标市场、进行市场定位以及通过形象传播等连续不断的过程营销城市，塑造城市形象。

　　因此，城市营销就是运用市场营销的方法，将具体城市的产品、企业、品牌、文化氛围、贸易环境、投资环境、人居环境及城市形象等在内的各种政治、经济、文化、自然资源进行系统的策划与整合，通过树立城市品牌，提高城市综合竞争力，广泛吸引更多的可用社会资源，以推动城市良性发展，满足城市居民物质文化生活需求。

　　科特勒（1993）将城市营销分为五个部分：一是地方审核（Place Audio），即营销学中所指的经营环境分析，具体分析社区现状、优势劣势、机遇威胁以及主要问题等；二是愿景与目标（Vision and Goals），即居民对于城市发展的期待是什么；三是战略框架（Strategy Fomulation），确定通过什么样的战略组合来实现目标；四是行动计划（Action Plan），即确定执行战略所需要采取的特定行动；五是执行与控制（Implementation and Control），指为保证计划成功地执行社区所要采取的行动。其实这就是营销学中所提及的"分析营销环境、确定战略目标、制定营销战略、执行营销方案、管理营销行动"的整个营销规划流程。

　　进入 21 世纪以来，在经济全球化、区域一体化的大背景下，资本、科技、文化、人才等资源，一方面实现了全球流动和全球配置，另一方面则呈现出向特定区域集聚，特别是向中心城市集聚的态势，从而推动了城市产业集群和企业集群的发展，导致了城市间在资金、技术、人才、形象等方面的激烈竞争。城市的活动已经从国内竞争扩展到国际领域，城市开始通过创新理念以及系统规划来拟定自身长期发展战略，而通过城市营销有效整合城市包括产品、企业、品牌、文化氛围、贸易环境、投资环境、人居环境及城市形象在内的资源，以促进自身的健康发展，成为诸多城市提升自身竞争力的必然选择。为了获得更大的经济效益和增长潜力，以及更广阔的发展空间和更大的成长平台，我国许多城市开始探寻城市品牌的发展道路，越来越多的城市纷纷塑造自己的城市品牌，城市经营、城市营销、品牌战略逐步成为诸多城市发展的新思路。

近年来，我国城市营销实践取得了很大发展，一些城市由于自身雄厚的经济实力增加了城市的吸引力，一些城市在历史进程中缓慢地形成了自己的城市特色，这些城市通过人为的策划和包装树立了城市品牌的新形象。北京、上海、大连、青岛、深圳、广州、成都、重庆、杭州、昆明、西安等城市通过一系列城市经营战略策略，逐渐形成了各具特色的城市品牌价值、品牌形象和品牌个性。这些不同的品牌形象构成了这些城市发展的无形资产，吸引了越来越多城市顾客的进驻，提高了城市的综合竞争能力。

但是在这一过程中也暴露出了许多问题，例如有一些城市仍然在城市营销和城市品牌塑造方面刻意模仿、盲目攀比，缺乏相关资源和产业支撑，缺乏科学的规划与管理，反而使得城市的品牌定位和形象模糊，进一步束缚了城市的可持续发展；有些城市的营销战略缺乏系统性、统一性，形象塑造和宣传朝三暮四，反而混淆了城市本身的特色品牌形象。如何基于城市的资源特色和发展定位，选择合适的、系统的营销战略策略和品牌建设规划，挖掘城市的核心特性，塑造独特的品牌形象并持续不断地传播和维护，不仅是城市营销实践中急切需要解决的难题，也是目前城市营销理论中尚待深入研究的问题。

在多年的营销研究和教学的基础上，我们推出这套"城市营销丛书"，通过系列专著、教材、案例分析等陆续发表我们的研究成果。如果这套著作中的某些观点或思路能对城市营销理论研究增砖添瓦，或者能对城市营销实践有所启迪、有所帮助，那么对我们而言就是莫大荣幸、莫大欣慰。

城市营销学是一门发展中的学科，丰富的理论内涵和综合的知识结构，以及飞速发展的社会实践，均需要对此进行不断深入研究和精心归纳。我们希望这套丛书的出版，能推进与提高城市营销理论的研究水平，为中国城市发展贡献绵薄之力。

当然，丛书中尚有许多不尽如人意的地方，希望各位读者多提宝贵意见和建议，以便于我们不断修订、完善。

是为序。

王成慧

2013 年 12 月于北京第二外国语学院

前　言

在经济全球化的今天，城市发展步伐日益加快的同时也面临着日益激烈的竞争。如何更好地提升城市自身的竞争力，如何在吸引投资、吸引人才、吸引游客等方面独拔头筹，是目前世界各国城市都在积极探索和思考的问题。城市形象的塑造、城市品牌的建立成为提升城市知名度、美誉度的关键所在，也将成为整个城市旅游业、服务业乃至整个社会经济发展的推动器，而城市营销手段的正确运用正是有效提升城市竞争力的一剂良药。从国际大都市到国内一线省会城市，再到三线中小城市，越来越多的城市吹响了城市营销的号角。但究竟何为城市营销？如何开展城市营销？城市营销的手段有哪些？大部分城市都缺乏深刻的认识，导致在营销过程出现很多问题，如城市定位趋同化、城市形象片面化、城市口号单一化、营销手段同质化等。因此，对城市营销实践的研究和探索，将有利于挖掘城市特点，凝练城市特色，探索一条符合城市特点的营销之道。

本书立足于城市的营销实践，对我国城市的营销现状、营销手段和未来发展趋势进行了系统的分析。全书分为十二章，分别对深圳、珠海、厦门、天津、武汉、贵阳、南京、无锡、宁波、苏州、台北、高雄等十二个城市的营销实践进行了深入的剖析，在对各个城市的营销手段进行梳理的基础上，对各个城市的营销活动特色进行了提炼，总结了十二个城市在城市营销方面的成功经验和不足之处，并为今后城市营销的开展提出相关建议，以期为我国城市未来开展营销战略的制定、营销方案的实施等营销活动提供相应的理论依据和决策支持。

本书是集体合作的成果，具体写作分工如下：第一章由欧海鹰、曾斌执笔，第二章由陈倩、张帅执笔，第三章由陈倩、贺江琼执笔，第四章由陈倩、方炎执笔，第五章由欧海鹰、曾斌执笔，第六章由陈倩、张帅执笔，第七章由陈倩、方炎执笔，第八章由陈倩、贺江琼执笔，第九章由欧海鹰、刘婷执笔，第十章由欧海鹰、姜孝芳执笔，第十一章由欧海鹰、姜孝芳执笔，第十二章由欧海鹰、刘婷执笔，最后由陈倩和欧海鹰统一核稿。

在本书的写作过程中，我们得到了国内很多专家学者的指导与支持，同时参考了一定数量的国内外相关文献。在此，对所有相关人员一并致以衷心的感谢！

由于作者水平有限，书中存在错误与不妥之处，恳请读者批评指正！

陈倩　欧海鹰

2014 年 3 月于北京

目　录

第一章 南海之珠 动感鹏城
——深圳

　　"一九七九年,那是一个春天,有一位老人在中国的南海边画了一个圈,神话般地崛起座座城,奇迹般地聚起座座金山。"当年这首广泛传唱于祖国大江南北的《春天的故事》,切实准确地描绘了深圳特区建立前后的巨大转变。1980 年,中国第一个经济特区在深圳成立。从此,深圳成为中国改革开放政策和现代化建设的"先行地"和"试验田"。截至 2012 年末,深圳市常住人口 1054.74 万人,生产总值为 12950.08 亿元,在全国内地大中城市排名位列第四,人均可支配收入 40742 元①。短短三十多年,深圳市从一个仅有 3 万多人口、两三条小街的边陲小镇,发展成为一座拥有上千万人口,经济繁荣、社会和谐、功能完备、环境优美的现代化大都会,不得不说是世界工业化、城市化、现代化史上的奇迹。而在现代城市营销理念的引导和打造下,深圳——这座充满传奇色彩的城市将会迎来新的腾飞。

第一节 深圳的城市营销手段

　　作为我国改革开放的先锋城市,深圳在其整个城市营销工作的开展过程中,大胆创意,开放多元。就城市营销手段而言主要尝试了包括关系营销、形象营销、文化营销、节事营销和新媒体营销。其中,在关系营销方面,深圳市自 1986 年 4 月首次与美国休斯敦市结交为友好城市以来,截止到 2013 年 2 月,深圳市已与 14 个国家的 14 个城市建立了友好关系;在形象营销方面,深圳市相对完善且系统地提出

---

①深圳概览[EB/OL].深圳政府在线,http://www.sz.gov.cn/cn/zjsz/szgl/.

了以城市形象定位与标识—城市形象打造—城市形象推广为核心内容的城市形象营销体系;在文化营销方面,深圳市政府尝试了国家级文化产业示范基地和园区的建设,"钢琴之城"、"图书馆之城"和"公园之城"的打造,大型对外文化交流品牌活动的开展一系列工作;在节事营销方面,深圳市政府通过国际会议的承办,体育赛事的举行以及大型节庆的开设进行了成功的营销,其中尤以 2011 年的深圳大运会影响最为深远;在新媒体营销方面,深圳市政府不仅成功地进行了政务官网的建设,还与时俱进地尝试了政务微博的开设和政务 APP 的开发,与广大网民进行了良好的互动。下面将对深圳市各营销手段的具体操作和营销效果进行详细讨论。

一、关系营销

我国自 1973 年开展友好城市活动以来,对外结好工作取得不断进展,到 2013 年 12 月,我国有 30 个省、自治区、直辖市(不包括港澳台地区)和 433 个城市与五大洲 133 个国家的 463 个省(州、县、大区、道等)和 1423 个城市建立了 2083 对友好城市(省州)关系①。就深圳市具体情况来看,自 1986 年 4 月与美国休斯敦市结好以来,先后与意大利的布雷西亚市、澳大利亚的布里斯班市、波兰的波兹南市、法国的维埃纳市、牙买加的金斯敦市、多哥的洛美市、德国的纽伦堡市等 14 个国家的 14 个城市建立友好关系(见表1-1),城市双方在科学、教育、文化、环境等多个领域展开了广泛而深刻的交流与合作。

表 1-1　与深圳结好城市

外方城市	国别	结好时间
休斯敦市(Houston)	美国	1986 年 4 月 2 日
布雷西亚市(Brescia)	意大利	1991 年 11 月 12 日
布里斯班市(Brisbane)	澳大利亚	1992 年 6 月 22 日
波兹南市(Poznan)	波兰	1993 年 7 月 30 日
维埃纳市(Vienne)	法国	1994 年 10 月 17 日
金斯敦市(Kingston)	牙买加	1995 年 3 月 6 日

①中国国际友好城市联合会,http://www.cifca.org.cn/Web/Index.aspx.

续表

外方城市	国别	结好时间
洛美市（Lome）	多哥	1996 年 6 月 7 日
纽伦堡市（Nuremberg）	德国	1997 年 5 月 27 日
瓦隆布拉邦省（Walloon Brabant）	比利时	2003 年 10 月 12 日
筑波市（Tsukuba）	日本	2004 年 6 月 9 日
光阳市（Gwangyang）	韩国	2004 年 10 月 11 日
卢克索市（Luxor）	埃及	2007 年 9 月 6 日
萨马拉州（Samara）	俄罗斯	2008 年 12 月 19 日
海法市（Haifa）	以色列	2012 年 9 月 10 日

资料来源：中国国际友好城市联合会，http://www.cifca.org.cn/Web/SearchByCity.aspx.

二、形象营销

一般而言，形象营销是企业为提高其社会影响力、增强知名度及美誉度从而提高市场占有率、增加盈利等进行的一系列经济活动。然而，随着时代的进步这种理念也渐渐被引入城市营销的工作之中。深圳相比内陆其他城市而言，更具活力、更加开放和包容。历年来，深圳市通过深圳城市形象宣传片的拍摄和投放、城市形象代言人的聘请、旅游形象口号和城市"市树"、"市花"等的设计、挑选与广泛使用，将深圳充满活力与激情、开放且包容的形象传达得淋漓尽致。其中，深圳市形象营销主要包括以下三个方面：

（一）城市形象定位与标识

在 2011 年 3 月 28 日，深圳市规划和国土资源委员会公布的《中共深圳市委、深圳市人民政府关于提升城市发展质量的规定》中指出："要大力塑造和推广'创意深圳，时尚之都'的城市形象"以及"要把深圳打造成具有重要国际影响力的设计之都、钢琴之城、图书馆之城、动漫基地、高尔夫之都和全球旅游目的地、时尚购物消费中心、优质生活城市"[①]。深圳市针对以上定位和发展目标提出了大量切实可行

①中共深圳市委、深圳市人民政府关于提升城市发展质量的规定[EB/OL].深圳市规划和国土资源委员会网站，http://www.szpl.gov.cn/xxgk/zcfg/fgk/csghl/201109/t20110928_66800.html.

的方案和落实措施。

在城市形象标识方面,为更好地彰显深圳城市特色,塑造城市形象,深圳市人民政府于 2011 年 3 月 24 日正式启动了城市形象标识的全球征集工作。截止到 2012 年 4 月 30 日,共计收到来自全球 1530 名投稿者的设计方案 2990 件,并经过初审、复审等环节产生了最终 10 件深圳城标候选作品。2012 年 1 月 14 日,经"深圳城市形象标识 10 件候选作品专家论证咨询会"讨论,这 10 件候选作品中没有一件可以直接采用的作品[①],深圳城标设计工作一直在进行,这说明深圳市政府已具备了城市形象体系构建和系统化推广的初步意识。

(二)城市形象打造

深圳城市形象的打造主要包括深圳精神的提出、深圳八景的确立、深圳美誉的评选以及"市树"、"市花"的征集四大部分。

1.深圳精神

"深圳精神"形成于 1990 年,原为"开拓、创新、团结、奉献"八个字。进入 21 世纪,随着经济全球化的速度加快和以高技术为制高点的国际竞争的日趋激烈,深圳精神的与时俱进便是时代所需。2002 年 3 月,深圳市委宣传部、市文明办便联合市主要新闻媒体在全市范围内就"深圳精神如何与时俱进"进行了广泛而深刻的讨论,此举在社会各界引起了强烈反响。之后深圳市委常委会集中全市人民的建议和意见,经过慎重研究,决定将新的深圳精神概括为四句十六个字,即"开拓创新、诚信守法、务实高效、团结奉献"。新的深圳精神代表着深圳现行的核心理念定位和整体形象,凝聚着这座城市的思想灵魂,彰显着深圳的特色风貌,对于深圳的发展具有极其重要的意义[②]。

2.深圳八景

为确立深圳的形象名片,2004 年由深圳市委宣传部、旅游局、文化局共同牵头的"深圳八景"评选活动广泛开展,并得到市民的积极支持,2004 年 2 月确立了以大鹏所城(大鹏守御千户城,建于公元 1394 年)、深南溢彩(深南大道)、侨城锦绣(深圳华侨城)、莲山春早(福田莲花山)、梧桐烟云(罗湖梧桐山)、梅沙踏浪(盐田大

---

① 深圳城市形象标识全球征集[EB/OL].深圳新闻网,http://www.sznews.com/zhuanti/content/2012-01/17/content_6402499.htm.

② 我市"两会"代表热论重新提炼深圳精神[EB/OL].深圳市人大常委会网站,http://rdcwh.sz.gov.cn/rd3_3/xwbd/200803/t20080313_816651.htm.

小梅沙)、一街两制(沙头角中英街)、羊台叠翠(宝安羊台山)为代表的"深圳八景"成为深圳的窗口景点,展现了深圳浓厚的时代气息和深刻的历史文脉。

3.深圳美誉

从 2000 年以来,深圳市先后获评的城市美誉有"国际花园城市"、"中国优秀旅游城市"、"最受农民工欢迎城市"、"设计之都"、"中国科研实力十强城市"、"全球最具经济竞争力城市"。

(1)国际花园城市

"国际花园城市"竞赛创办于 1997 年,是全球公认的"绿色奥斯卡"大赛,也是世界城市建设与社区管理领域的最高荣誉之一。该项活动及奖项由联合国环境规划署所认可,国际公园协会与联合国环境规划署共同主办①。2000 年,深圳市荣获"国际花园城市"称号,并为中国大陆第一座最高级别 E 类第一名。

(2)中国优秀旅游城市

"中国优秀旅游城市"评选活动是国家旅游局为了促进城市旅游业的发展,从而带动我国整个旅游行业的发展于 1998 年开始创办的一项活动。据国家旅游局在 2007 年修订的《中国优秀旅游城市检查标准》显示,"创优"工作主要有申报、创建、自检、初审、验收、批准命名六个步骤,"创优"的国家检查标准有 20 个大类,183 个小项,总分 1000 分②。

深圳市是中国最重要旅游城市之一,重要的旅游创汇基地。1998 年,深圳市荣获"中国优秀旅游城市"称号,并在 2010 年 1 月被美国《纽约时报》列为 2010 年必到的 31 个旅游胜地之一,世界之窗、锦绣中华、民俗文化村、欢乐谷、明斯克航空母舰等主题公园,都是中华文化与世界文明交融的一个个生动缩影,成为深圳市最受游客青睐的旅游景点。据深圳市统计局《深圳统计年鉴 2012》显示,2011 年全年到深圳市过夜入境游客达 1104.55 万人次,旅游外汇收入达 374563 万美元③。

(3)最受农民工欢迎城市

2007 年,在浙江温州举行的中央电视台"温暖 2007"大型颁奖晚会上,深圳当选为"中国最受农民工欢迎的十大城市之一"。

---

①国际花园城市[EB/OL].百度百科,http://baike.baidu.com/view/1526339.htm.
②国家旅游局公告:《中国优秀旅游城市检查标准》进行了修订[EB/OL].国家旅游局网站,http://www.cnta.gov.cn/html/2008-6/2008-6-2-21-23-28-319.html.
③殷勇,谢作正.深圳统计年鉴 2012[M].北京:中国统计出版社,2012.

(4)设计之都

深圳市于 2008 年 11 月 19 日正式被联合国教科文组织(UNESCO)批准加入全球创意城市网络,授予"设计之都"称号①,成为继德国柏林、阿根廷布宜诺斯艾利斯、加拿大蒙特利尔、日本名古屋和神户之后全球第 6 个设计之都,也是中国第一个享有此美誉的城市。2009 年 4 月由深圳"设计之都"工作领导小组办公室、深圳创意文化中心主办的深圳"设计之都"官方网站首页征集大赛开始启动,并经过层层选择最终确定了如图 1-1 所示的网站首页。

图1-1 深圳"设计之都"官网首页

(5)中国科研实力十强城市

在 2011 年 5 月世界著名学术刊物《自然》发行方自然出版集团发布的《自然出版指数 2010 中国》报告中,称中国科研论文量增质升,并首次评出中国科研实力十强城市及中国前十位科研机构。在中国科研实力十强城市中,深圳市位列第六。而深圳市的华大基因研究院在中国前十位科研机构中名列第四②。

①中国·深圳·设计之都官方网站,http://www.shenzhendesign.org/.
②深圳位列中国科研实力十强城市第六[EB/OL].中华人民共和国商务部官方网站,http://www.mofcom.gov.cn/aarticle/resume/n/201105/20110507572054.html.

（6）全球最具经济竞争力城市

英国《经济学人》2012年"全球最具经济竞争力城市"榜单上,深圳市位居第二[①]。在中国社科院发布的《2012年中国城市竞争力蓝皮书》中,深圳市综合竞争力位居中国大陆第三位[②]。据《深圳统计年鉴2012》显示,2011年深圳市成产总值已达115055298万元,其中第一产业65541万元、第二产业53433220万元、第三产业61556537万元。全年社会消费品零售总额3520.87亿元,全年外贸进出口总额4141亿美元[③]。其经济总量相当于我国一个中等省份,加上其特殊历史背景和地理优势,深圳在中国的制度创新、扩大开放等方面承担着重要使命。

4."市树"与"市花"

1986年,荔枝树和簕杜鹃分别被深圳市民评选为深圳市的"市树"与"市花",2007年红树被评为深圳市第二"市树"。深圳市栽培荔枝具有悠久的历史,是广东省的重要荔枝基地,深圳市政府也多次举行了与荔枝有关的文化联谊活动,并设计、建立了以荔枝为主题的公园、文化基地等。簕杜鹃又名三角花、叶子花、春红、叶子梅等,且具有花色艳丽、美观大方、适应性强、容易栽培、便于造型和花期较长等特点,体现了深圳的无限活力和丰姿,备受深圳市民喜爱。红树,具有顽强的生命力,与兼蓄包容、团结互助的深圳精神相得益彰。

（三）城市形象推广

深圳市城市形象推广工作主要包括宣传片、城市微电影的拍摄、城市形象大使的聘选以及深圳市旅游形象口号和形象LOGO的征集。其具体内容如下:

1.宣传片

城市形象宣传片主要可以分为以下四大类:①由政府主持的城市宣传资料片,其内容通常包括对该城市的政治、经济、文化、历史、人文等多方面、全方位的陈述和展示;②由政府或者该城市的旅游主管部门主持的城市旅游形象宣传片,其内容包括对该城市的旅游特色资源、旅游经典线路、美食、购物、娱乐等的描述;③城市招商形象片,此种类型的宣传片侧重于对该市宏观环境、经贸发展、优惠政策、优势资源、投资政策等方面的介绍;④为配合大型活动宣传和推广城市形象的宣传片,如2008年北京奥运会前北京的城市形象宣传片、2010年上海世博会之前的上海

---

①深圳概览[EB/OL].深圳政府在线,http://www.sz.gov.cn/cn/zjsz/szgl/.
②倪鹏飞.2012年中国城市竞争力蓝皮书:中国城市竞争力报告[M].北京:社会科学文献出版社,2012.
③殷勇,谢作正.深圳统计年鉴2012[M].北京:中国统计出版社,2012.

城市形象广告等。在我国,为城市做形象广告起始于 1999 年。当时,山东省威海市为发展当地旅游业,做出了以广告传播吸引八方游客的决策①。随着经济的发展和理念的创新、进步,越来越多的城市尝试以宣传片的形式推广自己。在利用宣传片进行城市推广方面,深圳市主要进行了以下尝试:

(1)政府主持的城市宣传资料片

深圳市政府虽然没有推出整体的城市形象宣传片,但针对把深圳市打造成世界国际城市的发展定位,深圳市政府关于深圳市国际城市形象宣传片的拍摄工作已经开始如火如荼地进行,作为深圳市国际形象代言人的著名钢琴家郎朗将会在此宣传片中亮相。值得一提的是,深圳市各区政府针对本区的具体情况和文化、资源特色,组织拍摄了本区的形象宣传片。如南山区的《创意南山》、宝安区的《万福之城,深圳宝安》、龙岗区的《精彩龙岗》以及针对专项活动而组织拍摄的福田区义工宣传片《田满爱》,这些宣传片的拍摄和播放对于当地的形象推广都起到了很好的作用。

(2)城市旅游形象宣传片

2011 年,由深圳市文体旅游局牵头的深圳整体形象宣传片制作完毕,宣传片以创意和时尚为主线,以文化、体育和旅游丰富的内容为主体,多角度全方位地诠释了深圳"主题公园"、"运动休闲"、"都市风情"、"滨海浪漫"等特色。该旅游宣传片也在深圳卫视、都市频道、财经频道的《午间新闻》、《深圳新闻》、《第一现场》、《一时间》等栏目,大运村文化展示区、大型酒店、深圳机场、口岸等多个旅游咨询中心进行了宽范围的投放和展播②。

(3)配合大型活动的宣传片

此类宣传片主要是指深圳市政府为配合第 26 届大学生运动会而组织拍摄的,包括《寻找 UU》宣传短片和《相约大运,畅游深圳》的 8 集大型电视节目两大项。

《寻找 UU》。2010 年 5 月 15 日,深圳市第 26 届世界大学生运动会宣传片《寻找 UU》(UU 为深圳大运会吉祥物)在深圳市召开的国际大体联执委会上试播,获得了现场观众的如潮好评。8 月 9 日大运会宣传片全球发布。2011 年深圳大运会是继 2008 年北京奥运会、2010 年广州亚运会之后,在我国举办的又一次国际综合性的体育盛会,也是深圳建市以来的一项世纪性工程和标志性大事。因此,深圳大运会执行局相关人士对于深圳大运会宣传片的拍摄工作极其重视,2009 年 11 月,

---

①城市形象宣传片[EB/OL].360 百科,http://baike.so.com/doc/242328.html.
②王在兴.文体旅游形象宣传片发布[N].深圳晚报,2011-08-11.

宣传片的制作项目便在全国范围内进行公开招标,吸引了一大批国内外优秀制作团队参与竞标,最终由北京水晶石公司中标。该公司也是北京奥运会、伦敦奥运会、上海世博会等大型项目的影像制作赞助商①。宣传片《寻找 UU》设置了一个充满悬念的故事情节,并以风靡全球的时尚运动"跑酷"作为主要表现形式,精选出深圳市最具代表性的场景,将活力四射的大学生与充满激情的市民和谐地融合,展现出作为经济特区深圳这个充满活力而又极具包容的城市带给人们的快乐、幸福和希望,传递出大运会主办城市深圳,无论是在设施建设还是作为一个现代化国际大都市的精神面貌与大运会精神的完美契合②。2011 年 3 月 7 日,深圳大运会宣传片首次在北京天安门广场人民英雄纪念碑两侧的 LED 大屏幕播出。

《相约大运,畅游深圳》。该大型电视节目由深圳市文体局旅游推广促进处与中央电视台相关栏目联合制作于 2010 年,以深圳市的旅游景点为背景,通过青少年的竞技活动和家长的参与配合,充分展现了深圳市民的良好精神风貌、和谐的人际关系及热爱家园的意识,同时展示了深圳市"主题公园"、"都市风情"、"滨海休闲"和"高尔夫之都"的城市旅游特色。节目于 2010 年的学生寒假和春节期间在《动感特区》栏目进行了播放,观众好评如潮③。

2. 微电影

微电影(Short Film/Microcinema),即微型电影,又称微影。它既可以指专业的小成本制作或者使用数码摄像机在电脑上剪辑并发布到网上的业余电影,也可以指时间短的电影④。2011 年 8 月大运会开幕前夕,为宣传深圳大运会,让更多人更好地了解深圳,由深圳市政府牵头,林旭坚导演的微电影《IN 深圳》全面发布。和其他一般城市形象宣传片的大而全不同,《IN 深圳》更富故事情节。该微电影片长 10 分钟,以父母和孩子一家三口、钢琴少年、图书管理员、幼儿园老师的日常生活和情感经历为故事主线,用生动、朴实又极具张力的笔触勾勒出了一幅只属于深圳的独特城市画卷。片中全景展现了深圳市的滨海浪漫、主题公园、运动休闲、都市风情等特色,片中通过亲情、师生情、爱情、人与城市的关系以及大爱式感悟的诠

---

①深圳大运会宣传片《理念篇》全球发布[EB/OL]. 中国新闻网,http://www. chinanews. com/ty/2010/08-09/2456554. shtml.

②田泳. 大运会宣传片亮相天安门广场[N]. 深圳特区报,2011-03-08.

③中央电视台"相约大运,畅游深圳"节目制作完成[EB/OL]. 深圳政府在线,http://www. sz. gov. cn/whj/qt/gzdt/201012/t20101223_1620098. htm.

④梦想初绽放,微电影的"青春期"[EB/OL]. 中国时刻网,http://www. s1979. com/news/china/201308/0797295907. shtml.

释和展现,使观众品味到深圳作为一座开放的城市所特有的温度和温情。

3.形象大使

城市形象大使是伴随着经济发展,全球化、国际化程度加剧而产生的一件新兴事物和全新概念。它通过名人的知名度和影响力强化和提升城市品牌形象,吸引公众注意力,从而达到宣传、营销某个特定城市的目的和效果。2012年,国际钢琴巨星郎朗被聘为首位"深圳国际形象大使",此举对深圳的国际形象推广和国际化城市建设产生了积极的影响。

4.旅游形象口号与形象LOGO

旅游形象口号与形象LOGO是旅游目的地形象设计的重要组成部分,也是旅游目的地理念核心的精辟表达。其作用可以归纳为两大方面:一是对地方政府而言,旅游口号可以提炼旅游目的地的整体形象,提高旅游宣传的针对性,扩大旅游地的知名度和影响力;二是对旅游消费者而言,旅游口号通过引起其心理反应,可以激发旅游消费者的购买欲望,并最终促成其旅游购买行为的实现①。就深圳市来讲,曾先后提出以"深圳——每天带给你新的希望"、"精彩深圳,欢乐之都"、"创意深圳,时尚之都"为主题的旅游形象口号。其中,最值得一提的当属在2011年2月,由深圳市文体旅游局在其工作新闻发布会上公布的"创意深圳,时尚之都"的旅游新形象宣传口号,并针对新的旅游形象口号启用了新的旅游形象LOGO,如图1-2和图1-3所示。

以"创意深圳,时尚之都(Innovation Shenzhen,Capital of Fashion)"为深圳市旅游形象定位和宣传口号,不仅较好地体现了深圳这座中国改革开放前沿城市的特征,更充分体现了深圳市文体旅游领域开创、传播、引领先进文化、现代创意和潮流时尚的特征,向世界展现了深圳的风采,阐释了"开拓创新"的深圳精神和"改革开放、青春时尚、创意无限、充满激情"的城市风格②。

与"创意深圳,时尚之都"配套的深圳旅游形象LOGO的主要内涵包括:一是以大鹏展翅为图形,体现了深圳作为鹏城的城市特征;大鹏两翼向上展翅高飞,象征着深圳朝气蓬勃、昂扬向上,并寓意深圳的经济和文化比翼齐飞。二是以深圳市花簕杜鹃构图,代表了深圳。五彩缤纷的花瓣,象征着深圳青春时尚、开放多元的

①李燕琴,吴必虎.旅游形象口号的作用机理与创意模式初探[J].旅游学刊,2004(1).
②马骥远.深圳文体旅游形象有了新LOGO,定位为"创意深圳,时尚之都"[N].晶报,2011—03—01.

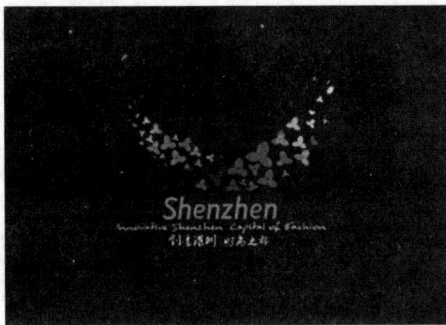

图 1-2　深圳旅游形象黑底 LOGO　　　　　图 1-3　深圳旅游形象白底 LOGO

城市文化品格；绿色花瓣象征着深圳的绿色环保与生态文明。由无穷无尽盛开着的簕杜鹃花瓣构成的图形，象征着深圳创意的点子激情迸发，体现了深圳对创意的不懈追求。三是月牙形的图案形似微笑，象征着深圳人活力四射、热情好客、爱心流溢、和谐浪漫的精神风貌①。

自深圳市文体旅游新形象口号和形象 LOGO 启用后，口号和 LOGO 已全面用于深圳市文体旅游行业的宣传、活动的各类资料编撰中，并以第 26 届大运会在深圳市举办为契机，编制了形象统一、风格统一的系列宣传品，进行了立体化的宣传推广活动，大大提升了深圳的知名度和美誉度。

三、文化营销

"软实力较强的城市其城市发展态势往往良好，竞争力也较强，对外的影响力也较大，而软实力较弱的城市其经济也往往落后，对外的影响力也较小，其竞争力也较弱"②，而文化作为一个国家和地区"软实力"（Soft Power）的最基本构成，在现代城市的发展中扮演着越来越重要的角色。德国历史哲学家斯宾格勒（Oswald Spengler）曾在《西方的没落》中说到，"每一种文化都根植于她自己的土壤，各有自己的家乡和故土的观念，有自己的'风景'和'图像'"，深圳市作为一个具有极强移民特质的年轻城市，在其城市的文化上体现出了明显的包容、多元、开放和激情；而作为我国改革开放的先锋城市，深圳在其城市营销工作开展中又表现了其极具活

①丁荡新."创意深圳，时尚之都"我市文体旅游新形象定位和形象 LOGO 昨启用［N］.深圳晚报，2011－03－01.

②马志强.论软实力在城市发展中的地位和作用［J］.商业经济与管理，2001(4).

力和创意的一面。自 2003 年深圳在全国率先确立"文化立市"战略以来,文化营销工作便开始纳入其城市营销的整体范畴。

(一)国家级文化产业示范基地和园区的建设

深圳自 2003 年在全国率先确立"文化立市"战略以来,便大力促进文化创意产业的集聚化和规模化发展,据深圳市文体旅游局文化产业发展处发布的《2012 年深圳文化产业统计数据》表明,2012 年深圳市文化创意产业园区营业收入 560 亿元,纳税 38 亿元。截至 2013 年 3 月深圳市内共认定 53 家市级以上文化产业园区、基地。其中,园区 33 家、基地 20 家。国家级园区和基地共计 12 家(具体情况见表 1-2),包括华侨城集团、大芬油画村、雅昌企业集团、腾讯、深圳古玩城、华强文化科技等[①],其中深圳华侨城集团于 2004 年 11 月和 2007 年 8 月先后被评为国家级文化产业示范基地和国家级文化产业示范园区。这些文化产业园区基地,涵盖了创意设计、文化软件、动漫游戏、新媒体和文化信息服务、数字出版等文化产业的重点领域,有着比较明显的"文化+科技"、"文化+创意"、"文化+旅游"等特色,具有良好的成长性与可持续发展能力。

表 1-2　深圳市国家级文化产业示范基地和园区一览

名　称	类　型	创立时间	特　色
华侨城集团	国家级文化产业示范基地	2004 年 11 月	文化+旅游
大芬油画村	国家级文化产业示范基地	2004 年 11 月	文化+创意
雅昌企业集团	国家级文化产业示范基地	2006 年 5 月	文化+科技
腾讯	国家级文化产业示范基地	2008 年 9 月	文化+科技
深圳古玩城	国家级文化产业示范基地	2008 年 9 月	文化+旅游
华强文化科技	国家级文化产业示范基地	2010 年 12 月	文化+科技
永丰源	国家级文化产业示范基地	2010 年 12 月	文化+科技、文化+创意
南岭文化创意园	国家级文化产业示范基地	2010 年 12 月	文化+创意
深圳灵狮文化	国家级文化产业示范基地	2012 年 9 月	文化+旅游、文化+电商、文化+创意

---

①2012 年深圳文化产业统计数据[EB/OL].深圳市文体旅游局,http://www.szwtl.gov.cn/.

续表

名　称	类　型	创立时间	特　色
深圳怡景国家动漫画产业基地	国家动漫画产业基地	2005 年 5 月	文化＋创意
华侨城集团	国家级文化产业示范园区	2007 年 8 月	文化＋旅游
梅沙原创音乐前沿基地	国家原创音乐基地	2008 年 5 月	文化＋旅游
赛格导航新基地	国家级卫星导航产业基地	2013 年 8 月	文化＋科技

(二)"钢琴之城"、"图书馆之城"和"公园之城"的打造

为更好地响应"文化立市"的号召,深圳市政府结合自身的发展现状因地制宜地提出了"钢琴之城"、"图书馆之城"和"公园之城"的打造工作,已见成效,其详细情况如下:

1.钢琴之城

以深圳艺术学校为代表,深圳市钢琴教育水平在全国居于前列。一代钢琴师但昭义教授培养出世界一流水平的钢琴苗子,在一系列国际钢琴大赛中取得成就,李云迪、陈萨、张昊辰、古静丹、潘林子等国际一流钢琴人才,屡屡在国际大赛摘金夺银。钢琴艺术在深圳市中小学生中普及率较高,每百户深圳市家庭拥有钢琴8.2 台。一批钢琴大师也把深圳市作为事业发展的重要基地[1]。

2.图书馆之城

2003 年深圳启动"图书馆之城"创建活动,已经初见雏形。据深圳市统计局《深圳统计年鉴 2012》显示,截至 2011 年底,全市公共图书馆(室)643 个,公共图书馆总藏量 2491.9 万册。其中市级馆 3 个,区级馆 6 个,市、区图书馆分馆和街道、社区馆(室)634 个,24 小时自助图书馆 160 个,基本上实现每 1.5 万人口拥有一个基层图书馆服务点的目标[2]。此外,深圳还在全市 167 家公共图书馆及分布在全市的 160 个城市街区 24 小时自助图书馆实现统一服务。读者只要走进有"图书馆之城"统一服务平台标识的公共图书馆(见图 1-4),就可以享受互通互联、资源共享和一证通行、通借通还的便利服务。

①深圳市文化艺术概况[EB/OL].腾讯网,http://news.qq.com/a/20100804/001582.htm.
②殷勇,谢作正.深圳统计年鉴 2012[M].北京:中国统计出版社,2012.

图 1-4　图深圳"图书馆之城"统一服务平台标识

3.公园之城

深圳拥有怡人的城市自然环境,824 个公园总面积达 21907 公顷。全市建成区绿化覆盖率达 45.1％、自然保护区覆盖率达到 30.7％;974 平方公里的生态控制线范围得到有效保护①。

(三)大型对外文化交流品牌活动的开展

近年来,深圳市开展的大型对外文化交流品牌活动主要有:深圳(伦敦)时装产业推介会、中国—东盟博览会之"中国魅力之城——深圳"展、上海世博"深圳特别活动日"以及英国 100％设计展"原创深圳馆"。其具体情况如下:

1.深圳(伦敦)时装产业推介会

2008 年 4 月 23 日,在中华人民共和国驻英国大使馆的鼎力支持下,"2008 深圳(伦敦)时装产业推介会"在英国伦敦洲际酒店顺利拉开了序幕。在此次推介会举办的小型时装表演会上,来自深圳市的"天意"、"歌力思"、"七色麻"等著名时装品牌和设计师的产品精彩亮相,极具东方色彩和时尚感的时装秀充分展现了深圳市绚丽多彩的现代服饰文化和时尚潮流。作为一次大力提升深圳城市国际形象的高规格活动,深圳市此次在国际时尚界瞩目的舞台上的高调亮相,给了深圳市作为中国最具创新力、充满时尚和青春活力的城市个性最好的诠释,引起了欧洲时尚界

---

①王慧琼,崔嵩.深圳大力增加城市绿量建设公园之城[N].深圳特区报,2011—10—20.

的广泛关注。

2.中国—东盟博览会之"中国魅力之城——深圳"展

2009年10月20日,在第六届中国—东盟博览会上,深圳市代表中国参加了"中国魅力之城"的展示,在南宁国际会议中心2号厅设立了"中国魅力之城——深圳"展区。此次展区设计以海关及口岸特色元素为中心设计理念,运用高科技手段,以极具动感、大气的空间设计和艺术表现,突出深圳市作为中国最具代表性的口岸城市魅力,巧妙地将深圳市主办的2011年世界大学生运动会、深圳市的高科技与经贸、区域金融中心、创意之都和滨海花园城市等主题穿插其中,展示了深圳市的良好投资环境和人居环境①。

3.上海世博"深圳特别活动日"

2010年7月29日,上海世博"深圳特别活动日"在世博园响亮启动,"深圳特别活动日"文艺演出包括世博园区宝钢大舞台启动仪式和城市最佳实践区系列演出两个部分②。世博会被公认为是国际性的经济、科技、文化的奥林匹克盛会③,为充分利用这千载难逢的机会,由深圳市文体旅游局强力牵头,整合全市优秀文艺资源,策划了以"创意之城,时尚之都"为主题的系列文艺表演和大运宣传活动,并组织来自全国百名高校的校园志愿者在世博园区各大热门展馆,向海内外游客发放"2011,深圳邀请你"的明信片,以此向世界发出深圳第26届大运会的邀请④。通过上海世博会这个国际性平台,深圳向世界各国的朋友淋漓尽致地展现了其青春、时尚、先锋、多元的城市特点和城市魅力。

4.英国100%设计展"原创深圳馆"

英国100%设计展,作为全球最高端的设计展之一,在国际上享有"设计奥斯卡"之称。自2011年深圳设计师代表团首次参展以来,截至2013年已连续参展3次。在北京时间2013年9月21日,当深圳"设计之都城市宣传片"和整个原创深圳馆集体以全新的面貌亮相时,多家中国深圳展团风格各异的展品吸引了各国设计师的眼球,许多企业家更是不请自来,就此次参展的多件产品进行了初步意向项目洽谈,迎来了包括法国、德国、韩国、日本等在内的15个国家代表关于设计长期战略合作的商谈。从"深圳设计"在2011年100%设计展的首次亮相,到如今能够

①吴德群.李克强视察深圳展区[N].深圳特区报,2009—10—20.
②马璇.深圳文艺展演本周亮相世博[N].深圳特区报,2010—07—26.
③万君宝.上海世博会的文化营销与软实力构建[J].城市规划学刊,2006(6).
④郑向鹏,蓝岸"深圳特别活动日"闪耀上海世博舞台[N].深圳特区报,2010—07—30.

成熟地与全球各个顶尖品牌进行对话。深圳,正以其实际行动和创造实力发展成一座名副其实的"设计之都"①。

四、节事营销

"节事"(Festival & Special Event)通常是以某一地区的地方特性、文脉和发展战略为基础举办的一系列活动或事件,其形式主要包括节日、庆典、展览会、交易会、博览会、会议以及各种文化、体育等具有特色的活动②。而节事营销就是指通过对以上一系列活动的举办和开展,从而达到塑造城市形象、提升城市知名度和影响力的效果。就深圳而言,其节事营销主要内容如下:

(一)国际会议

自 2008 年 12 月国家发展和改革委员会发布《珠江三角洲地区改革发展规划纲要》(2008～2020 年)将深圳定位为建设"全国经济中心城市""国家创新型城市"和"国际化城市"以来,深圳市在国际舞台上扮演着越来越重要的角色,就承办国际会议的情况来看,仅 2013 年深圳就先后举办了 8 次有影响力的国际会议,具体情况如表 1-3 所示。

表 1-3　2013 年深圳举办的部分国际会议

会议名称	召开时间	召开地点
2013 年电动汽车及智能电网国际学术研讨会	2013 年 1 月 7 日	深圳职业技术学院
2013 年中国国际储能电站大会	2013 年 4 月 18 日～19 日	深圳香格里拉大酒店
第七届中国国际海洋油气大会	2013 年 5 月 23 日	深圳凯宾斯基酒店
2013 INET－清华新经济国际峰会	2013 年 9 月 9 日	清华大学深圳研究院
第四届电声技术国际研讨会	2013 年 11 月 2 日～3 日	深圳虚拟大学园
第十届当代新儒学国际学术会议	2013 年 11 月 15 日～18 日	深圳大学
国际电工委员会 2013 年年会	2013 年 11 月 25 日～30 日	深圳
第九届中国(深圳)国际期货大会	2013 年 12 月 3 日	深圳五洲宾馆

①中国·深圳·设计之都官网,www.shenzhendesign.org.
②余青,吴必虎,殷平,童碧沙,廉华.中国城市节事活动的开发与管理[J].地理研究,2004(12).

(二)体育赛事

近年来,深圳市通过举办大型体育赛事和活动积累了大量经验,大力带动了相关体育项目的发展,进一步扩大了深圳市在国际上的影响力和知名度。

2011年7月,作为东道主的深圳市成功承办了2014年巴西"世界杯"足球赛亚洲赛区预选赛的两场比赛。2011年8月12日,以"从这里开始(Start Here)"为口号(图1-5),以"UU"为吉祥物(图1-6)的第26届世界大学生夏季运动会在深圳拉开序幕。深圳市是大运会史上最年轻的举办城市,此次大运会也是中国继2001年北京夏季大运会和2009年哈尔滨冬季大运会后,第三次举办这项赛事。本届大运会参赛国家及地区共152个,参赛运动员7865人,赛会志愿者2万名、城市志愿者15万名、社会志愿者100万名,设306项(24个大项)比赛项目,于2011年8月23日圆满落幕,历时12天,中国运动健儿勇夺75金创造了新的纪录①。2011年10月更是出色地协助举办了"雪花杯"《深圳特区报》国际象棋女子大赛和全国老年人柔力球交流大会。2011年11月举办了全国青少年校园足球活动定点学校校长座谈会。

图1-5　第26届深圳大运会主题口号　　图1-6　第26届深圳大运会吉祥物"UU"

①深圳大运网,http://www.sz2011.org/.

2012 年 10 月 18～20 日,由国家体育总局棋牌运动管理中心、深圳市文体旅游局主办,深圳市棋院、深圳市棋类协会协办的首届国际围棋名人混双赛在深圳市成功举办。此次比赛吸引了来自中国、日本以及韩国的四对棋界高手齐聚鹏城,并别具一格地采用了"男女搭配、轮流落子"的新颖赛制。2012 年 10 月 28 日,第五届中国杯帆船赛辛普森港深拉力赛在香港青州附近海域顺利起航,赛程终点为深圳海上运动基地,此次竞赛吸引了 30 个国家和地区的 80 支船队参赛,深圳市作为主办方更是由于其出色的表现获得各方一致好评。

(三)大型节庆

就目前而言,深圳市影响较大、知名度较高的大型节庆主要有深圳欢乐谷国际魔术节、深圳动漫节、深圳大剧院艺术节、深圳外来青工文体节、深圳"鹏城金秋"社区文化艺术节。

1. 深圳欢乐谷国际魔术节

作为中国最大规模、最高档次的专业魔术艺术盛会,深圳欢乐谷国际魔术节自 2000 年创办以来,截至 2013 年已经成功举办 13 届。深圳欢乐谷国际魔术节十余年如一日,坚持高品格、高规格、国际化、品牌化的路线,获得了业内的广泛认可,在国际魔术界已享有极高的声誉,并在"第二届中国节庆创新论坛暨中国品牌节会颁奖盛典"上,夺得"2011 十大国际影响力节庆"的荣誉称号[①]。2013 年 10 月 1 日～7 日,第 13 届深圳欢乐谷国际魔术节顺利举行,本届魔术节吸引了包括美、英、奥地利等 15 个国家和地区在内的 40 余位顶级魔术师驻场献艺,打造了一场魔幻视觉盛宴[②],广大游客和观众呼声连连,反响极为热烈。

2. 深圳动漫节

"深圳动漫节"创办于 2009 年,是国家广电总局、深圳市政府高度重视和支持的动漫节展,内容主要包括 cosplay 挑战赛、城际街舞大赛、青少年动漫创意大赛、电子竞技大赛等。截至 2013 年 7 月已经成功举办过 5 届,经过 5 年的发展已成为广大青少年非常期待的动漫盛会,现已升级为由国家广电总局宣传管理司主办、国家广电总局重点支持的全国四大动漫展会之一,深圳也正努力将其打造成东南亚最大的动漫赛事活动[③]。

①郝丽萍,覃春燕.深圳欢乐谷国际魔术节影响力入选"国际十大"[N].深圳商报,2011－09－15.
②槐安梦.深圳欢乐谷国际魔术节"十一"开幕[N].深圳特区报,2013－10－01.
③李涵.深圳动漫节今天开幕[N].深圳特区报,2013－07－17.

3. 深圳大剧院艺术节

1992 年 5 月,在深圳市委宣传部门、市文化主管部门的直接领导下,深圳大剧院领导班子创造性地在全国几千家剧院中率先创办了以剧院名字命名、由剧院主办的综合性艺术节。首届深圳大剧院艺术节上座率便高达 96%,累计观众突破 15000 多人次,在当时的中国文艺界犹如平地一声惊雷,被称作是"艺坛盛世,特区风采"[1]。截至 2013 年 9 月已经成功举办十七届,本届大剧院艺术节以"共筑中国梦"为主题,并一直持续到 12 月。

4. 深圳外来青工文体节

"深圳市外来青工文体节",其前身为"深圳市外来青工文化节"。创设于 2005 年 5 月,每年举办一届,是全国唯一以外来劳务工为主要受众群体的文化节。2006 年被授予"深圳市十大文化盛事"和"深圳市最受市民喜爱的十大文化品牌"称号,2007 年荣获文化部颁发的全国第十四届群星奖服务奖。至 2012 年,已有超过 100 万人次的外来青工参与了各项活动。第九届外来青工文体节于 2013 年 5 月 26 日圆满落幕,此届文体节的主题是"追梦,踏着深圳的节拍",文体节期间,深圳全市各级文化、体育主管部门积极开展了各类丰富多彩的文艺演出、比赛、展览、联谊、趣味体育比赛及送书、送戏、送电影到工厂等活动,不仅大力丰富了文体节的内容,更满足了广大外来青工日益增长的文体生活需求[2]。

5. 深圳"鹏城金秋"社区文化艺术节

"鹏城金秋"社区文化艺术节是深圳市每两年一届的常设性群众文化节庆活动,创办于 1992 年 10 月,最早被命名为"鹏城金秋——深圳市文艺汇演",第二届改为"鹏城金秋艺术节",从第五届开始正式命名为"鹏程金秋社区文化艺术节"。艺术节内容主要包括广场健身舞大赛,音乐、舞蹈大赛,美术、书法作品联展,社团文艺汇演等。2013 年 9 月 25 日,第十一届"鹏城金秋"社区文化艺术节在深圳南山风华大剧院圆满闭幕。本届艺术节共设包括"我型我秀"青年时尚文化活动及广场健身舞大赛等在内的 9 个重点项目,涵盖了社区文化的方方面面[3]。如今,"鹏城金秋"社区文化艺术节已经成为深圳市群众文化活动的一个标志,它所开创的面向基层的艺术态度与坚持原创的艺术精神得到了不断的继承和发展。由此也开辟了深

---

①杨娟.30 万办起全国首个剧院艺术节[N].深圳特区报,2010－12－12.

②第九届外来青工文体节将于 4 月 26 日至 5 月 26 日举行[EB/OL].深圳盐田政府在线,http://www.yantian.gov.cn/cn/a/2013/d07/a148367_403204.shtml.

③深圳第十一届"鹏城金秋"社区文化艺术节即将开幕[EB/OL].广东文化网,http://www.gdwh.com.cn/whwnews/2013/0815/article_17882.html.

圳文化的一片广阔天地①。

五、新媒体营销

新媒体营销是相对于传统营销方式的一种新的市场营销方式和营销手段。主要是指营销主体借助于互联网、手机等数字化互动式新媒体进行其品牌形象塑造和产品推广的过程②。就深圳城市新媒体营销的具体举措而言,主要包括了以政务官网、微博建设的网络营销和以手机为负载终端的 APP 的开发。

(一)政府官网的建设

《中国城市营销发展报告(2009~2010):通往和谐与繁荣》中指出,深圳城市营销效果显示深圳市城市网络营销指数全国排名第 5。其中以"深圳政府在线(http://www.sz.gov.cn/)"为代表的深圳政府官方网站界面美观、大方,内容更新较为及时,展示方式多元丰富,有文字、图片、视频、音频等。分类明确,便于投资者、市民、游客等不同需求的人群找到所需信息。深圳市政府官网的建设主要分为深圳市市政府网站、市政府各部门网站、深圳市各区政府网站及深圳市其他大型机构官方网站四大类,各级各类政府网站都紧紧围绕部门职能建设更新网站内容,力求使浏览者能够方便、简洁地获取到所需的政务信息。

(二)政务微博的建设

2012 年 7 月 11 日,汇集深圳市各区和市直有关部门等 34 个成员单位政务微博的"深圳微博发布厅"正式进驻新浪微博,"深圳微博发布厅(http://weibo.com/shenzhenfabu)"是深圳市互联网信息办主导开通的信息发布平台,也是继深圳市新闻发言人制度后实施信息公开的又一重要举措③。截至 2013 年 12 月,在"深圳微博发布厅"入驻的深圳各区政府或者各部门和媒体的政务微博已达 55 家。其中,在深圳市所有政务微博中,影响力排名前 10 位的有(根据微博粉丝关注数和发帖数确定):深圳公安(深圳市公安局官方微博),粉丝数高达 245.0 万、微博发帖数

---

①第十届"鹏城金秋"社区文化艺术节开幕[EB/OL].搜狐网,http://roll.sohu.com/20110919/n319867785.shtml.

②陈波.企业开展新媒体营销对策浅析[J].中国商贸,2010(3)8(3).

③深圳微博发布厅,新浪网,http://focus.weibo.com/pub/i/zt/szwbfbt.

14510条;深圳特区报(深圳特区报官方微博),粉丝数55.0万、微博发帖数54870条;龙岗发布(深圳市龙岗区人民政府官方微博),粉丝数51万、微博发帖数6244条;深圳商报(深圳商报官方微博),粉丝数45.9万、微博发帖数34202条;深圳交警(深圳市公安局交警支队官方微博),粉丝数44.3万、微博发帖数38112条;晶报(深圳晶报官方微博),粉丝数40.6万、微博发帖数37434条;深圳天气(深圳市气象局官方微博),粉丝数30.7万、微博发帖数10990条;深圳供电(深圳供电局有限公司官方微博),粉丝数20.6万、微博发帖数3236条;深圳市民政局(深圳市民政局官方微博),粉丝数19.7万、微博发帖数6946条;深圳市中级人民法院(深圳市中级人民法院官方微博),粉丝数15.4万、微博发帖数944条。另外,以"@福田发布"为代表的福田区政务微博在网上还曾发起过"#福田幸福印象#"大型城市网络互动记录活动、"#幸福田#"福田义工等的微话题讨论,这些均获得了较高的关注度,极大地增强了政务微博与广大网友的互动性。

(三)政务APP的开发与应用

在新媒体营销方面,以手机、平板电脑等移动终端为载体的深圳相关政务应用(APP)的开发活动也有了一定进展,具体情况如表1-4所示。

表1-4　深圳市政务APP开发详情一览

部门	应用名称	简　介
市政府	深圳政府在线移动门户	该应用主要包括"信息公开"、"便民服务"、"互动交流"、"深圳介绍"、"智慧搜索"、"我的主页"等栏目。操作界面简单、大方、美观、流畅,能较好地满足广大社会公众的多样化需求
市气象局	深圳天气	该应用目前支持2000多个县级以上城市天气显示,支持语音播报、短信和新浪微博转发。且能动态显示雷达图、卫星云图、分区天气预报、闪电分布以及台风最新信息;更有气象指数、空气质量等生活气象资讯,能较为全面、专业地为广大市民提供气象信息服务
市交通委	交通在手	包括城市路况、城市交通、深港交通、城际出行、出租电召、高速咨询、交通生活、时间分享、春运专栏等模块
市交警局	交通播报	查看实时路况信息以及重点路口和关口的实时视频监控,发布交通路况信息、快捷申报绿色出行等

续表

部门	应用名称	简　介
市社保局	社保通	软件集社保新闻、社保公告、社保余额查询、社保缴费明细、社保卡挂失、医保定点社康地址等查询功能为一体
市电力局	深圳供电掌上营业厅	该应用目前能提供电费单查询、缴费查询、办理进度查询、客户经理查询、优惠活动查询等业务
宝安区地税局	i税收	"i税收"移动税务局查询系统是深圳市宝安区地方税务局为了满足广大纳税人对移动办税的需要而研究开发的税务移动查询系统。该系统可以与国家税务总局、深圳市地税局及宝安区地税局网页无缝链接，能快速查询有关税收政策法规、办税指南及纳税辅导等综合信息，还能直观查询深圳市地税局所有机构办公地址、通讯电话及到达路线

第二节　深圳城市营销手段评价

　　深圳市作为一个年轻的移民城市和中国改革开放的先锋城市，在其城市营销工作的开展中，表现出极为明显的创意、包容、开放和多元的特质。从营销手段来看，深圳市政府尝试了包括关系营销、形象营销、文化营销、节事营销和新媒体营销在内的五种营销手段，并取得了不错的营销效果。从营销深度来看，以形象营销和节事营销为例，在形象营销方面，深圳市政府从城市形象定位、城市形象打造和城市形象推广三个维度进行了充分挖掘和高效的资源整合，相对系统地提出了深圳城市形象营销的体系构成，如图1-7所示；在节事营销方面，深圳市政府不仅常规性地通过举办大型会议、体育赛事等进行城市营销，更是前瞻性地通过大型品牌活动和国际性高口碑艺术节庆的创设来充分展现自己的特色，大大提高了城市知名度和美誉度。从营销广度来看，深圳市政府的营销工作不仅关注中国内地，更是战略性地将目光瞄准港澳地区、投向全球。无论是在设立国际性大型艺术节庆方面，还是在大型对外文化品牌交流活动中开展的文化营销部分，深圳市都做了很好的尝试。但是纵观深圳市整体的城市营销效果，在以下方面仍然值得再思考和改进：

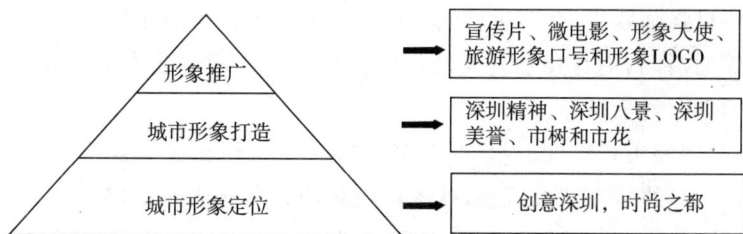

图 1-7　深圳市形象营销体系构成

一、城市营销效果整体有效，但营销效果评估机制尚需丰富

根据《中国城市营销发展报告（2009～2010）：通往和谐与繁荣》中对中国城市营销指数（CMI）的研究结果可知，深圳市的 CMI 总体排名第 9 位。从深圳城市营销的整体工作开展的情况来看，作为我国改革开放的窗口城市，深圳市在城市营销方面做出了较大的努力，并取得了一定成效，走在了我国其他城市的前列。但是，如何更好地评估深圳市在城市营销方面所做的努力，不仅仅是深圳市面临的问题，也是所有城市在营销推广的过程中面临的问题。营销效果评估的科学性、系统性、独立性是指导各城市更好地进行城市营销手段改进的保障。作为我国第一部系统性的城市营销研究报告，《中国城市营销发展报告（2009～2010）：通往和谐与繁荣》一书对全国 100 个城市的营销发展进行了定量分析，但是对营销效果评估方面的研究和实践仍然需要深度挖掘。同时，深圳市也应尽早组建专业的营销团队，提出自己的城市营销评估机制，一方面，对深圳目前已有营销手段的营销效果进行指标细分并予以量化评价，从而有针对性地改进自身的城市营销工作。另一方面，通过借鉴学习其他国内外城市的经验，如首尔、伦敦、北京、上海等，开辟新的营销手段，并对其营销效果进行预估，以此来不断完善深圳市的城市营销工作。

二、城市营销手段丰富多元，但各项营销指数发展略有不均

深圳市已尝试了关系营销、形象营销、文化营销、节事营销和新媒体营销。其中，在形象营销和节事营销方面，深圳市政府更是进行了深度挖掘和充分发挥，表现出了一定的专业性和创造性。比如在城市形象推广方面，在城市形象宣传片的拍摄中，深圳市政府与专业化团队合作，包括与中央电视台等在内的大型知名电视

台和热播栏目强强联手；在节事营销方面不仅有同于其他城市举办大型赛事、承办国际会议等的活动，更有异于其他城市的包括大型国际化艺术节庆和品牌化活动设立在内的创造性尝试。

根据《中国城市营销发展报告（2009～2010）：通往和谐与繁荣》中对中国城市营销指数（CMI）的研究结果可知，就各项指数的具体排名来讲，品牌强度指数全国排名第13位，其中次级指标品牌文化包容性全国排名第3位，说明深圳是一个包容性较强的城市；营销建设指数全国排名第3位；营销沟通指数全国排名第11位，其中较为突出的是投资促进和国际推广，全国排名均在前10位之内；网络营销指数深圳排名第5位；营销效益指数排名全国第2位，仅次于上海；由营销建设指数、营销沟通指数、网络营销指数和营销效益指数的排名综合得出的深圳城市营销力度排名全国第3位①。就深圳市营销的各项细化指标来看，其营销沟通指数和城市品牌强度指数相对较低。其中，城市品牌强度指数的几大主题层如品牌独特性、规划及管理均处于全国中等位置，反映出深圳市在这些方面还有待努力。

三、区域合作力度不够，营销工作重叠现象明显

就深圳全市来看，在营销工作的开展方面，深圳各区政府的合作强度不够，以形象宣传片为例。深圳市政府并未通过官方渠道明确公布其城市整体的形象宣传片，但深圳市各区政府已组织拍摄了本区的形象宣传片，比如南山区的《创意南山》、宝安区的《万福之城，深圳宝安》、龙岗区的《精彩龙岗》等。这无疑会直接导致宣传片营销力度的减弱和人财物等资源的浪费。

从深圳市在全国的地理位置而言，深圳市依托华南，立足珠江三角洲，临近香港。深圳市本可充分利用其得天独厚的地理优势，充分挖掘资源，与珠海、香港等城市联手合作进行强而专、精而细的城市营销。但遗憾的是，除了2010年由深圳市文体旅游局牵头在港举办的深圳大运旅游推介会以外，深圳在城市营销工作方面并没有与这些邻近城市进行更为深刻、广泛的合作。

---

①刘彦平.中国城市营销发展报告（2009～2010）：通往和谐与繁荣[M].北京：中国社会科学出版社，2009.

第三节　深圳城市营销发展建议

为了促进深圳市政府城市营销工作更加高效、有序地开展,针对深圳市营销工作存在的一些问题和不足,提出以下建议:

一、深层次挖掘,针对性提高

针对深圳营销指数发展不均衡,尤其是营销沟通指数和品牌强度指数得分不高的营销现状,深圳市政府应该对各营销手段进行深度挖掘,在营销沟通和品牌独特性、规划和管理方面有针对性地加强和提高。

具体来说,在深圳品牌建设方面,深圳市政府应该尽快组建专业的国际化团队,尝试建立"品牌规划—品牌打造—品牌管理"的品牌建设运营机制,充分挖掘以关系营销和节事营销为主的营销手段的深度。在关系营销方面,深圳市政府确实已与世界各国不少城市建立友好关系,但是友好城市双方关于科教文等方面的合作鲜有常规化及品牌化的开展。深圳市政府应该抓住广泛结好的现实契机,将城市间代表团的国际交流活动予以常规化和品牌化,如举办每年一次的专题论坛、体现城市精神与特质的双年展等活动,并签订相关框架协议,尽快完善深圳市与外部结好城市的城市交流平台和机制。在节事营销方面,深圳市除了承办国际性临时会议以外,还必须努力争取大型国际知名会议和品牌会议的长期承办权,只有这样才能形成持续不断且有所针对的国际影响力,同时更能提升深圳市在具体行业举办国际会议的专业化水平。

在城市营销沟通方面,深圳市政府在旅游促进以及国际推广等方面还大有文章可做。就旅游促进来看,深圳市政府应当充分利用深圳动漫节、深圳欢乐谷国际魔术节等大型节庆的举办来广泛吸引游客;在国际推广方面,深圳市应深层次挖掘与各国际城市广泛结好的优势,通过一系列国际交流活动的开展,从而塑造更加美好的国际形象。

二、构建"营销目标设定—营销手段细化—营销效果评估"的城市营销体系

深圳市政府还没有明确的城市营销目标，或者说并未通过官方渠道公布深圳城市营销的目标，但是根据深圳市人民政府在 2010 年 9 月公布的《深圳市城市总体规划（2010～2020）》等相关资料显示"深圳城市发展总目标是：继续发挥改革开放与自主创新的优势，担当我国落实科学发展观、构建和谐社会的先锋城市。将深圳建设成国际性知名城市。依托华南，立足珠江三角洲，加强深港合作，共同构建世界级都市区"和"把深圳打造成具有重要国际影响力的设计之都、钢琴之城、图书馆之城、动漫基地、高尔夫之都和全球旅游目的地、时尚购物消费中心、优质生活城市"等的具体城市发展目标[①]。这些都可以初步设定为深圳市的城市营销目标，但是为避免重点分散、专注度不高等问题的出现，深圳市政府应该通过专业城市营销团队的组建和深圳城市营销小组办公室的设立，在深圳市城市总体规划和城市具体发展目标的基础上提出深圳市城市营销的目标，细化性地提出城市营销的短期目标和长期目标，并有针对性地根据深圳市城市营销目标的落实情况对目标进行适时调整和提高。

就营销手段和营销效果而言，一方面，深圳市政府必须通过专业的营销团队对深圳已有营销手段的营销效果进行指标细分并予以量化评价，从而有针对性地改进自身的城市营销工作。另一方面，通过借鉴学习其他营销工作做得出色的城市，如首尔、伦敦、北京、上海等，开辟新的营销手段，并对其营销效果进行预估，以此来不断完善深圳市的城市营销工作。通过"营销目标设定—营销手段细化—营销效果评估"一体化的深圳城市营销体系的构建，使深圳市的城市营销工作更加系统有序、高效专业地运作。

三、博采众长为己用，借势发力远名扬

深圳市作为一个年轻的移民城市，相比中国其他城市而言在城市文化上表现出了更多的包容和多元，这就意味着深圳市政府在国际、国内交流活动的开展过程

---

① 深圳市城市总体规划（2010～2020）[EB/OL].深圳市规划和国土资源委员会（市海洋局）网站，http://www.szpl.gov.cn/xxgk/csgh/csztgh/201009/t20100929_60694.htm.

中,在博采众长方面具有更多的机会和可能。如在承办国际会议方面,深圳市政府可以充分借鉴瑞士达沃斯的"达沃斯经济论坛"、海南博鳌的"博鳌论坛"这些城市的成功经验,努力争取大型国际知名会议和品牌会议的长期承办权;在大型节庆的设立方面,深圳市政府可以取经维也纳音乐节、慕尼黑啤酒节以及法国小镇戛纳电影节等的操作方法,不求多而全,但求少而精,通过知名大型节庆的设立和打造,从而形成持久的影响力和较高的美誉度。

　　无论是 2009 年第六届中国—东盟博览会上的"中国魅力之城——深圳"展,还是 2010 年上海世博会的"深圳特别活动日",深圳市政府总能极具战略眼光地抓住各大契机,在深圳城市营销工作中"借势"发力。深圳市政府应继续发扬这一优良传统,借"后大运时期"的时代之"势",依托华南、毗邻香港的地理之"势",创造了"深圳速度"、定位国际化都市圈建设的城市发展之"势",科学、高效地整合各类资源,全面营销、宣传深圳。

第一章　浪漫誉满珠三角

——珠海

　　珠海市位于中国广东省南部,坐落在珠江三角洲的南部前缘,珠江口西岸,区位优越,是六个国家经济特区之一,东与香港隔海相望,南与澳门相连。设有拱北、九州、珠海港、万山、横琴、斗门、湾仔、珠澳跨境工业区等 8 个国家一类口岸,是珠三角中海洋面积最大、岛屿最多、海岸线最长的城市,素有"百岛之市"之称。珠海生态环境优美,山水相间,陆岛相望,气候宜人,是全国唯一以整体城市景观入选"全国旅游胜地四十佳"的城市。珠海属国家新颁布的"幸福之城",有"浪漫之城"的称号。

　　2009 年,国家相继出台了《珠江三角洲地区改革发展规划纲要》和《横琴总体发展规划》,这两个规划赋予了珠海新的历史使命,港珠澳大桥动工建设、经济特区范围扩大至珠海全市、珠海定位为珠江口西岸核心城市、横琴新区发展纳入国家战略,珠海在粤港澳核心区域呈现后发态势,正处于战略性新兴产业的成长期、转变发展方式的加速期、城市功能的提升期和综合实力的跨越期,科学发展面临着难得的重大机遇,崛起势头已经形成[①]。党的十八届三中全会对全面深化改革作出了总部署和总动员,珠海作为改革开放的前沿,具备良好的区位优势、生态环境和发展态势,抓住难得的发展机遇,珠海明天必将更加美好。在现代营销理念的引导和打造下,珠海将会不断加强凝聚力和辐射力,一展不凡的魅力。

---

①珠海市国民经济和社会发展第十二个五年规划纲要[EB/OL].珠海市人民政府,http://zwgk.gd.gov.cn/006988427/201107/t20110714_192965.html.

第一节 珠海城市营销手段

珠海市作为国家沿海经济特区,改革开放以来,非常重视城市建设和形象的推广,综合运用了各种城市营销手段,取得了一定的成效,树立了良好的城市形象。

一、关系营销

与我国的很多其他城市一样,珠海市作为中国国际友好城市联合会的一员,一直秉承着与国内外多个城市交流合作、共谋发展的原则,从 20 世纪 80 年代起,已与 10 个城市缔结了友好城市关系。这在促进双边发展的同时,也让更多的国际友人认识和了解了珠海。随着珠海城市经济的不断发展,在不久的将来,珠海将与更多的城市结为友好城市。

表 2-1 与珠海缔结友好关系的友好城市

时间	国家	城市
1987 年 7 月 8 日	加拿大	苏里市
1993 年 10 月 11 日	美国	雷德伍德城
1994 年 9 月 29 日	葡萄牙	布朗库堡市
2004 年 7 月 25 日	日本	热海市
2006 年 8 月 23 日	韩国	水原市
2010 年 6 月 24 日	巴西	维多利亚市
2010 年 8 月 10 日	瑞典	耶夫勒市
2011 年 6 月 1 日	德国	不伦瑞克市
2012 年 8 月 27 日	俄罗斯	茹科夫斯基市
2012 年 11 月 16 日	澳大利亚	黄金海岸市

资料来源:中国国际友好城市联合会网,http://www.cifca.org.cn/.

二、形象营销

在城市化步伐不断加快的今天,许多城市已经意识到城市形象对于打造城市品牌、提升城市竞争力具有重要的作用,纷纷打出形象营销牌。比如香港聘请著名设计师为其设计了"动感之都"的城市形象、厦门将城市形象定位为"海湾型城市"、大连也把自身形象定义为"最佳生活地"。珠海在城市形象的设计和推广方面也做了许多工作。

(一)城市标志

闻名海内外的珠海渔女巨型石雕是珠海市的标志。雕像建于 1981 年,高 8.7米,重 10 吨,由 70 件花岗岩组合成。位于珠海市风景秀丽的香炉湾畔,她颈戴项珠,身捎渔网,裤脚轻挽,双手高高擎举一颗晶莹璀璨的珍珠,带着喜悦而又含羞的神情,向世界昭示着光明,向人类奉献珍宝。

渔女、情侣路与周边的石景山公园、海滨公园、名亭公园、沿海岛屿、城市建筑、古镇名村以至澳门风情组成了珠海最浪漫的景观。来到珠海的游客都一定会去走一走,看一看这些地方。

2001 年 8 月 26 日,中国邮政首次以珠海渔女为专用邮资图案。"美丽珠海"的发行是为庆祝珠海经济特区成立 25 周年,并以珠海渔女雕塑为主图。

(二)城市建设

"十一五"期间,一批重大交通、能源和市政基础设施项目陆续动工建设和投入使用。珠澳大桥动工建设,广珠铁路正式复工,广珠城轨顺利通车,高栏港高速、机场高速、金港高速金凤段动工建设。改造和美化了主城区一批人行道、横街小巷、街心公园等,建成省立绿道、前山河东岸景观带、名亭公园(野狸岛)、将军山森林公园。竹银水源主体工程接近完工。

经济特区范围扩大至全市,城市东部板块与西部板块均衡发展迎来新机遇。香洲转型加快推进,核心城区功能得到进一步提升。横琴新区开发持续升温,十字门中央商务区、市政基础设施项目建设快速推进,环澳城市带呈现雏形。西部中心城区开发建设正式启动,西部工业化与城市化发展更加协调。唐家湾新城、空港新城、海港新城建设加快,组团式紧凑型城市形态更加鲜明。

新一轮城市总体规划修改形成雏形,明确了"一条主轴、两大板块、三区一城、若干组团"的城市总体发展格局。其中,"一条主轴"是指将双双延长的情侣路加珠海大道。

"两大板块"是指珠海的东部板块和西部板块。东部板块即环港澳的东部地区,包括唐家湾、香洲主城区、横琴岛和万山群岛,其中"环澳门"范围包括拱北、湾仔和横琴岛,"环香港"范围包括香洲的东部城区主轴海岸带及万山群岛。西部板块包括斗门区、金湾区和高栏港经济区的西部地区。

"三区一城"是指"香洲核心区、横琴新区和西部中心城区",珠海大桥的两边都将是珠海的主城区。目前已经开建的横琴新区就在三区"三足鼎立"的最南端,而致力于打造高端服务平台的十字门商务区,刚好处于三足鼎立的中央位置,不管是从地理几何角度,还是经济发展角度,十字门商务区都将成为未来城市的中心和重心。

珠海已形成了"4＋4＋1"的园区新格局,即高栏港经济区、高新区、航空产业园、富山工业园四大园区,南屏工业园、三灶工业园、新青工业园、平沙游艇与休闲旅游区为四个特色园区,保税区——跨境工业区为一个"特殊功能区"。"若干组团"是指依托珠海"4＋4＋1"的园区发展新格局形成的组团式生产生活服务中心。

(三)珠海市誉

珠海物华天宝,环境优美,海岛众多,海域辽阔,是珠三角城市中海洋面积最大、岛屿最多、海岸线最长的城市。拥有大小岛屿218个,其中,面积大于500平方米的有148个,素有"百岛之市"的美誉。珠海山水相间,陆岛相望,是全国唯一以整体城市景观入选"全国旅游胜地四十佳"的城市。人居环境一流,先后荣获"国家园林城市"、"国家环保模范城市"、"国家卫生城市"、"国家级生态示范区"、"中国优秀旅游城市"、"中国最具幸福感城市"、"中国和谐名城"称号和联合国人居中心颁发的"国际改善居住环境最佳范例奖"。在2013年中国最美丽城市榜单中,珠海荣获最美丽城市美誉,并成为2013年中国最优质生活城市、宜居城市、最具幸福感城市,《环球》杂志发布"外国人最爱的中国10个城市"评选结果,珠海排名第一,被评为港澳台和大陆最具投资潜力十大城市之一[①]。

---

①珠海荣获最美丽城市美誉,成为外国人最爱的中国城市[EB/OL].金羊网,http://news.ycwb.com/2013－08/20/content_4883980.htm.

(四)城市色彩

一个好的城市主色调好比是一首美妙的音乐,节奏优美又有主旋律,好听且不单调,让人倍感舒心。例如,夏威夷的城市主色调为浅黄色,与当地的椰树搭配很协调,让人到了那个地方感觉很舒服。

为进一步优化珠海市视觉形象,确保城市建筑色彩景观的合理建设与持续发展,提升城市品位,珠海市根据《珠海市城市规划条例》和《珠海市整体城市设计》,制定了《珠海市建筑色彩控制技术规定》(以下简称《规定》)。根据《规定》,珠海市中心城区建筑主色调确定以淡雅、明快的冷色系和中性色系为主。其中:香洲片区的主色调定位白色与冷灰色,而以棕、红褐、灰黑为辅色调,地面铺装则以青灰色为主,延续城市的传统风貌。新香洲、吉大、拱北片区作为城市形象的展示区,建筑色彩应能展现珠海欣欣向荣、清新婉丽的城市形象,因此确定这三个区的色彩以白色和明快的米黄色为主,以视觉冲击力强的暖色做点缀,场所色应以明朗的中性色为主。前山、上冲片区建筑现状比较复杂,进行统一的色彩规划难度大,因此建议选取相对较容易控制的工业、居住和教育的建筑色来形成协调[①]。

三、节事营销

节事营销作为一种新型的营销手段,在国内外发展十分迅速。通过举办大型体育赛事、节庆活动、会议及展览等活动,既可以促进地方经济的发展,又有助于塑造地区形象,成为地方政府进行区域营销的新思路。珠海市作为沿海开放的经济特区,富有创新精神的珠海人举办了各种各样的节事活动来向外界宣传和推介珠海。

(一)会展节事

珠海作为毗邻港澳、面向世界的经济特区,具有发展会展旅游业的先天优势。20世纪90年代开始,珠海筹办的中国国际航空航天博览会、赛车节、电影节等,曾推动珠海市会展业走在全国前列[②]。其中,中国国际航空航天博览会作为国内唯

---

①珠海中心城区建筑主色调:浅色+中性色[EB/OL].新浪网,http://news.dichan.sina.com.cn/2013/02/28/65927.html.

②朱伟霞.珠海市会展旅游业的发展策略研究[J].产业与科技论坛,2011,11(6).

一由国务院批准、带飞行表演的国际性航空航天展览,至2012年已连续成功举办九届,并跻身世界五大航展之列,成为珠海最具国际影响力的品牌会展。

珠海专门成立的珠海市会展局,批准实施了《珠海会展业发展规划(2011~2020)》,从政府层面统筹会展旅游资源、规范会展旅游市场、促进会展旅游产业发展。根据《珠海会展业发展规划(2011~2020)》,珠海市会展业10年远期目标为成为具有影响力和较高知名度的国际会展中心城市,并实施差异化的战略,首先利用旅游资源和城市环境优势,优先发展会议业。其次利用自己的优质服务配套和低价格成本条件吸引香港小型专业展落户珠海,以会议为突破口,实现会展、节(活动)共同发展。珠海近年来主要承办了中国国际航空航天博览会、中国国际马戏节、中国(珠海)国际打印耗材展览会等多种会展节庆活动,利用多种途径更好地宣传和营销自己。

1.中国国际航空航天博览会

中国国际航空航天博览会简称"中国(珠海)航展",或"珠海航展",是中国唯一由中央政府批准举办,以实物展示、贸易洽谈、学术交流和飞行表演为主要特征的国际性专业航空航天展览。主办单位由广东省人民政府、国防科学技术工业委员会、中国民用航空总局、中国国际贸易促进委员会、中国航空工业第一集团公司、中国航空工业第二集团公司、中国航天科技集团公司和中国航天科工集团公司组成。

从1996年成功举办首届航展,现已发展成为集贸易性、专业性、观赏性为一体的,代表当今国际航空航天业先进科技主流,展示当今世界航空航天业发展水平的盛会,跻身于世界五大航展之列,第十届中国航展计划于2014年11月11日至16日在珠海市举行。"中国(珠海)航展"曾得到过一些党和国家领导人的高度重视。

第九届中国国际航空航天博览会于2012年11月13日至18日在珠海成功举办,这届航展的展览规模、档次均大大超过第八届,再创历史新高,展览的国际化程度更高,专业化水平迈上了新台阶。共有39个国家和地区的近650家中外航空航天厂商参展,参展的各种飞行器实物超过100架,盛况空前,举世瞩目,被广泛评为迄今为止最成功的一届中国航展。航展期间举行的峰会论坛、新闻发布会、项目签约仪式、新产品推介会、市场预测报告会、学术交流研讨会、记者招待会、招待酒会等达63场,各国及地区的参展商签订了30个项目,价值约118亿美元的各种合同、协议及合作意向,成交了202架各种型号的飞机,来自国内外228家新闻媒体、2100多名记者莅临航展现场进行采访报道。随着中国航展的影响力和吸引力不断扩大,参加航展的专业观众和专业买家、潜在客户数量也大大超过第八届航展,141个外国军政贸易团参加了此届航展,10.8万专业观众在前三天专业日内入场参观。三天公众日吸引了23万普通观众参观。

与此同时,中国航展组委会、各主办单位及国内外展商在这届航展期间举行了一系列高峰论坛、商务研讨会、新闻发布会、产品推介会、签约仪式等,其中包括"中国国际航空航天高峰论坛"、"2012中国通用航空产业论坛"、"粤港澳台航空产业论坛"、"通用航空产业融资论坛"等国际性专业会议,世界航空航天界的专家学者、业界精英就通用航空产业发展等热点话题进行了深入探讨,把脉世界通用航空产业的发展趋势,为中国即将井喷的通用航空产业发展建言献策。中国航空工业集团公司和中国商用飞机有限责任公司还分别发布了中国民机市场预测及2012年市场预测,分析中国航空市场走向。此外,"第三届中国航空日"活动、"中国大飞机之夜"、"航空航天月桂奖颁奖典礼"等高规格、高档次大型活动也在航展期间举行,有效地营造了这届航展的专业氛围①。

中国(珠海)航展已经成为珠海市最有国际影响力的品牌会展,有力地提升了珠海市的知名度和吸引力。

2.中国国际马戏节

2013年11月20日,继中国航展后珠海的又一国际级盛事——第一届中国国际马戏节在珠海横琴长隆国际马戏城开幕。"单年看马戏、双年看航展"的国际级盛事,从此在珠海人的家门口上演。

第一届中国国际马戏节是经国家批准的一项国际性比赛及文化交流活动,由中华人民共和国文化部、广东省人民政府主办,珠海市人民政府和广东长隆集团有限公司承办。第一届中国国际马戏节于2013年11月20日至12月1日举行,来自17个国家的30支全球顶尖团队在珠海献上了精彩绝伦的马戏杂技表演,马戏节邀请了10位在国际马戏界享有盛誉的专家组成评审会,比赛设金渔女奖、银渔女奖、铜渔女奖及单项奖。

这届马戏节坚持"政府主导、企业主体、市场运作、艺术惠民"的办节思路,以打造高规格、国际性马戏杂技艺术盛会和项目齐全、奖项权威的马戏杂技艺术竞技平台为目标,以弘扬马戏杂技艺术、推进国际业界交流、丰富群众文化生活、促进经济社会发展为宗旨,通过举办一届欢乐、成功的国际马戏盛会,使马戏节成为珠海的

---

①第九届中国国际航空航天博览会圆满落幕[EB/OL].中国国际航空航天博览会官方网站,http://www.airshow.com.cn/cn/Article/xhzxx/2012—11—18/19124.html.

节日、广东的节日、中国的节日和世界马戏杂技界的节日①。

举办马戏节是珠海市深度开发文化旅游的重要举措,有助于打造新的文化新品牌,并促进文化产业与旅游产业更好融合,从而推动珠海文化的发展、繁荣,也有利于提高城市的知名度。同时,也有望将马戏带来的欢乐元素注入城市文化当中,为城市发展凝聚更多正能量。

3.中国(珠海)国际打印耗材展览会

2013年10月17～19日,2013中国(珠海)国际打印耗材展览会和3D打印应用及数码图文快印展览会,在"世界打印耗材之都"——珠海闪亮登场。这次展会共有来自20个国家的432个展商参展,展出面积达30000平方米,来自全球80多个国家和地区的近10000名专业买家前来参观。这届展会上,与打印耗材展同期举行的3D打印应用及数码图文快印展成为最大亮点,3D打印体验馆更是让现场观众耳目一新。这届3D打印应用及数码图文快印展览会吸引了近100家图文快印、3D打印厂商以及5000多名国内外观众。

展会期间,主办方还联手多方举办了一系列活动,以期丰富展会内涵,让参展人士在有限时间内获得多重收益。10月18日,由中国快印行业协会主办,3D打印应用及数码图文快印展和印联传媒共同承办的"2013中国快印行业高峰论坛暨第二届TOP100品牌评选活动"在珠海航展馆隆重举行,开创图文快印行业又一盛事②。

以珠海市为中心的珠三角打印耗材产业基地集中了中国超过500家的打印耗材及配件生产商,得益于珠海的这一产业地理优势,在相关部门的不断努力下,中国(珠海)国际打印耗材展览会发展迅速,已成为全球打印耗材产业最重要的展览会之一。

除了这些会展节事活动外,珠海还举办过国际游艇和水上用品博览会、房车联展、北山音乐节、沙滩音乐派对等活动,对于提升城市知名度,展示城市形象,有极大的推动作用。

(二)体育赛事

开展丰富多彩的体育赛事,打造具有国际性、专业性的体育运动品牌,对于推

---

①第一届中国国际马戏节珠海开幕　胡春华李长春何厚铧等出席[EB/OL].珠海市政府网,http://www.zhuhai.gov.cn/xxgk/xwzx/zhyw/201311/t20131121_2500581.html.

②空前,超前——珠海3D打印图文展圆满落幕[EB/OL].3D打印应用及数码图文快印展.再生时代媒体网,http://www.irecyclingtimes.com/iPrint/index.php? index＝BusDyn&showid＝116.

广和宣传珠海充满活力的城市形象,具有非常重要的意义。

1.珠海国际半程马拉松公开赛

这项赛事由中国田径协会、广东省体育局和珠海市人民政府共同主办,是一项国家级的正式马拉松赛事,该项活动是珠海市委、市政府全力打造的代表珠海城市形象的活动之一。自2009年创办以来,珠海国际半程马拉松比赛规模越来越大,参赛人数越来越多,影响力越来越强,2012年珠海国际半程马拉松赛事被中国田协评为全国优秀马拉松赛事,每一届都有创新和突破。参赛选手除吸引了数千名来自珠三角地区、港澳地区、台湾地区长跑健将外,还吸引了众多国际长跑健将前来角逐,沿途观众超过10万人,不仅受到珠海市民的热情关注,在国内外的影响力和知名度也越来越高,已成为粤港澳地区马拉松爱好者聚首的一大盛事。

2013珠海国际半程马拉松赛由国家体育总局批准,中国田径协会、珠海市人民政府主办,比赛的主题为"珠海爱奔跑"="珠海@奔跑"(RUN IN LOVE),是中国首个主推"浪漫爱情"的马拉松赛事,推出了一系列活动:线上"说出你的爱"网站、微博、微信,爱情故事、宣言等主题活动;线下"跑出你的爱"引申为"我们的爱,去珠海验证",特设男女双人项目。比赛于2013年12月15日在珠海香洲举行,引入了运营国际金标赛事北京马拉松的中奥路跑公司,签约协办,中央电视台对珠海国际半程马拉松赛进行全程航拍、现场直播①。

马拉松是一项追求绿色、健康和环保的运动,与珠海城市发展定位非常契合,一年一度的珠海国际半程马拉松赛如今也已成为珠海一张闪亮的城市名片,珠海国际半程马拉松赛将通过进一步的系统规划,充分利用自有资源,结合珠海城市实际情况,找到赛事可持续发展的突破点,包装赛事品牌,提升城市认知度与美誉度,实现以赛事带动城市、以体育带动旅游、以健身带动文化的和谐持续发展,力争将珠海国际半程马拉松赛打造成中国田径协会金牌马拉松赛事、中国主打浪漫主题的马拉松赛事、中国经济特区品牌半程马拉松赛事。

2.国际汽联世界超级跑车锦标赛

世界超级跑车锦标赛是世界上三个由国际汽联运作的赛道锦标赛之一,顶级的车手驾驶着世界上最罕见的超级跑车在世界上最好的赛车场上比赛,每年在全世界包括英国、罗马尼亚、德国、比利时、捷克、法国和中国等国家和地区进行,两小时的比赛包括了超车、入站、加油、更换车手和战术的运用,令比赛更丰富和具戏

①珠海国际半程马拉松赛12月15日开幕,现正接受报名。来吧,起跑线上约定你[EB/OL].珠海市文体旅游局网,http://www.zhwtl.gov.cn/html/view—8014.html.

剧性。

　　珠海市唐家湾镇有全国第一座符合国际标准的赛车场,在 1996 年建成,为泛珠三角地区的唯一一个永久性国际赛车场。2004 年 11 月 12~14 日,世界超级跑车锦标赛第一次在珠海比赛,比赛观众超过 20000 人次,由珠海电视台、深圳电视台、广东电视台和中国旅游卫星电视台现场直播,覆盖全中国 68% 的人口,更有珠海房车锦标赛和世界模特小姐助阵。2005 年 10 月 22~23 日,世界超级跑车锦标赛第二次在珠海举行,支援赛事更多,有亚洲房车锦标赛、超级跑车挑战赛、明星挑战赛、泛珠三角房车赛、莲花跑车挑战赛。2007 年赛季又一次来到珠海,这是当年唯一一次在欧洲之外举办的赛事。在超过 20000 名现场观众及许多嘉宾面前,17 支车队的 24 辆赛车参加了珠海站比赛三个组别的较量。其中包括法拉利、保时捷、玛莎拉蒂、雪佛兰、阿斯顿—马丁等众多世界名贵跑车,这一赛季的正式比赛时间,由过去的 3 小时缩短为 2 小时,使得比赛更加激烈精彩①。

　　3. 全国海钓锦标赛总决赛

　　全国海钓锦标赛是由国家体育总局社会体育指导中心、中国钓鱼运动协会主办的最高水平的海钓大赛。2011 年 2 月 17 日,2011 年度全国海钓锦标赛总决赛在珠海万山群岛举行。

　　此届比赛有来自于全国各地市选派的 42 支代表队 168 人参赛,同时还特邀了港、澳、台地区的选手参加。比赛设有浮游矶钓对象鱼(鲷类)团体重量赛、个人重量赛、个人单尾重量赛和浮游矶钓非对象鱼(杂鱼)个人单尾重量赛四个项目。比赛的总奖金高达 13.8 万元。

　　珠海万山群岛以其得天独厚、全国稀有的水质、水温和丰富的鱼类品种,造就了天然的海钓牧场,成了海钓爱好者的"圣地"。此次比赛的成功举行进一步推动了海钓运动的发展,带动珠海海岛旅游和海钓产业的发展。

　　另外,珠海还举办过国际龙舟邀请赛、亚洲青少年游泳锦标赛、全国青少年花样游泳锦标赛、国际风筝邀请赛等。

四、传媒营销

　　传媒营销是一种媒体组织在传媒市场或组织内部使用传播媒介来使消费者接

---

　　①世界超级跑车锦标赛中国珠海站结束[EB/OL]. 央视网,http://www.cctv.com/program/qqzxb/20070330/101144. shtml.

受传媒产品或服务的营销手段①。把城市形象作为传媒产品,并通过传媒营销渠道传递给大众是一种直接和快捷的方式,易于人们接受。珠海市所使用的传媒营销手段主要体现在以下几个方面:

(一)网络营销

在信息数量急剧膨胀的今天,网络已经深深嵌入寻常人家的生活中,已经无法想象人们离开网络生活会是什么样的。珠海市在信息社会的背景之下,也把城市营销的步伐迈入了互联网的领域中。

珠海市各个政府部门都建立了自己的部门网站,珠海文体旅游网、珠海旅游网、珠海视听网、珠海宣传网等极力塑造浪漫珠海的形象。在 2012 中国智慧政府发展年会上,对 2012 年地级市政府门户网站平均绩效得分进行了排名,珠海市跻身前十名,名列第八位,取得这样的成绩,说明珠海市非常重视电子政务的建设,提升了社会管理和公共服务水平,重视互联网这个营销工具的运用。

为更好地利用微博等新媒体宣传,推介珠海,提升珠海城市形象,做好政务信息发布工作,回应社会关切,汇集民意民智,创新舆论引导和社会管理模式,以珠海市政府新闻办公室名义注册,代表市委、市政府对外发布权威信息的"珠海发布"政务微博和汇聚珠海各级各部门政务微博的微博平台"珠海微博发布厅"于 2013 年 7 月 29 日在新浪网和腾讯网正式开通上线。"珠海发布"政务微博以珠海市政府新闻办公室名义开通,是市委、市政府信息发布的新平台、倾听民声的新渠道、形象展示的新舞台。"珠海发布"将紧紧围绕市委、市政府中心工作,以即时发布和定期发布相结合的形式,对外发布权威信息,及时回应社会关切的问题,努力凝聚社会共识。"珠海微博发布厅"是珠海市首次以微博为核心架构整合资源建设的政务微博统一平台,是市委、市政府传递信息、倾听民意、化解民忧、改善民生福祉、传播城市形象的权威平台。"珠海微博发布厅"将充分发挥发布主渠道作用和集群效应,着力打造"微珠海品牌"。首批共 70 多家发布单位同时亮相,分为"各区微博"、"市级单位微博"、"公共服务微博"、"媒体微博"等板块,全面汇聚珠海各级党政部门和各公共职能部门的政务微博②。

---

①朱春阳.传媒营销管理[M].广州:南方日报出版社,2004.
②珠海发布政务微博和珠海微博发布厅今日正式上线[EB/OL].新浪网,http://gd.sina.com.cn/news/m/2013-07-29/175930753.html.

(二)电视及刊物营销

珠海的传媒品种比较齐全,有一张日报、一张晚报、一本时尚期刊、一本通俗文学期刊、一家图书出版社、一家音像出版社,形成了"两报四社"规模的珠海报业集团;三个电视频道、两个立体声广播频道、一张生活类周报,组成了珠海广播电视台。这些传播媒介每天都及时地记录下珠海发生的一切,并把珠海美好的形象展现给世界各地。

(三)影视营销

城市影视营销是一种传播载体的创新,城市的营销从城市宣传片到城市影视营销,这是一种适时适地的必然趋势。

每一个故事都有发生的地点,每一部电影都有驻足的城市,每一个城市都应该有一部属于自己的电影。《罗马假日》的浪漫爱情故事让全世界的观众爱上了罗马这座历史悠久的欧洲老城,《迷失东京》带我们游遍喧嚣繁华、光影流转的东方时尚之都;在中国,《少林寺》的亿万票房让河南登封的千年古刹少林寺扬名海内外,《庐山恋》将那个时代的爱情在庐山那片秀丽之境永恒凝固,《非诚勿扰》成就了北海道也带来了"三亚热"和"北京热"……城市借助电影的影响力在世人面前华丽绽放。

珠海市因优美的城市环境,成为国内影视摄制单位普遍看好的外景地。每天都有摄制组在珠海市拍戏,最多时竟有八部影视作品同时在珠海拍摄。电视连续剧《失乐园》、《绿萝花》、《棋行天下》、《可怜天下父母心》、《相约青春》、《偷心之问》、《命运的承诺》等,均以珠海市为主要外景,并由此带旺了珠海市的影视制作业和演艺服务业。另外,著名的电影《少林足球》、《嫦娥》、《美味风云》、《爱情不在服务区》亦是在珠海市拍摄。随着城市形象的不断提升,必将有更多的影视剧在珠海拍摄,珠海市也必将为影视创作提供更多的创作灵感。

五、文化营销

我国的经济水平与日俱增,随着物质文明的不断进步,大众也越来越注重对精神生活的追求。文化就像是一座城市的筹码,让城市在激烈的营销竞争中赢得大众更多的关注。伦敦、巴黎和北京等许多驰名中外的城市都已用事实证明,将文化注入城市营销的血脉中会让一座城市取得更好的营销效应。

(一)珠海的特色文化

珠海市地理环境复杂多样,形成了多种具有区域特色的文化。

1.开放冒险的海洋文化

珠海的地域文化禀赋,其发轫和源头来自远古海洋文明。沙丘遗址就是这种海洋文明的最早见证。沙丘遗址是一种早期人类居住或活动遗址,主要分布在环珠江口的珠海、澳门、香港、深圳等地海湾。迄今在珠海已找到这类遗址 77 处,是这类遗址最集中、最有代表性的地区。高栏岛宝镜湾遗址还出土了南海地区最大的史前石锚,同时在宝镜湾摩崖石刻上发现了中国最早的古帆船图案。这些发现表明:在远古时代,珠海先民已经熟练掌握了驾舟航海技术和水上停船技术,以渔猎为生。长期在变幻莫测的大海上生存,珠海先民逐步养成了勇于冒险的精神。

2.崇文重教的留学文化

明清时期,翠微的凤池书院、前山的凤山书院、下栅的金山书院、斗门的和风书院、三灶的三山书院远近闻名。明代成化十一年(1475 年)考取进士的斗门人黄钥是香山县首位进士。珠海历史上共有 26 位进士。

珠海人还开创中国留学教育的先河,中国留学生之父容闳诞生在珠海;中国第一个留美学生容闳、第一个留英学生黄宽都是珠海人。中国首批 120 名留美幼童中,广东籍 83 人,约占总数的 69%;香山籍 39 人,约占全省近一半,约占全国 1/3,其中,23 人是珠海籍。

珠海市能够涌现出这么多的留学教育先驱人物,绝不是历史的偶然。澳门开埠的历史比香港大约早 300 年左右,毗邻澳门的区位优势让珠海成为近代中国最早接触西方文明的地区。在近现代历史大变局中,珠海背靠着中华传统文化,沐浴着欧风美雨,在东西方文化的碰撞中,逐渐形成一种海纳百川、兼收并蓄的精神品格,乐于接受新生事物,善于吸纳外来文化的精神品格。

3.重商亲商的商业文化

商业在中原农耕文明中一直被视为末业而备受抑制。但在历史上,重商、亲商一直是珠海地域文化的重要特征。据史家考证,南越王时代,珠海就已有海外贸易。汉唐以后,珠海一直是以海上丝绸之路和海上陶瓷之路为代表的古代海外贸易的重要走廊。明清时期,葡萄牙人租住澳门后,珠海很快成为中外贸易和文化交流的重要口岸。浪白澳、十字门成为外国商船到广州贸易的外港。清朝嘉庆、道光年间,停泊在伶仃岛海域及唐家金星门的外国商船,最多时达 100 多艘,中外海商荟萃,商通万国,货达九州。珠海商业文化孕育了华侨资本家陈芳、买办资本家莫仕扬、民族资本家徐润、洋务资本家唐廷枢等一大批商界英才。有学者考证,中国近代买办广东人占十之八九,而原籍香山者几乎居半。

4.开拓创新的特区文化

1980 年珠海成为首批设立的经济特区,珠海人发扬敢试、敢闯、敢冒、敢为天下先的创业精神,勇于做第一个吃螃蟹者:国内第一家"三来一补"企业——香洲毛纺厂和国内第一家中外合资酒店石景山旅游中心先后在珠海诞生;在人均工资不足千元的年代,1991 年珠海率先百万元重奖科技人才,一石激起千层浪,缔造了改革开放第一批科技百万富翁。这种开拓创新的特区文化已成为珠海城市精神不可或缺的重要组成部分①。

(二)文化建设

近年来,珠海市高度重视文化建设,切实贯彻落实党中央和广东省的有关决定精神,在文化基础设施建设、文化活动品牌打造、历史人文资源挖掘保护、文化产业发展等方面都取得长足发展,成绩斐然。尤其是 2010 年 8 月出台的《中共珠海市委珠海市人民政府关于建设文化强市的实施意见》,提出了宏伟目标:2020 年把珠海建成具有深厚历史内涵、浓郁地方特色、强烈时代气息、多元文化兼容、极具竞争力的文化强市,成为国内外具有影响力的"文化名城"和"创意之都"。

全面加快公共文化设施建设。除了容闳故居、购书中心等重大文化工程项目稳步推进外,总投资 20 亿元的珠海歌剧院、珠海博物馆和规划展览馆建设项目主体工程在 2010 年相继开工。珠海市实施文化活动品牌工程,打造出珠海民间艺术大巡游、端午珠海国际龙舟邀请赛、珠海沙滩音乐派对、珠海合唱节、文化大讲堂等一批特色鲜明、参与性强、影响力大、辐射区域广、经济效益和社会效益明显的文化品牌。其中,民间艺术大巡游至 2013 年连续举办七届,形式不断推陈出新,并逐渐成为珠港澳、珠中江区域文化交流的平台。

珠海大力扶持文化创意产业发展,初步形成了数字内容业、现代传媒业、影视娱乐业、创意设计业、文化产品制造业、艺术品原创服务业等六大优势产业集聚发展态势。近年来,珠海连续几届以城市名义组团参展深圳文博会,都有不俗表现。经过"十一五"发展,珠海文化产业基本实现了《珠海市文化产业"十一五"发展规划》确立的"一园两城四基地"(即"南方文化产业园","影视城"和"博物馆城","动漫网游原创制作基地"、"油画艺术品原创基地"、"印刷复制业生产基地"、"文化类产品制造基地")的发展格局。

---

①黄晓东.开发历史资源,增强珠海城市特色[J].广东社会科学,2009(2).

第二节　珠海城市营销手段评价

一、珠海营销实践总结

两年一次的中国航空航天博览会使珠海渐渐被全世界所熟知，国际马戏节的举办更为珠海增加欢乐、青春、活泼的元素。《中国城市营销发展报告（2009～2010）：通往和谐与繁荣》①中对中国城市营销指数（City Marketing Index，CMI）的研究结果可知，珠海总体得分 69.795，总体排名第 51 位，处于中等偏下水平。各分项指标排名依次为：品牌城市强度指数为 0.867，排名第 58 位；营销建设指数为0.835，排名第 24 位；营销沟通指数为 0.724，排名第 41 位；网络营销指数为0.821，排名第 35 位；营销效益指数为 0.840，排名第 16 位。

进一步分析上面的数据可以发现，珠海市在营销建设和营销效益方面排名靠前，主要得益于珠海市作为沿海经济特区，靠近港澳地区，在引进外资投资、出口创汇方面具有巨大区位和政治优势，同时珠海市也通过完善的基础设施建设打造了良好的城市生活环境，为城市形象建设提供了坚实的经济、社会基础。

二、珠海城市营销不足之处

在城市营销方面，珠海还有些许不足之处。

1. 城市品牌定位不明确

珠海有着优越的区位条件，作为珠江西岸的区域中心城市，但是珠海市还未提出明确的城市形象以及城市品牌定位。

城市品牌从某种意义上说表达着城市对未来发展的期望和目标，城市品牌在无形中能够引起人们意识、观念和思维方式的变化，从而使他们成为城市潜在的受众，并为城市带来信誉和声望，同时还可以提升市民的自豪感、认同感，从而增强各

---

①刘彦平.中国城市营销发展报告（2009～2010）：通往和谐与繁荣[M].北京：中国社会科学出版社，2009.

界对城市发展的信心,吸引投资、人才、旅游者,提升城市的国际关注度,进而促进城市的旅游发展和经济结构调整,巩固城市在国际市场中的地位。例如著名城市纽约一直以"大苹果"自称,这不仅仅是一个别称,还反映了她作为全球经济中心强烈的自信和生命力。同样的例子还有洛杉矶的"大橘子"、旧金山的"黄金之都"、达拉斯的"牛仔城"、休斯敦的"太空城"、芝加哥的"会议之城"、香港的"亚洲国际都会"、新加坡的"非常新加坡"和波士顿的"自由摇篮"等等。相比来说,珠海由于受历史积淀、发展变革等多种因素的影响,虽然有过"幸福之城"、"天上云天,地下珠海"、"浪漫之都"等不同的宣传口号,但是并没有确定下来、传承下去。

此外,珠海市的品牌规划与管理也与部分城市(如杭州、北京、成都等)存在一定差距,体现在全球一体化的浪潮下,珠海市作为经济特区在自身定位与特色方面存在有待挖掘的空间,应通过资源整合,运用更为系统化的品牌规划管理输出统一的珠海城市形象符号。总体上说,珠海的城市形象建设与营销的关键在于如何准确把握自身特色和定位,在持续的对外交流、沟通中发掘城市优势,并设法将优势转化为受众的认知。

2.具有城市营销的意识,但是专业化水平较低

整体来看,珠海市在城市营销方面尝试了较为丰富的手段,并且基于各种手段完成了许多工作。虽然营销的效果仍然有很大的提升空间,但是这一切已经说明,珠海市是具备城市营销的意识的,城市的管理者已经做到用市场营销的理念和眼光来经营一座城市。从珠海的营销工作中感受到,珠海在城市营销方面由于经验不足仍然缺乏统一的规划和部署,不够系统化和专业化。如果没有一个特定的机构或者群体针对城市营销做专门的研究和开发工作,既会使得营销工作责任和目标不明确,重点分散,也容易使建设过程中所利用的资源分配不合理,甚至造成浪费。因此,珠海需要加大城市营销的专业化来提高营销效益。

第三节 珠海城市营销未来发展建议

总体来看,珠海市的城市营销尚未达到战略性的城市营销水平。例如,缺乏统一的城市营销协调和领导机构,使其他各项城市营销战略规划工作难以启动和展开,这是珠海城市营销工作中存在的最大瓶颈;现有的组织机构对珠海的城市营销做了大量的工作,但大多数都是在不自觉的状态下完成的,城市营销主体意识不

强;珠海城市品牌亟待进行专业化的设计和规划,进而为未来的城市发展提供强大的城市形象支撑[①]。为此,珠海今后的城市营销工作可以从以下几个方面进一步改善:

一、建立统一的城市营销协调和领导机构

统一的城市营销协调和领导机构,有利于提升城市营销的战略高度和专业化路径。可以由珠海市政府牵头,设立一个统一的城市营销协调和领导机构,作为珠海城市营销的规划和管理机构。该领导机构的成员由公共部门、社会中介组织、私人部门的代表共同组成。在该领导机构成立后,珠海市所有公共部门和社会中介组织,其涉及城市形象和城市营销的计划和推广方案,应提交该机构进行战略方向的审议,以及与其他部门及机构的营销方案进行呼应、协同及整合角度的审议。

二、强化城市营销主体营销意识

树立公共部门和组织的顾客需求意识、市场导向意识和市场营销观念,提升其城市营销的战略规划能力、组织协调能力是珠海城市营销成功的关键因素之一。珠海公共部门和组织,要站在城市整体的角度深入把握城市顾客的行为特征,将政策制定建立在对市场的深入了解上,以营销理念建设和管理城市。因此,珠海城市营销主体应转变旧有的错误观念,加快树立城市营销的意识,通过确立并推行相应的、合理的城市理念,积极有效地引导城市企业、社会组织和市民等城市营销参与主体,并调动他们的积极性和创造性,以合力来促进城市的发展,实现城市营销的效率最优化。

三、设计和规范城市品牌

城市品牌化作为一种专业化的城市形象管理手段,表现为城市对自我期望形象的规划、设计和管理,是一种主动的创作和安排。良好的城市形象是吸引游客、投资者、企业及人才的重要条件,也是市民荣誉感和归属感的源泉。启动专业化的城市品牌建设,必须有规范的品牌设计和规划。因此,珠海市在实施城市品牌策略

---

①何珍.城市营销研究——以上海世博会为例[D].华东政法大学,2011.

的过程中,可以通过组建顶尖的跨国品牌顾问团,开展全国性的调查研究,准确进行城市定位,提炼城市品牌核心,并在此基础上设计城市形象,这样既能保证城市形象与珠海城市的特点吻合,又能使城市形象很容易为国内外公众所接受。

四、注重城市体验营销——发展影视体验旅游

在当代,体验已经逐渐成为继农业经济、工业经济和服务经济之后的一种经济形态。随着经济的发展,消费水平的提高,越来越多的消费者渴望得到体验。体验经济给城市经营者的启示就是:非物质产品比物质产品的价值更高,升值空间更大。一个国际化的都市,必须更多地关注文化、娱乐和格调。亚里士多德有句名言"人们为了生活,集聚于城市;为了生活得更好,居留于城市"。21世纪,成功的城市将是快乐最多的城市,是生活最有滋味的城市。营销城市必须学会创造丰富的、令人动心的城市体验。

珠海是一个缺少名山大川铺垫和悠久历史文化积淀的城市,在这样的情况下,影视体验旅游可以丰富珠海都市旅游的内容,增强其竞争力。近年来,"跟着电影、电视去旅游"已经成为国内外悄然兴起的时尚。与此同时,许多城市巧借热播影视作品对旅游外景地进行全方位的宣传,获得了巨大的经济收益。

因此,珠海市政府应采取措施开发影视旅游:第一,加大对影视旅游的政策扶持力度,出台促进影视业发展的优惠政策。第二,加大力度宣传影视拍摄地,珠海是很多热播大片的选址之地,要抓住这种宣传机会,积极宣传热播影视拍摄基地,增强其旅游吸引力,提高珠海的旅游竞争力。第三,《乔家大院》成功地宣传了晋商文化,吸引了众多的旅游者前去参观,珠海也可以借助影视的珠海风情来宣传珠海的海洋文化。

总之,珠海市要充分利用影视作品的影响来提高旅游目的地的知名度,巧借影视作品的宣传之势率先争夺中国的影视旅游市场,进而推动珠海旅游和经济的发展。

第三章 夏庇五洲客 门纳万顷涛
——厦门

厦门市位于中国东南沿海,台湾海峡西岸,与台湾隔海相望,是一座风姿绰约的"海上花园"。"城在海上,海在城中",构成了厦门市的总体风格。厦门市是中国历史上最早对外开放的通商口岸之一,也是目前中国对外交流的重要窗口之一;是中国最早实行对外开放政策的四个经济特区之一,又是两岸区域性金融服务中心、东南国际航运中心、大陆对台贸易中心,享有省级经济管理权限并拥有地方立法权。

随着与世界接轨的步伐加快,"好酒不怕巷子深"的观念已被摒弃,而是提倡"响鼓也要重锤敲",一个城市主动地对外推广已成共识。在现代营销理念的引导和打造下,这座风光旖旎的海港风景旅游城市将一展她的魅力。

第一节 厦门城市营销手段

城市营销的手段,大体上有关系营销、形象营销、节事营销、传媒营销、体验营销、主题营销等,每一种手段又可以细分。厦门市在营销过程中,采用了多种营销手段,主要有以下四种。

一、关系营销

1973 年,中国天津同日本神户缔结了第一对中外友好城市关系,开辟了中国地方政府对外交流合作的重要渠道。如今,国际友好城市活动已成为中国同世界各国友好交往的重要组成部分,促进了中国同各国的交流合作,增进了中国人民同世界各国人民的相互了解和友谊。厦门作为中国国际友好城市联合会的一员,一直积极与多国城市开展交流合作,共谋发展。从 20 世纪 80 年代起至 2013 年,已与 17 个国外城市缔结了友好关系,见表 3-1。这不仅促进了双边的发展,更让厦门市走向了世界。

表 3-1　与厦门缔结友好关系的国际城市

中方城市	外方城市	国别	结好时间	编　号
厦门	加的夫市	英国	1983 年 3 月 31 日	0095－830331－闽－005
厦门	佐世保市	日本	1983 年 10 月 28 日	0110－831028－闽－006
厦门	宿务市	菲律宾	1984 年 10 月 26 日	0142－841026－闽－008
厦门	巴尔的摩市	美国	1985 年 11 月 7 日	0195－851107－闽－009
厦门	惠灵顿市	新西兰	1987 年 6 月 23 日	0261－870623－闽－011
厦门	槟城市	马来西亚	1993 年 11 月 10 日	0511－931110－闽－018
厦门	阳光海岸市	澳大利亚	1999 年 9 月 28 日	0921－990928－闽－028
厦门	考那斯市	立陶宛	2001 年 3 月 11 日	1023－010311－闽－033
厦门	瓜达拉哈拉市	墨西哥	2003 年 8 月 15 日	1138－021031－闽－037
厦门	祖特梅尔市	荷兰	2005 年 7 月 14 日	1263－041123－闽－042
厦门	泗水市	印度尼西亚	2006 年 6 月 23 日	1355－060224－闽－046
厦门	木浦市	韩国	2007 年 7 月 25 日	1442－070418－闽－051
厦门	马拉松市	希腊	2009 年 1 月 2 日	1600－080925－闽－057
厦门	特里尔市	德国	2010 年 11 月 11 日	1757－100324－闽－067
厦门	列治文市	加拿大	2012 年 4 月 27 日	1888－111117－闽－068
厦门	杜尚别市	塔吉克斯坦	2013 年 6 月 20 日	2018－130606－闽－073
厦门市思明区	萨拉索塔市	美国	2007 年 10 月 9 日	1465－070917－闽－054

资料来源:中国国际友好城市联合会,http://www.cifca.org.cn/Web/SearchByCity.aspx? HYCity＝%cf%c3%c3%c5&WFCity＝.

表 3-2　与厦门缔结友好关系的国内城市

国内友好城、区	隶属省、市	缔结时间	国内友好城、区	隶属省、市	缔结时间
邯郸市	河北省	1984 年 12 月	鞍山市	辽宁省	1985 年
普陀区	上海市	1986 年 7 月	吉安市	江西省	1987 年 6 月
淄博市	山东省	1988 年 2 月	汉中市	陕西省	1988 年 4 月
安阳市	河南省	1988 年 5 月	抚顺市	辽宁省	1988 年 10 月
吉林市	吉林省	1990 年 12 月	青岛市	山东省	1991 年 6 月
丹东市	辽宁省	1991 年 12 月	哈尔滨市	黑龙江省	1992 年 5 月
南京市	江苏省	1992 年 10 月	咸阳市	陕西省	1992 年 12 月
龙岩市	福建省	1993 年 6 月	三明市	福建省	1993 年 6 月
万州区	重庆市	1993 年 9 月	保定市	河北省	1993 年 11 月
太原市	山西省	1993 年 1 月	潍坊市	山东省	1994 年 5 月
平顶山市	河南省	1994 年 10 月 21 日	鹰潭市	江西省	1995 年 1 月 7 日
芜湖市	安徽省	1995 年 3 月 8 日	鸡西市	黑龙江省	1995 年 5 月 9 日
长沙市	湖南省	1995 年 12 月 26 日	韶山市	湖南省	1995 年 12 月 27 日
安庆市	安徽省	1996 年 5 月 21 日	大连市	辽宁省	1997 年 7 月
温州市	浙江省	1998 年 4 月 8 日	沈阳市	辽宁省	2005 年 2 月 18 日
兰州市	甘肃省	2007 年 7 月			
＊厦门市与黑龙江省松花江地区于 1987 年 12 月缔结友城，后该地区与哈尔滨市合而为一。					

资料来源：厦门市人民政府官方网站，http://www.xm.gov.cn/zjxm/yhcs/.

二、形象营销

随着城市化进程的加快，众多城市开始认识到城市形象在新时期的重要价值。厦门市将城市形象定位为"海湾型城市"。建立厦门城市形象标志，不仅有助于城市经济的发展、知名度的提高，增强城市的交流性、世界性、竞争性，对旅游业及其他行业的推动也具有重要的意义，也是厦门塑造城市个性并具备国际化特征的需要。

(一)宣传片

厦门市目前拍摄有"城市旅游形象宣传片——印象厦门"、"厦门旅游动漫版宣传片"、"情满海西之厦门宣传片"、"厦门鼓浪屿宣传片"、2012 年 8 月"市长带你游——我的厦门"等多部宣传片。2013 年,卓越兄弟传媒承接了作为第五届郑成功文化节厦门思明区旅游推介会的重要组成部分——厦门思明旅游形象片(2013版)的制作任务。名为《循英雄足迹,走成功之路》的厦门旅游官方宣传片(2013版)也在本次推介会上首次播放,片中内容共分为四大版块(成功历史篇、厦门风光篇、佛教文化篇、思明生活篇),让更多的台湾同胞了解厦门,了解思明,推动了两岸旅游事业交互繁荣与发展。

(二)形象代言人

城市形象代言人,顾名思义,即最能代表城市的精神和文化内涵、最能体现城市的时代性变化风貌者。2008 年 3 月 5 日,吴捷成为首位厦门旅游形象大使,并于2010 年为厦门市录制市歌《美丽的厦门,我爱你》。吴捷曾担任第 57 届世界小姐大赛双语主持、台湾澎湖区的九八展会大使等,并受到前法国总理的关注,曾被媒体美誉为"S"形的美丽娇娃、福建最"牛"选美佳丽、厦门的"法国娇兰"。超模身份的吴捷不仅外表出众,心灵更美。她曾被非洲某国邀约为爱心人士慰问贫困儿童;曾受新加坡旅游局特别邀请访问新加坡;汶川地震时期,被厦门媒体评为厦门十大爱心人士;被福建省教育厅评为爱心人士,深受厦门中小学生的欢迎;新中国成立60 周年国庆,被厦门多家公益机构评为"厦门 60 张笑脸之一",不愧为才貌德三馨。

(三)城市形象设计

市花——三角梅。刚柔并济,朴实无华,象征厦门人最朴实的心。

市树——凤凰木。体现厦门人民的性格和厦门经济特区的腾飞景象。

市鸟——白鹭。雪白的外表象征着厦门洁净的市容。

旅游标志——"飞翔中的白鹭"。整个标志极好地反映了厦门的特征与优势(海与鹭),且具有很强的震撼力、吸引力、号召力、启发性,预示厦门是充满活力和朝气的旅游胜地。

旅游吉祥物——"海海"。

图 3-1 "飞翔中的白鹭"

图 3-2 憨态可掬的海豚"海海"

憨态可掬的海豚在招手,欢迎来自世界各地的宾朋,它的名字叫"海海",与英文的"Hi"读音相近,同时厦门是一座海岛,所以"海海"与厦门海滨城市的形象也很吻合。

口号——"海上花园、温馨厦门","温馨厦门、海上花园","天风海涛琴音,温馨滨海厦门"。

(四)主要荣誉

作为一座"海上花园",厦门市气候宜人、风景秀丽、环境整洁,获得了多项荣誉称号,见表 3-3,其中大部分为国际、国家、部委所颁发的具有权威性的荣誉称号。

表 3-3　厦门市所获主要荣誉称号

荣誉称号	获得年份	荣誉称号	获得年份	荣誉称号	获得年份
全国双拥模范城	1991 年起连续 8 届	国家卫生城市	1996～2011 年(连续 15 年)	国家园林城市	1997 年
国家环境保护模范城市	1997 年	全国科教兴市先进城市	1998 年	中国优秀旅游城市	1999 年
全国无偿献血先进城市	1999 年、2004 年	全国创建文明城市工作先进城市	1999 年、2003 年	全国城市环境综合整治特别奖	2000 年

续表

荣誉称号	获得年份	荣誉称号	获得年份	荣誉称号	获得年份
全国"两基"教育先进城市	2001 年	国际花园城市	2002 年	全国交通管理模范水平(一等城市)	2003 年
中国人居环境奖	2003 年	联合国人居奖	2004 年	全国文明城市	2005 年、2008 年、2011 年
全国法制宣传教育先进城市	2006 年、2011 年	中国青年喜爱的旅游目的地	2006 年、2007 年、2008 年	最受农民工欢迎十大城市	2007 年
全国宜居城市	2007 年、2011 年	全国绿化模范城市	2007 年、2008 年	中国最具国际竞争力旅游城市	2007 年
全国节水型城市	2009 年	中国十佳宜居城市	2009 年、2010 年	中国旅游竞争力百强城市	2009 年
中国十大魅力会议目的地城市	2009 年、2010 年	全国人民防空先进城市	2010 年	中国服务外包示范城市	2010 年
中国十大最受关注会议目的地	2010 年	中国最佳绿色会议城市	2010 年	中国十佳优质生活城市	2010 年
中国休闲城市	2010 年、2011 年、2012 年	中国青年喜爱的海西旅游目的地	2010 年	中国十大低碳城市	2011 年
中国十大创新型城市	2011 年	最浪漫休闲城市	2011 年	全国创业先进城市	2012 年

资料来源：根据厦门市人民政府官方网站 http://www. xm. gov. cn/zjxm/ryb/200708/ t20070830_173933.htm 资料整理而成。

(五)厦门精神

厦门人民在新中国成立后形成的爱国爱乡、倾资兴学的"嘉庚精神"，移山填海、艰苦创业的"海堤精神"，不畏炮火、克敌制胜的"英雄三岛精神"。改革开放以来经受市场经济大潮的锤炼，形成的"拒腐蚀、永不沾"的鼓浪屿"'好八连'精神"、"以诚为本、顾客至上"的"厦航服务精神"和"穷则思变、富而思进"的"马塘精神"，等等，都是"厦门精神"的具体表现。这种精神具有鲜明的时代特征和广泛的群众基础，充分展示了不同时期厦门儿女的精神风貌，为厦门的一次又一次创业注入了强大的精神动力。

三、节事营销

节事活动是某个城市或地区以其独特和优势的物产资源、文化传承、民俗风情等为基础举办的一系列活动或事件，形式包括节日、庆典、展览会、交易会、博览会、会议，以及各种文化、体育等具有特色的活动或非日常发生的特殊事件。节事营销就是通过节事活动达到营销目的。历年来，厦门市承办了多种国内外会议、会展和体育赛事，也举办了丰富多彩的地方节事活动。

（一）国际会议

据中国会展杂志社不完全统计，目前，全世界每年的大型会议不少于 15 万个，仅国际会议就有 7 万多个。每年国际会议产值为 2800 亿美元。大型会议对区域经济发展的带动作用显而易见。

2002 年 12 月 7 日，第 15 届亚太白内障人工晶体植入暨角膜屈光显微手术国际学术会议（ICIMRK）在厦门国际会展中心开幕，这也是亚太白内障和屈光手术医师学会年会在中国召开的规模最大的一次盛会。来自亚太及欧美地区的近 600 名知名眼科专家出席了开幕式。这次会议主题为"新理念、新挑战"，会议期间，国内外眼科专家们着重围绕如何提供高效眼科保健、防治白内障、青光眼及其致盲等问题进行了专题演讲，演示高难手术，交流新观点及新技术，搭建中国眼科医师和国外同行间沟通的桥梁。2002 中国（厦门）国际眼科设备暨技术展览会同时在国际会展中心举行。

厦门国际海洋周由中国国家海洋局、厦门市人民政府、联合国开发计划署驻华代表处、东亚海域环境管理区域项目组织和厦门大学共同举办。自 2005 年创办以来，已发展成为一个公众广泛参与的海洋文化节日，一个全球海洋政策、科学技术、决策和行动的交流平台。厦门国际海洋周，由最初单一的国际海洋城市论坛发展成为目前集国际海洋论坛、海洋产业专题展览和海洋文化活动于一体的年度国际性海洋盛会,将致力于打造一个加强国际海洋交流与合作,促进海洋产业可持续发展和提高公众海洋意识的重要平台。

世界投资论坛是联合国贸易和发展会议主办的关于国际投资和发展问题的全球性论坛。论坛每两年举办一次,其宗旨是加强投资领域的国际合作,促进国际投资,推动世界经济增长与可持续发展。2010年9月7日上午9点,联合国贸发会议第二届世界投资论坛在厦门国际会议中心开幕。这届论坛嘉宾云集,1200多名政界、企业界人士及相关国际组织和机构人员出席了论坛开幕式。论坛以"投资与可持续发展"为主题,顺应了世界各国特别是发展中国家引进跨国投资促进经济发展的普遍愿望,有利于推动实现联合国千年发展目标。论坛深入探讨了全球投资问题,同时也进一步展示了中国改善投资环境的信心。

第八次上海合作组织成员国总检察长会议于2010年10月22日在厦门召开。包括检察机关合作机制在内的上海合作组织安全合作机制,是维护本地区和平、稳定的可靠保障,为各成员国共同发展创造了良好的外部条件。这次会议围绕打击三股势力、合作反恐和在金融危机背景下保护人权、促进经济发展,有力地推动了各成员国检察机关在打击恐怖主义、分裂主义、极端主义以及跨国组织犯罪等方面的直接合作,提升了成员国检察机关之间的合作与交流水平。会议结束时,各成员国总检察长共同签署了《第八次上海合作组织成员国总检察长会议纪要》,标志着上海合作组织框架下的多边司法检察交流与合作进入了一个新的阶段。

(二)国内会议

厦门市政府2009年就已经将会展业列入重点培育的现代服务业产业之一。近年来,通过改善城市环境、建设和完善会议设施、出台鼓励会议业发展的政策等,厦门会展产业得到了较好发展。2013年,厦门举行了共184个展览,展览面积160.3万平方米,同时举办了50人以上会议4146场,参会人数达80.6万人[①]。

1997年,第一届中国国际投资贸易洽谈会(简称"投洽会")正式举行。福建省投资贸易洽谈会再上台阶。投洽会成为中国吸引外资的权威平台,开始进入了迅猛发展状态。经中华人民共和国国务院批准,投洽会于每年9月8日至11日在中国厦门举办。投洽会由商务部主办,联合国贸发会议(UNCTAD)、联合国工发组织(UNIDO)、经济合作与发展组织(OECD)、世界银行国际金融公司(IFC)、世界

---

① 厦门将举办国际会议产业周,打造顶级会议城市[EB/OL].中国新闻网,http://www.chinanews.com/cj/2011/01-18/2796005.shtml.

投资促进机构协会（WAIPA）协办，中国大陆 31 个省、自治区、直辖市政府，部分计划单列市政府，国家有关部门和部分全国性商业协会作为成员单位参与组织工作并组团参会、参展。这是中国唯一以吸收外资和对外投资为主题的国际性投资促进活动，位列国家主办的三大交易会之一。2000 年，投洽会首次将投资和贸易分离开来，并首次举办了"国际投资论坛"，积极邀请国际名流与外国政要莅会，投洽会的国际化步伐进一步加快。经过二十几年的风雨历程，中国国际投资贸易洽谈会从最初的区域性经贸活动发展成为当今中国最具影响力的国际投资招商盛会，投洽会的功能和作用亦得到质的提升。

海峡论坛是两岸最大的民间交流平台，也是大陆惠台政策的主要发布场合，是在已举办的"海西论坛"基础上发展扩大并更名的，以"扩大民间交流、加强两岸合作、促进共同发展"为主题，突出"汇聚民意，共谋福祉"，保持民间性、大众性、广泛性的鲜明特色。活动包括开幕式和论坛大会、两岸经贸合作交易会、"海峡文化艺术周"、"两岸民间交流嘉年华"等。海峡论坛会标（logo）的标志造型是从书法名家专门为海峡论坛书写的上百个"海"字中挑选、深化而来的草书"海"字，代表海峡、海西，取形自汉代画像砖"两人对坐论道"，寓意是传承中国自古便善于交流的传统美德。标志的线条形态，呈现出一种水流的感觉，既表现两岸海洋文化的概念，也蕴涵着交流的顺利。标志下方有海峡论坛英文翻译。自 2009 年以来，五届论坛先后吸引了近五万人次台湾同胞参与，其中大多数是来自基层、中南部的"草根"民众。草根面对面交流，有力推动了两岸社会大交流、大对话、大融合。

2010 年，首届中国国际会议产业周在厦门举办。该活动由厦门市人民政府和中国会展杂志社联合主办，并召开了"中国国际会议产业盛典暨会议产业厦门高峰论坛"。活动邀请海内外知名会议城市代表、专家学者、办会机构、服务企业在内的 300 位专业人士与会。活动秉承创办国际一流会议的宗旨，通过会议、比赛、演出、颁奖、对接洽谈、旅游等多种形式，衔接会议产业的上下游产业链，建立一个交流广泛、成果卓著、对接实效、模式创新的国际化平台。之后的两届该活动也选在厦门举办，三届活动的主题分别是："会议经济与城市发展"、"会议的产业化路径"、"创新·创意·会议产业"。经过这三届的发展，活动研讨内容更加深入，到会嘉宾层次更高，参会代表更为广泛，配套活动更为丰富，对接洽谈更具实效。

随着国家、省市对动漫产业的重视和鼓励，厦门市动漫产业得到了快速发展，已经进入出产值、出成果的阶段。为进一步推动动漫产业的发展，经厦门市政府批准，由厦门市政府主办，世界动画协会中国代表处（ASIFA－CHINA）协办，厦门国际动漫节筹委会承办，2010 年 11 月 4 日至 7 日在中国厦门市举行厦门国际动漫节。厦门国际动漫节定位于打造国内最具权威的动画作品大赛。内容包括"金海豚"动画作品大赛、厦门动画论坛、动画放映周等主要活动内容及动漫产品与技术展示会、cosplay 表演、电子竞技比赛等系列配套活动。厦门国际动漫节"金海豚"动画作品大赛是一项由政府、业界、学界支持的中国动画界最权威、影响面最广的赛事之一。通过中外动画作品交流评比,挖掘国内优秀动画作品和人才,促进中国原创动画的发展。通过世界动画协会的支持合作,其优秀作品将以世界动画协会中国代表处的名义推荐,直接被选送参加世界动画协会的著名国际大赛。这些项目力争把"金海豚"动画作品大赛打造成国际知名奖项,突出动画作品的国际化交流,使厦门成为世界级动画胜地,并以此为平台,使世界优秀动画作品走进中国,让中国优秀动画作品走向世界。

厦门国际会展中心自 2000 年 9 月建成投入使用以来,已成功地举办了 100 多个国际性和全国性展会,赢得海内外客商的广泛关注和赞誉,并于 2004 年 10 月份通过了国际展览联盟(The Global Association of the Exhibition Industry,旧称 Union des Foires Internationales,简称 UFI)理事会的审核,并获准以"展览馆"身份加盟,成为 UFI 的正式成员(Full Member)。总部设在法国巴黎的国际展览联盟成立于 1925 年,是世界博览业最具代表性的协会,也是展览业界唯一的全球化组织。截至 2004 年,UFI 共批准了 256 家成员组织,包括 195 个展览主办者、120 个展览馆和 39 个协会组织。我国共有 30 家展览单位加入 UFI,其中以"展览馆"身份加入的仅有 6 家,厦门国际会展中心作为一名 UFI 成员,意味着其展览设施和服务得到了国际权威机构的认同,也意味着厦门国际会展中心的服务向国际化、规范化迈出了可喜的一步。

表 3-4　2013 年厦门市其他大型会议展览项目一览表

类别	名称	时间	举办地点	活动主要内容	规模与特色
会议	第 17 届台交会	4 月 12～15 日	国际会议展览中心	商品展示、贸易洽谈,举办论坛及专业研讨会	展览面积 80000 平方米,3700 个标准展位。设置机床设备,橡塑机械,工模具、泵阀及材料,仪器仪表暨工控,节能照明,安防设备,食品加工机械及印刷包装设备,工业清洗及清洁设备,工程机械等九个专业展区

续表

类别	名称	时间	举办地点	活动主要内容	规模与特色
会议	厦门市节能宣传周启动日活动	6月15日	市文化艺术中心西侧广场	根据国家发改委等14部委要求,组织厦门市节能宣传周活动	主题是"践行节能低碳,建设美丽家园",有5个展区,包括政府宣传节能惠民工程银企对接、合同能源管理及节能产品展销,近100家企业参展、现场参会人数近万人。活动开展多年,为省内、国内组织较好、具有特色的节能宣传活动,对宣传和引导全社会参与节能起到重要作用
会议	第九届海峡旅游博览会	9月6~11日	厦门	秉承"海峡旅游、合作共赢"的主题,包括海峡旅游发展研讨会、海峡旅游教育联盟联席会议、两岸市长带你游、海峡西岸经济区旅游局长座谈会、两岸旅游产业创意升级和共同成长研讨会、海峡旅游"1+1"洽谈会暨温泉产品采购会、新型业态展示体验、参展单位旅游推介会等配套活动,突出乡村旅游、航空旅游主题展区、闽台旅游产品展销等11大特色主题展区	境内外参展商代表近3000人参加,为历届旅博会之最。福建推出招商引资项目超过200个,总额超过1000亿元,涉及旅游房车、游艇、直升机等新业态。本届旅博会坚持"创新提升",力求"三大转变",即从两岸人员交流为主向产业深度合作转变,从政府主导为主向市场化运作转变,从展示推介为主向展销一体化转变;实现"三个突出":突出对台特色,突出平台搭建,突出展会实效

续表

类别	名称	时间	举办地点	活动主要内容	规模与特色
会议	2013厦门国际海洋周	11月8~14日	厦门	三大板块组成：国际海洋论坛海洋专题展览海洋文化活动	规模：参加各项活动人士超过10万人次。特色：①国际性突出。扩大和加强世界各国在海洋领域的交流与合作；继续深化与世界水周的"姐妹周"关系。②实效性强。举办展会，与效益相结合；逐渐形成以会带展、以展促会的办会模式。③推动设立海洋周奖项，进一步扩大影响力
会议	2013中国（厦门）第六届国际休闲渔业博览会	11月9~11日	国际会展中心	水族产品区、钓具、户外运动产品区、渔业休闲文化区、海洋馆与海洋休闲生活度假区	作为全国第一个休闲渔业专业展览已历经五届，展会初具规模，发展成为一个成熟的休闲渔业专业展会。此届展会展出面积11000平方米，近500个展位。本着推介海峡两岸名优休闲渔业企业、促进城市休闲、旅游生活、弘扬主流文化的原则，以市场战略为中心，将本展会逐步推向市场化、科普化、国际化。努力打造海峡两岸最具影响力的专业休闲水族、户外运动、垂钓类展会
会议	国际休闲渔业论坛	11月份	国际会展中心	就休闲渔业、海洋牧场等命题论坛	80~100位国内外专家学者

类别	名称	时间	举办地点	活动主要内容	规模与特色
会议	第九届海峡两岸图书交易会	10月25~28日（文博会期间）	国际会议展览中心	展示内容：图书等出版物展示、销售及征订。配套活动：两岸出版高峰论坛；两岸图书馆资源建设研讨会；合作项目签约仪式；主宾省浙江省出版成果展示及相关活动；两岸知名作家签售及讲座；第七届两岸大学生演讲比赛；数字出版技术交流推介会；两岸书城名店发展趋势研讨会；亲子主题馆系列活动；"女性写作与绿色生活"研讨会；两岸出版社与作家对话会	规模：总面积36300平方米。其中，主会场会展中心19800平方米。特色：以"书香两岸·情系中华"为主题，以图书为载体、文化为纽带，深化两岸出版业的交流与合作，密切两岸出版业界联系，增强中华文化凝聚力
展览	第五届特色农产品暨农业龙头企业产品展销会	2月1~4日	国际会展中心C厅	①开幕式。②厦门市各农业龙头企业、农民专业合作社、专业大户和其他涉农生产的特色农产品以及部分在厦门市和台湾省本岛企业的产品展示展销	规模：6561平方米的展厅，278个展位，300家参展企业。特色：厦门本土农产品，厂家直销；各类台湾产品；满足市民置办农产品年货的需要
展览	2013年厦门市中小企业服务博览会	5月9~10日	国际会展中心	博览会以中小企业服务展区、论坛、推介会为载体，为中小企业服务机构提供对接平台	展位有400多个，参与企业2000家，参与人数2万人次
展览	荷花展	6~8月	园林博览苑	荷花展	数量多（1万多盆）；品种多（150多种荷花）；以花莲为主，颜色更多样，花色更艳丽

续表

类别	名称	时间	举办地点	活动主要内容	规模与特色
展览	"海峡两岸"汽车博览会	6月28日～7月1日	国际会展中心	车展	规模:7万平方米 特色:①汽车文化;②两岸对台交流;③节能环保
展览	第六届海峡两岸(厦门)文化产业博览交易会	10月25～28日	厦门	设置数字内容与新媒体、工艺美术、动漫网游、博物馆、两岸非物质文化遗产、文化创意旅游等各类展区;同时举办第六届厦门国际动漫节、文化创意设计大赛等系列活动	参会、参展人数1.5万人左右,承担产业对接及文化交流功能,将打造成中华文化精品内容集大成的重要展览展示和交流交易平台
展览	全国(厦门)漆画展	2013年11月底～2014年1月中旬	厦门市美术馆	征集全国各地漆画艺术节作品进行展出	展出作品达200多幅,表现题材广泛,绘画语言多样,材料运用丰富,时代精神突出。优秀作品的作者获得加入中国美术家协会会员的一次资格

资料来源:根据厦门市旅游政务网 http://www.xmtravel.gov.cn/资料整理而成。

(三)节庆活动

为丰富旅游产品,提升厦门市在国内外旅游市场的影响力,厦门市根据城市特质和特有的民俗文化内涵,着力持续打造推向国内市场和国际市场的、主题鲜明的、具有地方特色的、国际知名的旅游节庆品牌,为加快建设国际知名、国内一流的旅游城市而努力。

表 3-5　2013 年厦门市大型节庆项目一览表

名称	时间	举办地点	活动主要内容	规模与特色
2013 福建海洋旅游年暨厦门海洋旅游嘉年华启动仪式	1 月 8 日	五缘湾	五洲海水汇五缘；福建省旅游局发布海洋旅游产品及线路；岸上文艺表演；湾面上帆船、风筝等运动表演	现场规模约 350 人。主要嘉宾有:福建省领导、福建省旅游局、厦门市政府领导、福建省内九地市及平潭试验区管委会旅游局领导;境内外旅行商代表;境内外媒体代表;境内外游客代表
2013 厦门海洋旅游嘉年华	全年	视各配套活动,地点不同	启动仪式、海誓山盟蜜月季、海鲜美食节、邮轮系列活动、海岛海钓节、沙滩文化系列活动、方特主题乐园活动、大嶝免税台货旅游购物节、环球航海旅游文化研讨会、凤凰花开泼水节、白海豚音乐节、篑笃雅游游艇观光节	特点:①主题鲜明;②内涵丰富;③参与性强;④提升品牌;⑤多方互动
厦门元宵灯会	2 月 12~27 日	厦门园林博览苑	主题灯展、恐龙灯展、闽南民俗灯展等灯组展出、民俗表演、游园活动、郁金香、玫瑰花等花卉展	元宵灯会灯组展示首次引进激光、"3D"影像;打造仿真恐龙,营造侏罗纪时代,动感十足
"灵蛇迎新春·同城共腾飞"——2013 年元宵灯会文艺演出	2 月 12~27 日	集美园博苑音乐喷泉广场	以"灵蛇迎新春·同城共腾飞"为主题,展出上百组灯组,开展 16 场文艺演出	重点突出厦、漳、泉同城化发展理念,融入三地的文化元素,打造"同城化"的闽南传统文化品牌

名称	时间	举办地点	活动主要内容	规模与特色
"海誓山盟"——蜜月季活动	1～4月	五缘湾	启动仪式、蜜月旅游线路产品制定、婚纱摄影评选活动、蜜月旅游线路自驾游体验	
"海洋神话"——厦门邮轮母港扬帆系列活动	2月21日	东渡国际邮轮码头	歌诗达"维多利亚号"邮轮首访厦门市欢迎仪式	
"海韵飞歌"——中国环球航海旅游文化研讨会	5月	五缘湾帆船港	研讨海洋旅游文化、环球航海文化	活动规模80人
2013首届厦门海陆空高端休闲旅游嘉年华活动	5月	五缘湾片区	高端休闲旅游海、陆、空项目嘉年华	
厦门白海豚音乐节	7月27～29日	厦门观音山	以摇滚音乐为主,是一个糅合"沙滩、海洋、音乐、现代文化"于一体的大型文化盛会,是海峡两岸最大规模、最具影响力的户外音乐节,是厦门文化的交流盛会,白海豚音乐节结合厦门独特的海洋文化,沙滩风情,拥有巨大的形象价值和商业潜力	音乐节举办期间,日均观众达8万人以上

续表

名称	时间	举办地点	活动主要内容	规模与特色
第十届海峡两岸民间艺术节	10月份	厦门	举办两岸戏剧、音乐、舞蹈展演和学术论坛等活动	两岸约800人参与活动。此项活动系两岸文化交流的知名品牌和重要平台
2013中国厦门中秋旅游嘉年华	9月6日~10月4日	白鹭洲广场	开幕式及"好运连连——全球游客乐厦门"、"登科运来——笔笃花船巡游"、"幸福运来——中秋蜜月节"、"时来运转——悠游厦门手机游戏玩透透"4场主题活动	中国厦门中秋旅游嘉年华2012年被人民网评为"2012节庆中国榜最负盛名主题文化旅游节"。笔笃花船巡游是2013年中秋旅游嘉年华一大亮点;博饼是厦门地区特有的民俗文化

资料来源:根据厦门市旅游政务网 http://www.xmtravel.gov.cn/资料整理而成。

(四)文体赛事

在诸多城市营销手段中,体育元素的地位举足轻重,逐渐成为城市经营者提高城市竞争力的重要手段。现实生活中存在大量体育与城市营销相联系的经典案例,如韩国与世界杯,巴塞罗那和奥运会,青岛、大连和足球,上海和网球大师赛,等等,由此可见体育元素对提高城市品牌形象、促进城市产品创新的意义。

厦门市功能齐全的软硬设施营造出了良好的赛事氛围。一方面,厦门市不断推进文化、体育基础设施建设,建成了大批文化场馆、运动训练中心、训练基地、体育项目场馆、体育健身俱乐部和民用建设设施;另一方面,厦门市积极筹办各种文体赛事,带动民间体育组织的崛起,培养出大量运动名将,在软件上为赛事营造了良好的比赛氛围。

表 3-6　2013 年厦门市大型体育项目一览表

类别	名称	时间	举办地点	活动主要内容	规模与特色
体育	厦门国际马拉松赛	1月5日	厦门	马拉松赛、中国 2012 马拉松年会、新年帆船赛以及摄影大赛、化妆马拉松赛、体育用品博览会等配套活动	规模:8万人。特色:①起步晚、规模大,发展势头强劲,2007 年 12 月被国际田联评为"国际田联路跑金牌赛事",并连续五年获此殊荣;②竞技水平高,群众基础坚实;③配套活动丰富,出现"五项赛事,三项活动",正式赛事同配套活动相得益彰;④宣传力度广,赛事知名度和影响力不断扩大
体育	全国沙滩排球锦标赛	4月中旬	观音山黄金沙滩	全国沙滩排球锦标赛、海峡两岸高校沙滩排球邀请赛,配套沙排专题访谈、沙滩宝贝啦啦操擂台赛、风筝特级放飞表演、摄影大赛、闭幕颁奖大联欢等活动	有来自全国十几个省市代表队报名参赛,规模约 300 人。海峡两岸高校沙滩排球邀请赛,邀请两岸知名高校前来参赛
体育	第五届海峡杯帆船赛	5月	厦门至屏东海域	帆船赛	规模:25艘大帆船。特色:国台办重点交流项目、两岸最大规模帆船赛事
体育	第五届厦金海峡横渡活动	7~8月	厦门至金门海域	游泳	规模:180人。特色:国台办重点交流项目,两岸共同参与,深化两岸交流与合作

类别	名称	时间	举办地点	活动主要内容	规模与特色
体育	第九届中国俱乐部杯帆船挑战赛	10月1~7日	五缘湾海域	帆船赛	自 2005 年首届以来，每年都吸引来自青岛、上海、厦门、深圳、香港、海南和台湾等地 30 多支赛队，包括众多欧美帆船高手在内的 200 多名选手参加。以独有的挑战赛和对抗赛的比赛形式被誉为国内最专业、最具挑战性、最值得参加的比赛，已成为国内四大顶级帆船赛事之一
体育	中国女子高尔夫公开赛	12月	东方（厦门）高尔夫球场	高尔夫女子职业比赛	为中国境内女子职业赛事奖金最高、规格与级别最高、球员数量及阵容最为强大的女子职业赛事
文化	第六届中国国际钢琴比赛	11月16~26日	厦门	举办开幕式、初赛、半决赛和决赛、闭幕式暨颁奖晚会，以及上一届第一名获奖者专场音乐会等配套活动	选手、评委、特邀嘉宾、交响乐团等共约 300 人参与活动。此系文化部主办的三大国际音乐比赛之一
文化	第十六届南音唱腔比赛	下半年	厦门市南音阁	分儿童组、少年组、青年组、综合节目组，分别进行南音唱腔比赛	南音作为世界非遗项目，举办南音唱腔比赛，尤其是在年青人当中进行推广传承，对于弘扬、传承民族优秀传统艺术具有重大意义

类别	名称	时间	举办地点	活动主要内容	规模与特色
文化	第七届海峡两岸闽南语原创歌曲大赛	下半年	厦门（闭幕式在厦门广电集团1000平方米演播厅举行）	鼓励群众创作出与时代紧密结合、为民众喜爱的闽南语歌曲，通过广泛征集，结合专家和大众评委的意见，评选出名次	通过报纸、电视、网络向全社会征集作品，征集几百名大众评委，全程参与作品选拔。融合当下民众喜好变革创新、传承发扬闽南语原创音乐

资料来源：根据厦门市旅游政务网 http://www.xmtravel.gov.cn/资料整理而成。

四、传媒营销

传媒营销，是传媒生产者、营销者以传媒消费者需求和欲望为中心而进行的一体化产品创造、服务活动。具体到城市营销，就是把某城市作为传媒产品，通过各种传播媒介使城市形象得以宣传和推广。厦门市所使用的传媒营销手段主要体现在以下四个方面：

(一)影视营销

影视营销是近年来在国内外兴起的一种推广旅游景点的新手段。通过影视作品使城市形象得以非常有效地推广。2004年，根据厦门市政府有关文件精神，同安影视城（即原远华影视城）项目用地及其建筑物由市政府收回作为国有资产，暂交同安区负责经营管理。同安影视城开始回归影视主题，成为名副其实的影视城。它成为福建省首家影视拍摄基地。该项目总占地面积1000亩。第一期工程仿造明清宫殿建筑占地面积180亩，主要仿造北京故宫的天安门、太和殿、养心殿三大典型建筑，以及供皇家游玩娱乐的御花园、颐和园的长廊和供百姓购物、用餐的明清一条街、都一处酒楼。整座影视城古意盎然，气势恢宏。影视城内已有明清街、太和殿、养心殿、御花园长廊、后花园、酒楼等皇宫场景，影视城内还有一个上千平方米的标准摄影棚。影视城已"接拍"了《皇宫宝贝》、《开台英雄郑成功》、《施琅将军》等为大家所熟悉的电视连续剧。同安影视城有地理优势，冬季北京等影视基地的气候严寒，不适于拍摄，而厦门四季如春，十分适合作为冬季中国南方的影视基地。而且,在同安影视城拍摄比在北京等地拍摄要节省不少摄制费用。

(二)电视营销

中央电视台、旅游卫视等媒体曾制作厦门市专题节目,比如中央电视台中文国际频道(CCTV-4)《走遍中国》于 2009 年 11 月 18 日播出的"畅游中国福建·鼓浪屿"、旅游卫视《行者》20120105 期"厦门之行"。《行者》栏目创办于 2004 年 7 月,以行走和发现为主题,是以旅行者个人魅力展现为目的的人文风情为主体的系列节目,是旅游卫视旗帜性的人文气质旅游节目,是中国大陆收视率最高的旅游节目,更是中国电视户外探险、人文地理和公益环保领域最为重要的节目之一。《台湾脚逛大陆》是中国台湾中天电视一个非常受欢迎的旅游节目。2003 年开播,已拍摄300 多集,踏遍中国内地几乎所有的省份,在内地地区受到欢迎。20100506 期和20100513 期分别播出了"魅力城市·厦门(上)"、"魅力城市·厦门(下)"。厦门卫视是大陆首个入台驻点的城市媒体,厦台合作的歌仔戏《蝴蝶之恋》、电视剧《神医大道公》获得好评。

(三)网络营销

厦门市政府利用网络的社会铺盖面广、信息更替及时等特点,成立厦门市人民政府官方网站(http://www.xm.gov.cn/),进行政府信息公开、网上办事和政民互动。另外,厦门市人民政府网站云服务也已正式上线,包括语音网站云、繁简转换云、办事咨询云、流量分析云、网站监控云和内容管理云等 6 大板块。通过云服务,网页内容可看可听,信息传播方式变得更加自然、生动、丰富和人性化,使弱视、视力残疾及高龄人群可以更加轻松地获得政务信息等信息,提升网站无障碍浏览功能;厦门市各政府部门网站办事咨询互动内容得以整合,为公众提供了功能强大的办事咨询互动检索功能;支持大规模的厦门市政府网站群建设,为厦门市政府网站提供快速建站服务,功能完善,安全可靠,降低政府网站建设难度及成本。

厦门市旅游局也建立了官方网站来宣传厦门市和进行旅游政务信息公开。网站分为旅游政务网(http://www.xmtravel.gov.cn/)和厦门旅游网(http://www.visitxm.com/),并被评为全国十佳旅游目的地网站。

(四)新闻发布会

2003 年 9 月,厦门市政府建立新闻发布会制度并举行首次新闻发布会。会上,厦门市外资局和旅游局分别介绍了厦门利用外资和十一黄金周的准备情况。

厦门市政府同时宣布建立新闻发布会制度。厦门市政府新闻发布会每月安排两次,如需及时向社会发布重要事项,可随时召开政府新闻发布会。厦门市政府新闻发言人由市政府秘书长担任。

第二节　厦门城市营销手段评价

　　总体来看,厦门市的城市营销取得了初步的成就。第一,厦门市通过大力发展会展经济来营销城市。厦门市拥有国内档次最高、软硬件设施最为齐全的国际会议展览中心,其举办的"九八投洽会"、"台交会"对中国贸易有着重要影响,另外厦门市每年举办的各种国内外会议、产品展览会、推广会等千余场,会展经济对厦门城市营销的作用可见一斑。第二,厦门市充分利用地域文化开展各种活动。如利用闽台习俗、海滨美食举办海洋旅游嘉年华,利用沿海优势举办沙滩排球锦标赛、帆船赛。第三,网络营销意识较强。厦门市电子政务功能不断完善,市人民政府网站云服务已经投入运行。第四,厦门市也具有国际视野。从 20 世纪 80 年代起,已与 17 个国外城市缔结了友好关系。

　　但是,厦门市城市营销实践中仍存在如下不足之处:

一、厦门城市营销整体效果良好,但是各项营销指数发展不均衡

　　根据《中国城市营销发展报告(2009～2010):通往和谐与繁荣》[①]对中国城市营销指数(CMI)的研究结果可知,厦门市的 CMI 总体得分是 79.870,排名第 24 位,是福建省排名第 2 位的城市,排在泉州之后。但是在各项指数的具体排名中,厦门市表现得参差不齐,其中品牌强度指数(0.950)、营销建设指数(0.855)和营销沟通指数(0.782)、网络营销指数(0.879)、营销效益指数(0.846)分别位居第 37 位、第 12 位、第 22 位、第 7 位和第 15 位。由营销建设指数、营销沟通指数、网络营销指数和营销效益指数的排名综合得出的厦门市城市营销力度排名第 13 位(得分

　　①刘彦平.中国城市营销发展报告(2009～2010):通往和谐与繁荣[M].北京:中国社会科学出版社,2009.

为 84.061)。

厦门市的城市营销建设指数排名能够达到第 12 位,主要原因在于厦门的基础建设较为出色。城市网络营销指数排名能够达到第 7 位,是各项指标排名中最靠前的。在网络营销指数构成中,厦门城市网络的网站功能排名位居第 1 位,说明厦门市在网站功能建设方面取得了突出的成绩。厦门市的城市品牌强度指数仅排在第 37 位。在品牌强度指数构成中,厦门市的城市品牌吸引力排名和关注度排名分别位居第 8 位和第 4 位,相对靠前;但城市品牌独特性排名和规划管理排名却仅居第 46 位和第 58 位,这说明厦门市城市品牌缺乏独特性与规划管理。

二、城市营销行动专业化水平较低,缺乏营销沟通

厦门市城市管理者具备城市营销意识,已经可以做到用市场营销的理念和眼光来经营一座城市。但是,目前承担厦门市营销工作的除旅游局以外,还有商务部投资促进事务局、景区管理处、工作委员会、管理委员会等其他政府机构。这些机构本身并不是专业营销机构,担任营销策划的工作人员专业理论知识和实践经验仍有较大的提升空间。在实际操作中缺乏专业的规划和部署,不够系统化和专业化,也没有整合传播手段,这些都是城市营销策划缺失的表现,也是实施城市营销需要解决的首要问题。由于我国城市营销理论起步较晚,城市政策制定者可借鉴的经验有限,在城市整体规划方面缺乏有效指导,仍然缺乏统一的规划。没有一个特定的机构或者群体针对城市营销做专门的研究和开发工作,这样既会使得城市营销工作责任和目标不明确,重点分散,也容易带来建设过程中的资源分配不合理,甚至造成浪费。因此,厦门市需要通过加大城市营销的专业化来提高营销效率。另外,厦门的城市营销沟通指数排名为第 22 位,作为营销沟通指数构成之一的本地支持得分为 0.092,仅排在第 56 位。这说明厦门市在本地的城市营销沟通亟须加强。

三、整体城市形象鲜明,但城市标志使用度不足

厦门市有着优越的地理位置和良好的自然环境。厦门本岛四面环海,四周有大小岛屿 29 个,犹如众星伴月散落在厦门岛的周围,形成了"众星拱月"的基本格局,山海风光,秀美灵动,是一座海港风景城市。厦门旅游标志——"飞翔中的白鹭"、旅游吉祥物——"海海"虽然集中反映了厦门市的城市形象,但是缺乏视觉上

的冲击,在宣传力度上欠佳,使用度不足。作为城市网络营销指数构成之一的网络形象展示排名仅居第 55 位,说明厦门市在网络形象展示方面有较大的提升空间。

四、国际推广力度有待加强

厦门市的城市营销沟通指数排名为第 22 位,作为营销沟通指数构成之一的国际推广得分为 0.298,排在第 30 位。虽然厦门市已经尝试通过举办一些国际会议或论坛来提升城市品位,宣传城市形象,但相较于国内外一流城市的营销,厦门举办的国际节事活动仍然很少,在城市环境国际化等方面也存在着较大的差距,比如跨国公司全球性或地区性总部、全球性的金融机构或分支机构以及国际性组织的进驻还是空白。

第三节 厦门城市营销未来发展建议

厦门市的营销实践取得了一定的成就,整体营销效果良好,当然也存在一定不足。针对不足之处,现提出如下针对性发展建议:

一、加强城市品牌独特性建设,对城市品牌进行科学规划管理

厦门市在城市营销建设和城市网络营销方面的排名相对靠前,应继续保持这两方面的优势,继续加强城市硬件设施建设、提升公共服务,做好城市网络推广方面的维护工作。城市品牌强度指数排名靠后,厦门市作为海滨城市在自身特色与品牌规划管理方面存在有待挖掘的空间,迫切需要通过资源整合,运用更为系统化的品牌规划、管理输出统一的厦门城市形象符号。近年以滨海风光、气候宜人、宜居环境出名的几个滨海城市是:大连、威海、青岛、烟台和北海,和厦门一样,都拥有美丽的海滨风光、魅力的城市风情、良好的市政建设、较强的城市绿化和环保意识,同时政府对城市旅游的支持态度积极、力度强大。厦门市可以充分利用会展设施,精心打造"九八投治会"等大型会展品牌,努力成为全国重要的会展中心。当然,厦门市的城市品牌吸引力排名和关注度排名并不差,说明厦门市品牌是具有吸引力的,公众到厦门市游玩的主观意愿并不差。厦门市应当深入挖掘作为海滨城市的

特色,打好鼓浪屿、金门旅游、闽粤赣周边地区这几张牌,努力形成以厦门市为枢纽的旅游经济圈。另外,科学规划城市品牌离不开专业性人才,厦门市需要加大品牌管理专业人才的培育力度,比如,为现有管理人员举办系统的培训项目,同时吸引专业品牌管理人才的加入。厦门市的例子也充分说明了一流的基础设施只有配套高水准的管理才能充分发挥优势。

二、推动营销系统化、专业化建设,加强营销沟通

从整体上规划城市营销的活动有利于将城市营销整合为一个独立的系统,建立专业化的城市营销机构则可以使得城市营销的工作更加有针对性和有效率,避免浪费与盲目。厦门市政府可设置政府框架内的城市营销专门职能机构,不仅负责城市营销的政策制订、宣传策划、实施和监管等具体工作,还可以作为一个机构,有力地支持和代表城市进行一系列营销活动。具体而言,这一机构可以从以下几个环节展开对城市的营销工作:整合厦门市各类城市资源,进行城市环境分析,这是一项繁琐、复杂的基础性工作,城市市场分析和竞争态势分析在此扮演着尤为重要的角色,如营销市场的大小、经济远景、竞争态势的优劣、需求面、城市形象与识别等,因为城市营销要想成功,必须能敏锐掌握内在和外在的环境变化、发现环境中存在的机会;基于对国内外市场需求的分析和预测,按照滚动计划法制定近细远粗的月度和年度营销计划;组织熟悉厦门市的营销工作人员,按照营销工作不同的渠道或环节将工作人员分为不同的团队,进行营销的"专项专攻";请营销专家定期指导和评价,并建立面向大众的反馈机制。

三、加强城市形象展示工作

厦门市有自己的城市旅游标志和旅游吉祥物,但是在网络形象展示中使用度不高。厦门市应当立足较强大的城市网络的网站功能,加强城市旅游标志的使用度,比如,在政府官方网站首页摆放"飞翔中的白鹭"的旅游标志,展示出厦门市充满活力和朝气的面貌;在城市的关键场所,如机场、火车站、国际会展中心等人流量较大的地方,摆放"海海"这一旅游吉祥物,憨态可掬的"海海"在热情地招手,令外来人员一进入厦门市就有很亲切的感觉,减少对厦门市的距离感和陌生感。

四、加强国际推广力度

从国内国际的发展趋势看,厦门市作为经济特区必须加快现代化、国际化的进程。截至目前,厦门已缔结了 17 个国际友城。厦门可以以友城为交流基点,拓展一批友好交流城市、友好港口和友好学校等对口友好交流单位;还可以大力拓展友城及民间友好交流的渠道,注重选择发达国家中与厦门相匹配的、具有经济发展互补性的、具有较高知名度的城市结好;完善国际友城布局,重视友城交往,提升交流实效;要不断吸引和培养国际性人才,提高各级管理人员的业务素质和国际化水平;改善和加深厦门市民与国际友城人民之间的感情,跟随时下国际社会"中国热"的潮流为外国游客提供其具有浓厚兴趣的信息;积极争取国际节事活动的举办权,积极推进城市环境的国际化,鼓励跨国公司全球性或地区性总部、全球性的金融机构或分支机构以及国际性组织的进驻。

第四章 构建北方经济中心
——天津

　　天津市是中国有史以来唯一一座有确切城市建设时间记录的城市,从明朝漕运时开始兴建,距今 600 多年,是中国最年轻且发展最快的城市之一。2006 年 3 月,天津被定位为"北方经济中心",有助于推进天津市经济高速发展。天津市也正在为打造国际化的城市品牌而付诸努力。天津在中国二线城市中,资本积累、人才凝聚、基础设施建设等要素中均处于领先地位,成为区域领头羊,同时也参与到国际竞争中,成为中国核心城市的中坚力量。天津市的发展与其自身的对外推广是分不开的,在城市定位、城市形象、城市品牌等方面的推广上,天津市采取了一系列的营销手段。下面对天津市所采取的这些营销手段进行整理、概括,并对天津市未来的推广方案提出几点建议和参考。

第一节　天津对外推广策略总结

　　城市营销策略是指运用市场营销的方法论,对城市的政治、经济、文化、环境、工业、农业等诸多要素进行合理的策划和整合,以系统原理为指导,站在一定战略高度上,纵观全局、高瞻远瞩,找到既符合市场经济发展规律,又符合自然生态规律的城市发展道路,以提高城市综合竞争力,增加城市财富及城市知名度,提高当地人民物质文化生活水平[1]。天津城市营销是对天津市国际城市战略实施的具体手段,本节将概括天津市对外营销的具体方法。

---

①姬敏,徐侠,薛晓华. 城市营销策略分析[J]. 现代商业,2011(35).

营销方式即指营销过程中所使用的方法。营销方式包括：服务营销、体验营销、知识营销、情感营销、教育营销、差异化营销、直销、网络营销等。天津市的城市营销手段主要包括以下几方面：

一、关系营销

在天津市对外开放事业中，友城渠道已成为宣传天津、吸引国外资金和技术、培训人才、扩大合作的重要渠道和途径。区县、工会、青年团、妇联、学校、医院、社会团体、港口、开发区等一大批单位与国外建立了对口交流关系，开展了丰富多彩的交流与合作。友城工作发挥了拓展渠道、传递信息、穿针引线、广交朋友的作用。随着友城间人民友谊的日益加深，友城间人员交往日益频繁，政界、企业界、商界、金融、服务、贸易、文化、科技、城建各类代表团频繁往来，给天津带来了勃勃生机和商机。

表 4-1　天津友好城市

城市名称	国家	结好时间
神户市	日本	1973 年 6 月 24 日
费城	美国	1980 年 2 月 10 日
墨尔本	澳大利亚	1980 年 5 月 5 日
四日市	日本	1980 年 10 月 28 日
萨拉热窝市	波黑	1981 年 5 月 28 日
北加来海峡大区	法国	1984 年 10 月 10 日
伦巴第大区	意大利	1985 年 5 月 9 日
格罗宁根市	荷兰	1985 年 9 月 12 日
千叶市	日本	1986 年 5 月 7 日
普罗夫迪夫大区	保加利亚	1990 年 9 月 23 日
伊兹密尔市	土耳其	1991 年 9 月 25 日
阿比让市	科特迪瓦	1992 年 9 月 26 日
乌兰巴托市	蒙古	1992 年 9 月 27 日
哈尔科夫市	乌克兰	1993 年 6 月 14 日

续表

城市名称	国家	结好时间
延雪坪市	瑞士	1993 年 9 月 23 日
仁川市	韩国	1993 年 12 月 27 日
萨尔州	德国	1994 年 9 月 27 日
罗兹市	波兰	1994 年 10 月 11 日
里约热内卢州	巴西	1995 年 4 月 18 日
奥兰治县	美国	1997 年 8 月 1 日
亚马逊州	巴西	1997 年 10 月 20 日
海防市	越南	1999 年 1 月 8 日

资料来源:中国国际友好联合会网,http://www.cifa.org.cn/.

二、城市形象营销

城市形象是指城市以其自然的地理环境、经济贸易水平、社会安全状况、建筑物的景观、商业、交通、教育等公共设施的完善程度、法律制度、政府治理模式、历史文化传统以及市民的价值观念、生活质量和行为方式等要素作用于社会公众并使社会公众形成对某城市认知的印象总和①。作为 21 世纪现代化港口城市和北方重要经济中心,天津市重塑城市形象,可以增强城市吸引力,为城市发展提供新的空间,还可以从根本上促进城市经济腾飞。

(一)海河建设推广

天津市自古以来都是依傍着河水而建设城市,海河开发是天津市城市形象的重要象征,20 世纪 80 年代"引滦入津"工程在城市供水方面发挥了独有的作用。近年来,海河问题不再是供水问题了,而是作为天津市的源头和龙脉。天津海河综合改造呈带状开发,采取由上游到下游滚动开发的形式,根据海河两岸建筑年代、建筑情况和风貌特色,中心城区 20 公里划为"4 个功能分区"。第一个分区为传统文化商贸区,起点是北洋桥,终点到南马路。这段海河两岸保留着很多城市初期发展遗迹,包括三岔河口、大悲院、大胡同、估衣街、古文化街等。规划依托传统的风

---

①刘路. 论城市形象传播理念创新的路径与策略[J]. 城市发展研究,2009(11).

貌区来发展新的商贸活动,比如依托大悲院建设商贸区,在三岔河口建设形成运河经济文化商贸区,大胡同是小商品集散中心,形成大胡同商贸区。古文化街是旅游热点,通过对进一步发展,形成天津传统民俗文化特色区。第二个分区从南马路到赤峰桥,规划把它确定为都市消费娱乐区。这一带有和平路、劝业场、中心广场,是市民购物、休息、看电影和戏剧的地方,历来是天津消费娱乐的中心地区。面对闲暇时代的到来,通过规划,在这里增加更多的符合现代生活需求的、文化品位比较高的商业、休闲和娱乐设施。大型 SHOPPING MALL 遍布其中,使这一带成为新世纪中外休闲娱乐活动的中心,也是天津市的标志性地区。第三个分区是从赤峰桥到奉化道的中心金融商务区。包括南站地区、解放北路、小白楼地区,也就是天津市总体规划确定的 CBD 中心商务区。规划这一带发展金融、商贸、办公、展览为主的现代化经济活动设施,作为吸引国际化企业、机构的高层次的商务活动区,体现天津作为经济中心城市的地位,成就天津第一商务高度。第四个分区从奉化道到外环线,这一段还有大量的未开发用地,是天津市未来建设生态型城市的宝贵空间,把它定位为智慧城。其中包含两层含义:一是在这一地区的发展以智能技术和高新技术、网络技术为支撑,展现生态城市亲近自然的新的城市形态。二是通过建设花园式的城市环境,吸引国内外高层次人士在这里创业发展,开辟天津科技高端梦想,以科技俯瞰繁华。

(二)形象广告营销

如同企业发展对外宣传一样,天津市也在积极树立自己城市的形象,并通过宣传片、电视广告和各文娱报刊等工具来宣传天津。

1.城市宣传片营销

为迎接天津市设卫建城 600 周年,由天津电视台国际部拍摄的天津设卫建城 600 年"城市形象片"。天津设卫建城 600 年"城市形象片"长度为 2 分 30 秒,从结构上分为三个部分:即历史的天津、文化的天津、现代的天津。该片利用了大约近一个月的时间,先后在天津后花园蓟县盘山、北齐黄崖关长城、拥有百年历史的大沽炮台、千年古刹独乐寺、天津的标志性建筑鼓楼、意式风情区、天津小洋楼、天津滨海新区等几十个景点,精心拍摄了上百组镜头。该片从历史、人文等诸多角度高度浓缩了天津,同时也凝练了电视艺术。在短短的 150 秒内充分展现出天津作为国际化大都市的开放性、包容性、多元性和独具特色的海河、海洋文化。

为配合国家关于"提升中国国家整体形象和中国文化软实力"的发展战略,从多种渠道进一步加强宣传中国城市,促进中国城市在经济、文化、旅游、招商引资等全面发展。中国网开展"聚焦华夏——首届中国美丽城市形象宣传片"视频展播大型专题活动。天津市拍摄大型城市全景视频,中英文字幕,视频全长5分16秒,分别介绍了天津的发展历史、城市建设、文化风俗、经济发展等情况,详尽地展现了天津市的魅力。

2. 电视广告营销

2013年"五一"节假日前后,为全面展示天津的城市形象、推广天津特色旅游,吸引更多海内外游客来津观光游览,从4月1日到5月31日,每天在中央电视台《新闻联播》前(18时58分),隔天在中央电视台《朝闻天下》(6时10分与8时10分),两个栏目共三个时段投放天津城市形象广告,广告时长15秒,广告宣传语为"天天乐道,津津有味,天津欢迎您",共播放了包括蓟县盘山、滨海航母主题公园、五大道风情旅游区、天津市文化中心、海河游船、"天津之眼"——摩天轮等13处天津著名景区、景点。

在天津城市形象广告的带动下,天津河北区经纬天地艺术街区人头攒动,从泥人张泥塑展卖到天津工艺美院学生创意设计,从传统相声到现代魔术,从老年模特队走台到青春动漫真人秀,第二届经纬天地文化旅游节六大区块的20多个舞台和展台在两天半的时间内吸引中外游客3万多人次,成为津城"五一"旅游一大亮点;国家5A级风景区蓟县盘山在5月1日共接待游客超5万人次,同比增长27%以上,旅游收入超过290万元,同比增长28%以上;盘山能容纳4000多辆车的3个停车场全部爆满,往返北京、唐山等地10条旅游专线车全部满员。酒店平均出租率达到88.3%,同比增长12%,创小长假当日出租率新高,其中五星级酒店平均出租率76.4%,增长12.2%,四星级酒店平均出租率90.3%,增长12.6%。正是天津在央视做的城市形象广告促使他们"五一"来到这里[1]。

3. 文娱报刊宣传

天津市近年来在打造属于自己城市的文化口号"乐呵之都"。乐呵是天津的本土方言,也体现了天津人生活的追求,"乐呵听相声"、"乐乐呵呵就点茶"等是天津人的口头禅。为凸显天津生活的"乐呵"情调,天津市在各大文娱报刊上高调宣传这种文化。2012年6月21日,天津《今晚报》赫然打出:"要快乐,到天津!"中国旅游报也在报道天津旅游宣传的版块中打出天津"乐呵之都"的字眼。天津会生活、爱乐呵的优良传统就弥足珍贵,值得弘扬,势必把天津打造成乐呵名城。其间,除

了理念上的更新、生活素养的提高之外,有形的城市建设和日常生活的运作,也应该突出"乐呵"这一文化符号。天津现代化建设,在文化娱乐上都下了大工夫,并逐步让全国乃至全世界都对天津有一个共识:乐呵天津!

三、网络营销

在网络成为生活体验必然趋势的背景下,各种传统营销手段都在网络建设上下足了功夫。

(一)网站建设

天津市为提升自己的城市形象,以服务天津,立足天津,宣传天津为目的,纷纷建立了各种服务型网站。天津政务网作为天津市政府门户网站于 1999 年正式上线,其服务宗旨是:公开政务,增强政府工作透明度、开辟参政、议政新途径;服务群众,提供为民服务信息、进行便民在线服务;宣传天津,反映天津的建设发展进程、介绍天津的风土人情概况。天津网为《天津日报》旗下的网络报刊网,天津网坚持正确舆论导向和政治方向,贴近生活、贴近实际、贴近群众,以新闻报道为主线,开设了天津新闻、教育、时政、体育、时尚、娱乐、财经、健康、房产、评论、新闻茶馆、记者在线、民生提醒、特别报道等数十个频道,40 多个一级栏目,100 多个二级子栏目。天津网每天发布新闻和各类信息 1000 条以上。天津网立足天津,服务天津,宣传天津。天津网以其权威性和公信力赢得众多的读者,跃入全国众多新闻网站的前列,成为海内外知名的新闻网站。2013 年网站排名统计数据显示:天津网的日均访问量约为 30 多万的页面浏览量,在天津市及华北地区具有一定的影响力。北方网是由天津市委宣传部牵头,天津人民广播电台、天津电视台、《天津广播电视报》、《今晚报》、《天津日报》共同投入资金、信源组建的第四媒体,日均页面访问量3800 万,已成为天津市权威网络媒体①。北方网于 2000 年 12 月 18 日开通,2001年被中宣部确定为全国十大主流新闻网站之一,2009 年被评为"全国文化体制改革先进企业"。

与此同时,天津市旅游局也成立了专门性网站:天津旅游资讯网,旨在宣传天津旅游景区。还为各区县设立了区县旅游动态栏,促进天津旅游在各区县协调发展。旅游介绍图中包括各旅游景点的风景与历史特点,行车路线,餐饮住宿等诸多

---

① 北方网,http://www.enorth.com.cn/index/about/index.shtml.

便利,方便了全国乃至全世界的游客来津旅游。

(二)微博营销

随着新媒体的兴起和网络基础设施的普及,城市管理者已经开始尝试通过新媒体来进行城市形象的塑造。微博是技术和社会不断演进和发展中产生的一种全新媒介形式,它突破门户网站无交互性和博客交互性低的限制,以其及时、方便和随时随地的特点迅速受到人们的关注和使用。天津市各政府机关、民间组织纷纷在新浪网开通新浪微博。表4-2展示了天津市各政府机关、民间团体在新浪微博上受欢迎程度。

表4-2 天津市功能微博

城市	微博	功能	粉丝数目
天津	天津发布	天津市人民政府新闻办公室官方微博	117万
	奏耐天津	最新、最快、最及时——报道天津的事情	12万
	天津港公安局	警务公开;打击网上犯罪	42万
	乐活天津	传播天津"乐呵"文化	12万
	天津美食精选	推介天津本土小吃	12万
	平安天津	通报天津即时的路况、治安情况	99万
	天津市旅游信息咨询中心	介绍天津旅游景区动态	11万
	天津生活情报	弘扬天津文化,享受津门城市生活	8万

资料来源:根据新浪微博(http://weibo.com/)整理而成。

表4-2中的天津微博用户在很大程度上很好地宣传了天津的市政建设、生活服务内容。如天津发布作为天津政务的公开发布频道,受到了广大的关注,为本市和外省市受众提供信息,其粉丝数达117万,使得信息发布触及范围广而且影响力深远。

在粉丝数5万以上的天津微博用户中,具体的分布情况见表4-3。

表 4-3　天津功能微博分布

内容发布	政治	文化	生活	旅游	特色	其他
所占比例	6%	37%	33%	12%	8%	4%

资料来源:根据新浪微博(http://weibo.com/)整理而成。

上表中,"政治"内容为政府机关发布信息,一方面是较详细的政策法规,另一方面是详细的生活出行需要的信息。在"文化"、"生活"、"旅游"、"特色"内容的发布多为宣传天津文化生活。由此可以看出,天津市很好地发挥微博的"微"力量进行对外城市营销。

四、文化营销

城市营销概念和理论的系统化研究始于 20 世纪末。菲利普·科特勒认为,城市营销是城市居民、企业和城市政府把城市特有的吸引力、城市形象、城市公共设施等城市的区位产品或城市服务提供给城市的顾客群体,如投资者、旅游者等,从而满足城市需要和城市顾客需要的过程[1]。天津市的文化营销多注重立足本土文化的营销,丰富多彩的天津古艺术、天津市近代形成的中西合璧的特色文化为天津市注入了极其丰富的文化内涵。

(一)名人文化宣传

天津市可以发掘的名人文化非常丰富,如精武大侠霍元甲、弘一法师李叔同、改革志士梁启超、相声艺术家马三立等名人都是天津人或者在天津生活。

1986 年,天津市西青区人民政府整修了霍元甲故居、修建了霍元甲陵园,用以纪念这位名震中外的爱国武术家。1997 年,再次修葺了霍元甲故居,扩建了霍元甲陵园,辟为"霍元甲故居纪念馆",霍元甲故居纪念馆由霍元甲故居和霍元甲陵园两部分组成。故居建于清同治初年。1997 年,在其原址翻盖成青砖瓦房的三合院。故居内陈列了一些霍元甲练武时所用的武器和精武会的会旗等文物,以及霍元甲生前用过的遗物。霍元甲陵园位于小南河村南,占地近一公顷,整体建筑采用轴线对称式布局。由神道、石狮、享殿、石牌坊、寝园组成。陵园还设有霍元甲生平

---

[1]Casle M. The Rising of the Network Society[M]. Oxford Black well,2000.

事迹陈列馆。2008年,由香港阳光卫视拍摄的大型纪录片《霍元甲》在天津卫视黄金档栏目播出,一时在全国掀起了以霍元甲精神为主的天津爱国主义精神风潮。2012年8月27日,以"传承精武文化、弘扬精武精神"为主题的第十二届世界精武武术文化交流大会在霍元甲的家乡西青区精武镇隆重举行。来自世界16个国家和地区的39个精武体育会代表团出席盛会,同时,世界各地精武会运动员、国内外武术界知名人士、精武文化专家学者与慕名而来的观众共计2200余人参会。此英雄会一方面宣传霍元甲精神,另一方面也很好地宣传了天津本土文化。

弘一法师李叔同出生于天津,他把中国古代的书法艺术推向了极致。为纪念李叔同——弘一法师诞辰130周年,天津市在2010年10月18日起开展主题系列活动,内容包括参观故居纪念馆,举办师友遗墨遗著展、音乐作品欣赏会、诗词吟诵会、文化宗教思想学术研讨会等。其中,"晚晴追韵"李叔同——弘一大师音乐作品欣赏会,将通过《送别》《忆儿时》《祖国歌》《落花》《春游》《三宝歌》等经典曲目,回望大师音乐创作生涯,抒发怀念和崇敬之情。

清末光绪年间,戊戌变法领袖之一的梁启超曾在天津市定居21年,在南开大学讲学《中国文化史》,创办《庸报》,撰写1400万字的《饮冰室合集》,这是梁启超留给中华民族蔚然壮观的文化瑰宝,为近代天津文化平添了一道永远色彩斑斓的辉煌。2008年5月1日上午,天津市旅游局、区旅游局联合在天津梁启超纪念馆院内举办授牌仪式,授予天津梁启超纪念馆国家3A级旅游景区标牌,天津市领导希望天津梁启超纪念馆将以荣膺国家3A级景区为契机,充分利用品牌优势,重视挖掘和整合纪念馆的资源,打造天津市文化旅游的新亮点,为天津市文化建设做出自己独特的贡献。

(二)传统文化宣传

天津市是历史文化名城,天津的民俗文化有着深厚、丰富的内涵和突出的特色。表现在建城设卫、生产、商贸、文化、饮食、服饰、家族、民居、交通运输、人生礼仪、岁时节日、信仰及民间艺术与游艺竞技诸方面。其中天津杨柳青年画、天津狗不理包子、天津泥人张彩塑、天津相声、天津时调等都是天津本土极具特色的传统文化,这些传统文化代表着天津的历史,以及天津人生活的精髓。

杨柳青年画,全称"杨柳青木板年画",属木版印绘制品,是中国著名民间木版年画,与苏州桃花坞年画并称"南桃北柳"。2007年6月,天津杨柳青画社获国家文化部颁布的首届文化遗产日奖。2010年5月,世博天津活动周开幕,杨柳青年画作为参展项目向世人展示。天津市还专门为杨柳青年画成立了天津杨柳青木板年画博物馆,旨在更好地保护和传承天津民俗,同时也向全世界人民展示了天津的文化底蕴。2010 年上海世博会天津活动周开幕时,天津市市委专门为游客介绍天津杨柳青木板年画,带领观众体验创作年画,做好以后,他们还可以带走留念。2011 年 1 月 23 日,天津市以"传承年画艺术,弘扬民族文化"为主题的中国杨柳青木板年画节,在"中国民间文化艺术之乡"天津市西青区杨柳青镇隆重开幕。二十多个国家和地区的驻华使节以及专家学者、年画产地代表等 200 余人汇聚天津,共同弘扬民族民间艺术。此次活动在很大程度上向世界宣传了天津本土文化。

"狗不理"包子是天津传统风味小吃。狗不理已被国家商标局认定为"中国驰名商标",狗不理包子被认定为天津市名牌产品。很多外地人到天津不是因为狗不理包子有多好吃、有多香,其实是想感受一下天津的文化。不可否认,狗不理包子已经成为天津饮食文化的代表。为宣传天津本土饮食文化代表狗不理,天津及天津人下足了功夫。2012 年 10 月,应中国包子文化节上海主办方邀请,有着"中华老字号,中国第一包"之称的天津狗不理,在城隍庙与上海广大市民及中外游客见面,历时 8 天的中国包子文化节活动也由此正式拉开帷幕。这是狗不理继 2010 年上海世博会后,时隔两年再次来沪。城隍庙中心广场人山人海争相排队品尝的场面,再次见证了狗不理独一无二的魅力。文化节期间,狗不理集团相关负责人还参加"中国包子文化论坛",并作主旨演讲,号召社会各界共同关注中国包子健康文化的传承与发展。

泥人张彩塑为天津的一种民间文化,创始于清代道光年间,泥人张把传统的捏泥人提高到圆塑艺术的水平,又装饰以色彩、道具,形成了独特的风格。泥人张彩塑是天津非常成功的艺术代表作之一,其对外的推广程度和受欢迎程度都非常高。在 CCTV-7 军事农业频道曾对天津泥人张彩塑做过专题报道,该节目从泥人张的起源讲起,再通过泥人张的艺术特征,讲述这门独具特色的天津泥人张彩塑艺术。并对泥人艺术形态进行了高度的评价。中央宣传部和中央文明办主办的中国文明网也对天津泥人张彩塑做过专题公益广告展,旨在弘扬天津泥人文化。

天津时调,中国天津曲种,是天津曲艺中最有代表性的曲种之一,它用天津地方语的字音演唱,内容通俗易懂,腔调高亢爽朗,具有浓郁的天津乡土气息。2006 年 5 月 20 日,天津时调经国务院批准被列入第一批国际级非物质文化遗产名录。为保护并弘扬天津本土特色文化遗产,天津举办五大主题商贸活动,重点推介快板、天津时调等津门地方曲艺,并在 2010 年北京市文化遗产日和端午节文化活动中选送天津时调进京演出,使天津时调更好地为全国乃至全世界的人所认识,并得以保护。

（三）影视作品宣传

电影营销，一方面是指企业利用电影，如植入式广告、赞助等方式来展开营销活动；另一方面是指电影自身的营销，电影在拍摄和制作过程中需要进行定位，利用营销的思维来展开运作。这里所指的电影营销主要是电影自身的营销[①]。

在考虑影片定位时，就需要有营销的意识，在演员方面，是明星荟萃还是演员平民化，是打造明星还是采用明星演员。如贺岁片惯用的找大家喜闻乐见的明星，深挖小人物有趣的故事，再加上一些无恶意的夸张的手法等，通过在内容、演员、情节等制作过程中的定位，在拍摄地和方式等方面进行正确选择，通过调查分析与科学定位，从而有针对性地分析影片的目标受众，进而为电影下一步的营销打下基础。

借鉴以上理论基础，天津市在近年来的营销策略中运用了影视营销的现代化营销方案，从而更好地达到了宣传城市精神，推动招商引资的目的。

《阳光的快乐生活》从2004～2013年已经连续拍摄9部系列电视剧，每一部均在天津卫视首播，这是一部由天津本土导演、本土演员共同拍摄而成的电视剧，全剧对话均采用天津本土方言，影视取景全采用天津本地景色，凸显了天津本土生活文化、小吃文化、社区文化以及经贸文化。剧迷和网友纷纷评论：让外地人透过一部剧就能完全了解天津文化。由此可见，非政府机构的影视商业行为不仅取得了影视收益，而且为营销天津文化做出了巨大的贡献。

此外，由于影视剧拍摄"爱上天津"的原因，天津知名影视剧制片人张爱华在接受采访时说："首先是天津这个城市具有深厚的人文底蕴，除了保存完整、风格各异的建筑群，其文化的多元性、互补性也使得这个城市充满魅力；近年来在天津注册成立的影视公司越来越多，搭上天津文化大发展的顺风车，开展文化事业所享有的优惠政策，成为天津区别于其他城市的明显优势；此外，天津的各大文艺院团和广电系统，为来津拍摄的各个剧组积极提供人力和物力的支持。剧组前往外地拍摄，必须要获取当地的协助，而无论是拍摄设备还是服装道具，在天津市都能得到及时援助。"

近年来，越来越多的电影选择在天津市取景，如《风声》、《全民目击》、《毒战》、《中国合伙人》等，这完全是由于天津丰厚的文化底蕴以及现代化的城市建设。电影、电视剧在天津拍摄一方面使剧景更加唯美，另一方面也起到了宣传天津城市的功效。

---

①于泷,耿改智.浅析微电影营销[J].企业导报,2013(2).

五、节事营销

节事营销在国内近几年刚刚兴起。所谓节事,实际上是"节日与特殊事件"的简称,来源于英文的"festival and special event",因为在西方的事件和事件旅游研究中,常常把节日和特殊事件放在一起来探讨,所以出现了"节事"一词①。随着城市品牌营销理论的兴起,节事已经组建成为城市品牌促销的一个重要组合工具。城市举办节事具有深远的意义和作用。通过举办节事,不仅可以增强城市舒适度,提高市民凝聚力,而且还能提高城市的知名度和美誉度,吸引大量国内或者国际观众的消费,吸引潜在的投资,还可以吸引优秀的人才,这些会给城市带来深远的经济意义和社会意义。

近年来天津通过举办和承接大型国际会议和国际赛事,提升天津城市形象和城市知名度。

世界经济新论坛领军者年会,是世界500强企业与最有发展潜力的增长型企业、各国和地区政府间的高峰会议。在中国举办的"世界经济论坛全球行业峰会暨全球成长型企业年会",鉴于"达沃斯"这个名称所包含的意义已经约定俗成,被世界各国和地区的政府、经济界广泛熟知和认可,所以在中国举办的"世界经济论坛全球行业峰会暨全球成长型企业年会",简称为夏季达沃斯论坛或夏季达沃斯年会。天津市承办了第二届、第四届和第六届"夏季达沃斯论坛",天津市能够举办达沃斯论坛,对它的城市品牌形象无疑有一个非常大的拉动作用:一是对天津市的投资有很大的拉动;二是对天津市的媒体曝光率有很大的提升;三是对天津市政建设和市民素质有很好的提升。

2012年,中国天津第十九届投资贸易洽谈会、第六届中国企业国际融资洽谈会、第五届津台投资合作洽谈会及台湾省名品博览会、2012天津夏季达沃斯论坛、2012中国·天津旅游产业博览会等203个展会在天津市亮相,为天津市带来了6亿元的直接收益,50多亿元的间接收益。天津国际会展项目将成为国际化、品牌化、高端化的世界级会展平台,吸引多个重要国际性展会和会展展馆落户天津,对于增强天津综合实力和影响力、促进环渤海和北方地区的发展具有重大而深远的意义。天津展会总体结构也进一步优化提升,其中超万平方米的大型重点会展项目逐年增多,天津会展经济活力凸显,总体水平明显提升,推动天津跻身全国会展

①李慧.节事营销对城市长期旅游效应的影响研究[J].企业活力,2012(12).

业先进城市行列。中国企业国际融资洽谈会、中国天津直升机博览会、中国国际矿业大会、津洽会、中国旅游产业博览会等一系列专业展会在国内外产生较大影响，展会内容涉及石油化工、建筑建材、冶金、电子、汽车、金融投资、房地产、服装等几十个行业。"中阿合作论坛"第四届部长级会议、联合国气候变化谈判会议等大型国际会议在天津市成功举办，更展示了天津市的良好形象和发展活力，特别是三次成功举办夏季达沃斯论坛，吸引了大量国际知名跨国公司来津投资、洽谈、考察，对推动天津市融入经济全球化、区域经济一体化、扩大对外开放发挥了重要作用。

六、滨海新区开发推广

滨海新区，是天津市下辖的副省级区、国家级新区和国家综合配套改革试验区，位于天津东部沿海地区，环渤海经济圈的中心地带，滨海新区拥有世界吞吐量第四位的天津港，2011年吞吐量达到4.3亿吨，通达全球400多个港湾，服务华北、西北、东北12个省区市；四通八达的立体交通和信息通讯网络，在第一时间与世界相连。这里聚集了国家级开发区、保税区、高新区、出口加工区、保税物流园区和中国面积最大、开放度最高的保税港区，是全国综合配套改革试验区。丰富的石油、天然气、海盐和1214平方公里可供开发的土地，滨海新区蕴藏着巨大的发展潜力，吸引着世界的目光。

滨海新区一方面在发展经济，通过招商引资，使世界500强企业来天津市投资建厂，另一方面也推动天津市本地旅游经济发展。天津滨海新区集现代制造业、服务业、生物科技业、海运业等多行业为一体，每年贡献GDP千亿元人民币[①]。2012年4月1日下午，中国国际商会与天津滨海新区政府共同签署《中国国际商会天津市滨海新区人民政府关于共同推进滨海新区开发开放、促进国际经贸合作的备忘录》的签字仪式在天津大礼堂举行。2013年9月15日，天津滨海新区与台湾省新竹市签订友好交流合作备忘录，全面推动两地各领域的交流与合作，以做到优势互补、扩大交流、加强合作、共同发展、互利共赢。

同时，滨海新区也积极推进地区旅游行业的发展。滨海新区航母主体公园是滨海旅游区已投入运营，并有一定影响的旅游项目。近年来航母主题公园发展势头良好，2009年客流量突破75万人次，为进一步提升航母主题公园知名度，打造

---

① 滨海新区经济统计数据[EB/OL].天津滨海新区政务网，http://www.bh.gov.cn/html/welcome/index.html.

我国北方独具特色的军事主题产业,2010年旅游区将按照提升、美化原则,对航母内外部设施及周边景观实施全面提升,努力将航母主题公园打造成为滨海新区和我国北方旅游新亮点。北塘古镇位于天津滨海新区核心——北塘旅游商务中心区,是滨海新区"十大战役"项目之一。作为滨海新区城市发展与城市文化战略的核心项目,北塘古镇于2010年正式启动建设,整体规划以"明清北塘盛景"为原型,是目前中国唯一的皇都卫城与滨海古镇的全景重现。以上滨海新区开发的旅游景区为当地旅游业和当地居民经济收入带来重大的贡献。

第二节　天津城市营销手段评价

天津市在城市营销中进行了诸多的探索,也取得了相应的营销效果,在全国一百多个采取了城市营销策略的城市中,天津市在城市营销综合指数排名中位居第7位,其城市营销建设指数、城市营销沟通指数、城市营销形象指数等指标排名均领先①。但在城市营销中,天津市各方面营销手段发展不均衡,很多营销方向仍存在需要提升的空间。

一、天津城市定位模糊

城市定位是城市发展和竞争战略的核心。科学和鲜明的城市定位,可以正确指导政府活动,引导企业或居民活动;吸引外部资源和要素,最大限度地聚集资源,最优化地配置资源,最有效地转化资源,最有效地制定战略,最大化地占领目标市场,从而最有力地提升城市竞争力。否则,城市定位不准,就会迷失方向,丢掉特色,丧失自身的竞争力。国内外很多城市都有确切的城市形象定位语:巴黎"时尚之都"、纽约"万都之都"、大连"浪漫之都"、香港"亚洲国际都会"、深圳"欢乐之都"等。巴黎时尚之都的美誉并不夸大其词,自19世纪以来,各国才华出众的设计师和服装师齐聚巴黎,纷纷成立公司以施展才气。法国高级服饰今日的辉煌,自然与历代才艺超绝的服装设计师所做的贡献是分不开的。巴黎借时尚之都之名聚集了

---

① 刘彦平.中国城市营销发展报告(2009～2010):通往和谐与繁荣[M].北京:中国社会科学出版社,2009.

全球最繁华的时尚资源,并举行全球最盛大的时装秀、时尚周活动,已达到营销城市的目的。大连以浪漫之都的城市营销口号,吸引了大批投资,同时大连也积极开发以浪漫为主题的旅游产业,大连市统计局统计资料显示,大连 2012 年全年共接待国内外游客 4943.1 万人次,实现旅游收入 767.2 亿元[①]。

在新一轮的全球竞争中,我国有众多城市在寻求自身的发展中,已经形成了自己的定位和形象的塑造,许多城市都寻求形象定位,从而为经济的发展开辟了更广阔的空间。但是,天津市只有在行政方面的城市定位——"北方经济中心",而缺少富有城市本土气息的对外宣传定位。天津市虽然被定义为中国北方经济中心,但在北方大区范围内,天津市的总体经济实力并不凸显,所以天津市寻求立足于本市文化、历史气息的城市定位显得弥足珍贵。

对于投资方来说,天津市在对外招商过程中,没有充足的市场定位;对于旅游者来说,天津景区多是以点连点,没有具体的旅游主题,还有许多类似的因素,这对于天津市整体对外推广势必是一个软肋。

二、天津城市功能不够明晰

城市是由多种复杂系统所构成的有机体,城市功能是城市存在的本质特征,是城市系统对外部环境的作用和秩序。城市主要功能有:生产功能、服务功能、管理功能、协调功能、集散功能、创新功能。城市功能是主导的、本质的,是城市发展的动力因素。

天津市各个产业、各个地区没有形成相互联系、相互作用的有机结合的整体,而是简单的功能相加。城市的每一个要素都表现出一种功能,城市各个要素有机结合才能形成城市的整体结构,各个要素表现功能有机地结合才能形成城市的整体功能结构。相对来说,天津城市推广也缺乏层次性,没有天津市的整体推广方案并且各区县、各活动内容没有直接的相关联性,这势必不能形成天津长期营销的运动规律,也不能形成天津市整体推广和各区县、各产业推广之间的相互依存、相互作用的功能。

与此相反,苏州的再度被关注是从苏州新城和苏州工业开发区的崛起开始的,这里云集了众多的跨国企业和台资企业,逐渐成为全球一个新的 IT 产业生产基

①2012 年大连市国民经济和社会发展统计公报[EB/OL]. 大连市统计局,http://www.stats.dl.gov.cn/view.jsp? docid=24306.

地,发展速度非常惊人,这里是苏州的希望,逐渐取代了20世纪80年代乡镇企业曾经带给苏州的辉煌。武汉曾经是计划经济时代重要的工业中心和科教基地,但近20年的发展却使武汉的经济地位逐渐下降,似乎只有黄鹤楼、东湖才能使人联想起武汉,新世纪,武汉开始打造"光谷",利用自己的科技优势在5年里建成中国最大的光纤基地,成为中国新兴的科技基地,"光谷"概念的推出成为武汉未来若干年的主要"卖点"。地处西南的成都一直以来能够被人记住的恐怕就是小吃、川菜、杜甫草堂这些历史和传统的标志,自从《新周刊》把成都评选为中国"第四城"后,成都似乎一下子就成为一个明星城市,科技城、美女城、成都球市似乎成为成都新的标杆,成都人也陶醉在"第四城"的光环里,借着西部大开发又火了一把。

三、天津市没有细致化的各区县营销方案

天津市在对外推广中,无论是形象营销、网络营销、文化营销还是节事营销,往往都是以天津市整体推销为主,没有营销的层次划分,更没有天津所属各区县的营销方案和达到推广天津局部地区的效果。天津市围绕城市主中心规划要求,优化功能布局,增强南京路、海河沿线两条经济带辐射拉动作用,加快建设五个功能区:南京商务商贸经济带、海河服务型经济发展带、金融商务区、商务风貌区、科技卫生区。天津市对外推广中没有具体能体现各功能区商务功能的营销方案。同时,天津市各区县的营销也各自为政,没能取得1+1>2的效果。天津市整体层面和各功能区在商业推广中应该是一体的,如果单纯地追求整体效果,没从局部细节上下功夫,那么整体的营销也达不到完美的效果,而各功能区在营销中不顾全整体,各部分也很难取得理想的效果。

四、天津市对外发展过程中与周边城市的非合作状态

天津市处于京津冀经济圈,但作为京津冀的核心——天津与北京却在一定程度上表现为非合作状态。理论上讲,北京是全国的政治文化中心,拥有人才、智力资源和旅游资源等多方面的优势;而天津则是我国北方最大的经济中心,拥有良好的港口和雄厚的工业基础。因此,天津应该积极主动地和北京、河北省形成优势互补、合理分工、协调发展的局面。但由于城市竞争的存在和升温,其结果却不尽人意。北京、天津的产业状况大同小异,经济上很少协作交流。例如,在基础设施使用方面,天津拥有全国最大的集装箱码头,北京却舍近求远,与唐山合作设立京唐

港;北京机场虽然经过几次扩建,却依然人满为患,而天津机场至今冷冷清清。这种非合作状态使天津丧失了先天性的发展机会,直接影响了京津冀经济圈大的整体发展和天津的城市发展,在无形中削弱了天津的竞争力。

第三节 天津城市营销未来发展的建议

城市营销理论不断完善,各城市的营销手段也日趋丰富。针对天津市城市营销发展现状,从城市定位、功能推广、各区县功能推广、营销协调性等方面提出了促进天津未来城市营销发展的相关建议。

一、确立城市定位,确定城市营销的主体

确定城市定位,首先要明白城市营销的意义何在。在公平竞争的市场环境中,城市营销便成了获取资源的唯一手段,只有把城市卖出去,才能得到城市的资源消费。政府定位要准确,政府不能把太多的资源直接用于营销城市。实际上,营销城市的主角是企业、居民,政府是配角,政府应为企业营销城市提供便利,政府主要是间接营销城市。在市场经济条件下,政府的主要资源应用于提供企业不宜介入的公共产品。

城市的定位是城市"品牌化"营销的基础和最重要的环节。提起"休闲之都",我们就会想到杭州;说起"浪漫之城",我们就能联想到大连,这就是城市定位的作用所在。没有完全一样的人,也没有完全一样的城市。国务院批复的《天津城市总体规划》中提出,天津市要建设成为国际港口城市、北方经济中心和生态城市。因此,天津的整体发展应该围绕着这三个大方向发展。天津城的历史相比于国内其他古城要短得多,但在近代,天津一度是中国最大城市之一,也一度沦为外国租界。近代丰富的历史给天津留下了许多宝贵的西方建筑。天津也是一座有文化底蕴的城市,相声逗乐着数亿中国人;南开大学,天津大学为这座城市增加了深厚的文化底蕴。天津卫为天津古时候的叫法,现已成为一座汲取中西方文化精华的旅游胜地。在产业定位上要扬长避短,发展耗能、耗水少的高新产业。发挥天津市的交通优势,大力发展商贸物流产业;发挥比较优势,推动环渤海地区城市与天津产业的融合与合作;要尽可能地利用滨海新区开放对周边地区的辐射、发散作用,推动基

于企业网络价值的深度耦合;利用天津市的技术、人才优势,加速存量调整步伐;此外,所有制结构与体制改革要同步推进。通过以上的分析,确定属于天津的、极具特色的城市品牌——"新型工业重镇,开放港口城市,文化旅游胜地,生态宜居城市"。让投资者来天津收获成功,让旅游者来天津领略中西文化的精华,让生活在天津的人感受到舒适与安心。[①]

二、挖掘城市特色,打造城市品牌

每个城市都有自己的特色,城市在某些方面的特色有时可以成为城市的核心竞争力,成为该城市与其他城市在竞争中制胜的法宝。随着经济全球化、工业化、城市化和信息化的加剧,我国城市面临全方位的竞争。塑造城市品牌是增强城市竞争优势的重要策略,也是积极参与国际竞争与合作的必然选择。在参与经济全球化和国际分工过程中,我国许多城市已经与世界城市网络体系初步联络,同时也受到国际城市竞争的压力。只有打造城市品牌,才能使城市取得竞争优势,在众多竞争对手中独树一帜。进行有效的品牌建设,是促进我国城市品牌塑造科学化、加快我国城市品牌化进程、提升城市整体竞争力的关键。

天津市有著名的天津眼——天津永乐桥摩天轮,这是天津市的地标性建筑。比如,英国伦敦的伦敦眼,伦敦在城市营销中,在伦敦眼上下了很大的功夫。2012年,在伦敦奥运会的开幕式上,全景拍摄机在进入伦敦市区时详细地讲解了伦敦眼,这为伦敦的地标性建筑做足了宣传,同时,伦敦旅游当局极力开发伦敦眼的旅游潜力,开发旅游路线。作为天津市标志性建筑的天津眼,也应当得到开发,使它在国际舞台上发挥标志性作用,天津市旅游局应加大天津眼旅游资源的开发工作。

三、营销天津本土文化,提升天津文化底蕴

天津是集中国传统文化和现代工业化建设为一体的核心城市。其定位的明确性是其做好城市营销的第一步。在文化、生活方面,天津有很大的文章可以做,天津市是历史文化名城,首先天津方言是一大特色,各种宗教场所也很出名,古文化街的大后宫至今是人们祭拜妈祖的场所,天津清真北寺和南寺分别是明朝和清朝保留下来的伊斯兰教建筑,至今沿用;天津是海河文明孕育出的城市,城市的桥梁

---

①天津城市营销策略研究[EB/OL].新浪博客,http://blog.sina.com.cn/s/blog_4fd8c89d01000c41.html.

众多也是一大特色；位于天津市北郊的蓟县是著名的风景区，景区内有风景秀丽的盘山以及著名的独乐寺；重修之后的鼓楼与古文化街古色古香，各式老天津卫的文化工艺品以及民间杂技聚集于此；著名的南市食品街有各种天津特色小吃、煎饼果子、十八街麻花、狗不理包子、耳朵眼炸糕，这些都是天津的特色。

四、坚持制度的持久性和创新性，促进城市长远发展

对城市的发展进行长远规划，保持制度的持久性和连续性，对城市的发展有着至关重要的作用。同时，还要坚持解放思想，不断在原有的制度上进行制度创新。城市营销需要正确的创新，严格监管品质；也需要持久的创新，至少应该像"博鳌亚洲论坛"和"戛纳电影节"一样，长期发展。尤其一夜成名的城市更要珍惜先天优势，不断注入新鲜的东西才会让城市形象历久弥新，长兴不衰。

第五章 白云黄鹤 知音江城
——武汉

　　"东湖秀色,珞珈青峦,琴台遗韵,红楼倩影;登黄鹤楼远眺,江城景色一览无遗。晴川阁下,新枝历历;鹦鹉洲上,芳草萋萋。一桥飞架南北,三镇通达东西。"著名学者易中天在其《读城记》的《武汉三镇》一篇中,对武汉的湖山俊秀,人文斐然和江流浩荡给予了最全面的描述。武汉作为华中地区最大都市,长江中下游特大组团式城市,是中国中部地区的中心城市,全国重要的工业基地、科教基地和综合交通枢纽①。

　　就经济而言,武汉市作为华中地区乃至中国内陆最大的工商业城市,拥有冶金、纺织、造船、制造、光电、信息、医药、汽车等产业。其中我国三大钢铁集团公司之一的武汉钢铁(集团)公司、三大汽车制造商之一的东风汽车公司总部也都位于武汉。据国家统计局统计数据显示,2011 年,武汉全年地区生产总值(GDP)达6762.20亿元,比 2010 年增长 12.5%,在全国城市 GDP 中排名第 13 位。2009 年,随着武汉东湖经济开发区获批国家自主创新示范区,成为继北京中关村后我国第二家国家自主创新示范区以来,"武汉·中国光谷"便开始作为新名片把武汉推向世界,使得武汉在世界经济舞台中扮演着越来越重要的角色;就旅游而言,武汉境内国家 5A 级旅游景区 1 家、4A 级旅游景区 8 家、全国重点文物保护单位 13 家、国家级非物质文化遗产 8 项,2011 年接待国内游客 11636.12 万人次、接待海外游客115.91 万人次,其中外国游客 88.70 万人次,港澳台同胞 27.21 万人次②。

　　2013 年 11 月 21 日武汉国际友城高峰论坛在武汉拉开序幕,来自 22 个国家的30 个友城共同签署《武汉共识》,宣布共建生态宜居幸福城,因此,对于武汉的城市营销的思考和再认识更显得极为迫切和重要。

---

①武汉概览[EB/OL].中国武汉政府门户网站,http://www.wuhan.gov.cn/.
②潘建桥.武汉统计年鉴 2012[M].北京:中国统计出版社,2012.

第一节 武汉的城市营销手段

武汉作为一个历史悠久、文化内涵丰富的滨江国际性港口城市。在其城市营销工作的开展过程中，既稳重大气又敢为人先。从营销手段来讲，武汉已尝试了关系营销、形象营销、文化营销、节事营销和网络营销的多元化、全方位营销。其中，就关系营销而言，自 1979 年武汉市与日本大分市建立友好城市关系以来，截至 2013 年 10 月，武汉先后已与 25 个国家结好；就形象营销而言，武汉市政府在其城市形象打造和城市形象推广方面的成就可谓可圈可点；就文化营销而言，武汉市政府充分挖掘本市文化内涵，借助影视作品、文化场馆等媒介对武汉市进行了高效、立体的营销；就节事营销而言，武汉市政府通过大型会议的承办和大型节庆的设立，大大提升了武汉市的国际知名度和美誉度；就网络营销而言，武汉市政府通过一系列政务官网和政务微博的建设，大大促进了与广大网民的良好互动。下面对武汉市各营销手段的具体操作和营销效果进行详细讨论。

一、关系营销

武汉市作为我国中部六省中唯一的副省级城市、中国中部地区最大的都市、国家区域中心城市和中国长江中游地区的巨大型城市，自 1979 年与日本大分市建立友好城市关系以来，先后与美国匹兹堡市、德国杜伊斯堡市、英国曼彻斯特市等 25 个城市建立了友好关系，见表 5-1。

表 5-1　与武汉结好的城市

时间	与武汉结好的城市数	城市名称（按结好的时间顺序）
20 世纪 70 年代	1	大分市（Oita，日本）
20 世纪 80 年代	4	匹兹堡市（Pittsburgh，美国）、杜伊斯堡市（Duisburg City，德国）、曼彻斯特市（Manchester City，英国）、拉加茨市（Ragatz City，瑞士）

续表

时间	与武汉结好的城市数	城市名称（按结好的时间顺序）
20世纪90年代	5	基辅市（The City of Kiev,乌克兰）、喀土穆市（The City of Khartoum,苏丹）、杰尔市（Jill City,匈牙利）、波尔多市（Bordeaux,法国）、阿纳姆市（Arnhem,荷兰）
21世纪初至今	15	清州市（Cheongju,韩国）、圣路易斯市（St. Louis,美国）、圣珀尔滕市（Polten City,奥地利）、克莱斯特彻奇市（Christchurch City,新西兰）、万锦市（Markham,加拿大）、博伦厄市（Borlange City,瑞典）、科波沃市（Kópavogur,冰岛）、亚庇市（Kota Kinabalu,马来西亚）、哥伦布（Columbus,美国）、阿什杜德（Ashdod,以色列）、伊兹密尔（Izmir,土耳其）、旧金山（San Francisco,美国）、比拉德纳格尔（Biratnagar,尼泊尔）、曼谷（Bangkok,泰国）、暹粒市（Siem Reap,泰国）

资料来源：中国国际友好城市联合会，http://www.cifca.org.cn/Web/SearchByCity.aspx? H.

二、形象营销

一般而言,形象营销是企业为提高其社会影响力、增强知名度及美誉度从而提高市场占有率、增加盈利等进行的一系列经济活动。然而,随着时代的进步及人们思想观念和工作方式的转变,这种理念也渐渐被引入城市营销的工作之中。

(一)城市形象定位与标识

就城市形象定位而言,截至2013年12月,武汉市人民政府仍未通过官方渠道公布其明确的城市形象定位,但是《武汉市城市总体规划(2010～2020年)》中提出了"中部地区中心城市"的定位和建设"宜居城市、创业城市、生态城市、文化城市"的要求,并细化性地指出,到2015年,武汉市总体发展目标为："打造引领中部、创新发展,辐射全国的中心城市;构筑生态宜居、低碳发展、两型社会的示范城市;创建共享服务、和谐发展、民生幸福的宜居城市"①。武汉市针对以上定位和发展目标提出了大量切实可行的解决方案和落实措施,并取得了不错效果。另外,从城市形象标识来看,2012 年 9 月,中共武汉市委宣传部、对外宣传办公室组织开展了关于武汉城市形象标识作品的征集活动②,截至 2012 年 11 月,经专家评审团和公众投票选出了 10 件武汉城市形象标识候选作品,但形象标识的最终确定工作仍在进行。

(二)城市形象打造

武汉市城市形象打造的工作主要包括武汉精神的确定、武汉符号的评选以及武汉市"市树"、"市花"和"市歌"的设立。

1.武汉精神

所谓人无精神不立,对于一座城市也是如此。西方学者宾格·勒索曾说:"将一个城市和一座乡村区别开来的不是它的范围和尺度,而是它与生俱来的城市精神"。城市精神是一座城市的灵魂和内在气质,是城市市民文明素养和道德理想的综合反映,是一种意志品格与文化特色的精确提炼,是一种生活信念与人生境界的高度升华,是城市市民认同的精神价值与共同追求③。2011 年 8 月,经武汉市民共同投票,决定以"敢为人先、追求卓越"表述武汉精神,并于 2011 年底召开的武汉市十二次党代会上,把"敢为人先、追求卓越"写入主题报告,上升为城市的整体意志。对于武汉八字精神有学者是这样解读的:"敢为人先"这种武汉市一以贯之的城市精神是对城市文化的最好开掘,也是对收益精神的最好传承。而"追求卓越"这种将自身的优势、能力、资源发挥到极致的精益求精的精神,则是武汉市敢于正视自己的历史不足、直面自己的历史缺失,对历史经验和教训的总结。"敢为人先、追求卓越"武汉精神的提出,也表现了武汉人的一种可贵的"建设性的反思批判"境界④。

2.武汉符号

所谓"符号",顾名思义是指具有代表性、象征性和特征性的东西。就武汉市而言,其地标性建筑和特质性品牌主要有黄鹤楼、江汉关大楼、武汉长江大桥、武汉长江隧道以及武汉·中国光谷。

---

①《武汉国土资源和城市规划》武汉市城市总体规划(2010~2020 年)专辑(一)[EB/OL].武汉市国土资源和规划局网站,http://www.wpl.gov.cn/pc-37052-258-0.html.
②武汉口号标识征集,长江网,http://zt.cjn.cn/zt2012/whkhbzzj/.
③武汉地方志编纂委员会.武汉城市圈年鉴 2010[M].武汉:武汉出版社,2010.
④专家学者纵论武汉精神:引领城市未来[N].长江日报,2012-8-24.

（1）黄鹤楼

黄鹤楼位于武汉市武昌区蛇山上，是江南四大名楼之一，中国国家旅游胜地四十佳之一。黄鹤楼共 5 层，高 50.4 米。始建于三国时代东吴黄武二年（223 年）。《元和郡县图志》记载：孙权始筑夏口故城，"城西临大江，江南角因矶为楼，名黄鹤楼。"1957 年建长江大桥武昌引桥时，占用了黄鹤楼旧址，1981 年 10 月，武汉市政府决定根据历史资料重建黄鹤楼，专家决定在距旧址约 1 千米左右的蛇山峰岭上重建新的黄鹤楼。1985 年 6 月落成，成为武汉市的标志性建筑。2003 年 2 月，黄鹤楼又开始进行 1985 年重建以来的首次大规模整修。此次整修主要是对楼顶的四块牌匾进行维修，在保持字迹不变的情况下，对牌匾重新复制。黄鹤楼被中国历代许多著名诗人吟诗颂赞，享有"天下绝景"的盛誉。其中崔颢的《黄鹤楼》更是使黄鹤楼名扬天下[1]。

（2）江汉关大楼

江汉关大楼位于江汉路和沿江大道的交汇处，是武汉的标志性建筑之一。1861 年，英国政府根据《中英天津条约》第 10 款，迫使清政府将镇江、九江、汉口辟为对外贸易口岸，并分设海关。汉口海关——江汉关，于 1861 年 11 月成立。大楼的建筑风格属于文艺复兴式样，三段式构图，中部设有典雅的钟楼，钟楼四面装有直径 4 米的时钟，准点的钟声一直构成武汉城市生活的一部分。花岗岩外墙，坚固壮观，东、西、北三个立面墙均有花岗石柱廊，采用科林斯柱式，北面的 8 根石柱直径 1.5 米。2001 年，江汉关大楼被列为全国重点文物保护单位[2]。

（3）武汉长江大桥

武汉长江大桥位于中国湖北省武汉市，横卧于汉阳龟山和武昌蛇山之间的长江江面之上，是长江上第一座铁路、公路两用桥，因此又被称为"万里长江第一桥"。武汉长江大桥的建设规划始于 1910 年，1913～1948 年曾先后四次进行长江大桥的勘测、选址和设计，但几次规划都因经济、战乱原因而搁置。中华人民共和国成立以后，武汉长江大桥的建设被列入中国第一个五年计划的苏联援华 156 项工程之一，于 1950 年起正式开始进行大桥的测量和设计，1955 年 9 月动工建造。由于采用了新的管柱钻孔法取代传统的气压沉箱法，大大加快了大桥的建造速度，使武汉长江大桥竣工日期提前 2 年，1957 年 10 月正式通车。武汉长江大桥为双层钢桁梁桥,上层为双向四车道的公路桥,两侧设有人行道;下层为京广铁路复线。武汉长江大桥自建成以来,一直都是武汉市的标志性建筑,同时也是最著名的旅游景点之一。1956年6月,毛泽东从长沙到武汉,第一次游泳横渡长江,当时武汉长江大桥已初见轮廓,毛泽东即兴写下《水调歌头·游泳》一词,其中广为传诵的一句"一桥飞架南北,天堑变通途",正是描写武汉长江大桥的气势和重要作用①。

(4)武汉长江隧道

武汉长江隧道位于湖北省武汉市长江一桥和二桥之间,设计为左右两条隧道,隧道为单向两车道。该隧道于2008年4月19日双线贯通,并进入路面铺设阶段,2008年12月28日通车,该隧道是长江上第一条过江隧道②。

(5)武汉·中国光谷

武汉·中国光谷东湖高新区创建于1988年10月,2001年7月被国务院批准为国家光电子信息产业基地(即"武汉·中国光谷"),2009年12月获批建设继北京中关村之后的第二家"国家自主创新示范区"。按照"发展高科技,实现产业化"的总体思路,经过20多年建设发展,先后建设了关东科技园、关南科技园、大学科技园、光谷软件园、光谷金融港、光谷创业街、东一产业园和东二产业园等一批产业园区,正在建设武汉未来科技城、光谷生物城、左岭新城、华山生态新城、佛祖岭工业园、富士康产业园、中新(武汉)科技园和中华科技园等主题科技园区,形成了"敢于冒险、勇于创新、宽容失败、追求卓越"的光谷文化,积累了2万多家科技型企业,形成了光电子信息、生物、环保节能、高端装备制造、现代服务业竞相发展的高新技术产业集群。东湖高新区在光通信、激光、地球空间信息、数控系统、生物农业等相关领域,代表了国内最高水平,在国际竞争中赢得了话语权,"武汉·中国光谷"成为我国在光电子信息领域参与国际竞争的知名品牌。到2020年,示范区将建成体制、机制领先、创新经济活跃、高端要素聚集、营商环境优越、开放合作、生态友好、功能完善、社会和谐的全国高新技术产业开发区的排头兵,世界一流的高科技园区,享誉全球的"中国东湖·世界光谷"③。

3.市树、市花、市歌

1983年,武汉市开展市树、市花评选工作,评选出水杉为市树,梅花为市花。

---

①张克孝等.武汉市志·城市建设志[M].武汉:武汉大学出版社.1996.
②武汉长江隧道获"詹天佑"奖[EB/OL].中国武汉政府门户网站,http://www.wuhan.gov.cn/publish/wuhan/2011-02/14/1201102140947370329.html.
③东湖国家自主创新示范区总体规划(2011~2020年)[EB/OL].武汉市国土资源和规划局网站,http://www.wpl.gov.cn/pc-69-48662.html.

水杉享有"活化石"和"古老的世界之爷"之称,1941 年,中国科学家首次在鄂西境内发现该树种,1945 年正式定名为水杉。梅花之所以被评选为武汉市花的原因在于:首先,武汉精神与梅花精神相得益彰。由于梅花的生长环境相对恶劣,但她依旧傲霜斗雪,凌寒绽放,表现出了一种不畏艰难、开拓进取、迎向希望的乐观性格和坚韧品质。而武汉城市精神为"敢为人先,追求卓越",这与梅花的气质正好相符;其次,自古以来湖北就是梅花的故乡。据公元 6 世纪陶弘景在《名医别录》中记载:"梅实生汉中川谷",而"襄汉川蜀江湖淮岭皆有之"。秦汉时,野生梅就散见于长江两岸。南宋时期,武汉一带的居民养梅、赏梅风气已盛;再者,武汉的梅园在规模和研究上均居全国前列。

1992 年 4 月 1 日,中共武汉市委、武汉市人民政府决定在全市范围内开展征集市歌、市徽活动,经征集、筛选、修改,市歌、市徽于 1994 年 9 月 22 日在武汉市第九届人大常委会第十次会议上正式审议通过。市歌——《武汉之歌》由江汉区废品回收公司段宇春作词、长江轮船总公司李祖平作曲。[①]

(三)城市形象推广

一般而言,城市形象的推广工作主要有:城市形象宣传片的拍摄、城市形象大使的聘请、旅游形象口号或 LOGO 的设计等。但是就武汉市的具体情况而言,它主要尝试了宣传片以及"微时代"下炙手可热、受人追捧的微电影,并取得了较好的效果。

1.宣传片

就武汉的具体情况来看,武汉目前主流的城市形象宣传片包括旅游形象宣传片、城市招商形象片、配合大型活动的城市推广片三大类。

(1)旅游形象宣传片

为了更好地宣传武汉旅游形象,推广武汉独特的旅游资源,多角度、多视野地展示武汉的美,武汉市旅游局于 2010 年 4 月启动了新版武汉旅游宣传片的拍摄工作,邀请国内一流导演和拍摄班底,采用最先进的航拍和摄影技术,历时一年,拍摄了大量高品质的全新素材,追求尽善尽美,力求震撼、唯美、大气,充分展现武汉之美。2011 年 4 月,初步剪辑的宣传片样片以《浓情武汉》为题,无意间在网上疯传,受到网友热烈追捧,短短一个月在优酷网、土豆网等视频网站点播超过 20 万次。在《浓情武汉》短片中,大量使用航拍镜头,黄鹤楼、东湖楚天台、长江二桥、汉口江

---

①武汉市标[EB/OL].中国武汉政府门户网站,http://www.wuhan.gov.cn/publish/wuhan/2013－07/22/1201307221502530025.html.

滩被瞬间"放大"，盘龙城遗址、武昌县华林、古德寺、东西湖石榴红村、张公山寨等外地游客不熟知的景点均纳入片中，让网友耳目一新；天河国际机场、武广高铁、轻轨、汉口江滩边的五星级酒店等现代元素一一展现，武汉的活力和快速发展一目了然。4月6日，《长江日报》从中截取多幅航拍画面出版特刊——《空中看武汉》，读者反响强烈。随后，市旅游局又公开征集市民、游客和专家的意见和建议，对宣传片样片再次精心剪辑完善，并最终确定8分钟版本，定名为《大江大湖大武汉》，同时制作完成了15秒版本的《大江大湖大武汉》旅游广告片。据武汉市旅游局局长张侠介绍，将宣传片定名为《大江大湖大武汉》，是因为这七个字充分概括了武汉城市的特点，中国第一大江——长江与汉江在此交汇，中国最大的城中湖——东湖在这里尽显秀丽，历史重镇大武汉正在重新崛起。"大江大湖大武汉"同时作为武汉城市旅游形象的主题口号，也便于整合资源，保持宣传主题的明确、清晰和一致，广泛传播城市核心价值，提高国内外游客对武汉的认知度，深化传播效果①。

（2）城市招商形象片

此类主要以武汉地产开发投资集团有限公司（以下简称武汉地产集团）2012年投放的《大手铸城——武汉地产集团巡礼2012》招商宣传片为主要代表。武汉地产集团成立于2003年6月，是经武汉市委、市政府批准，由原统建集团、城开集团合并成立的国有独资企业。自集团成立以来，先后建成琴台文化艺术中心（包括琴台大剧院、音乐厅、月湖公园）、辛亥革命博物馆、中山舰博物馆、首义文化园等系列精品工程及二环线汉口段、武汉大道汉口段、白沙洲大道快速通道、沙湖大桥、东沙湖连通工程等城市重大市政基础设施；先后建设了大江园、玉桥新都、汉口花园、同鑫花园、锦绣江南、同安家园等数十个大中型居住区②。因此在《大手铸城》中，对这些重点工程和项目进行了重点拍摄和涉及。

（3）配合大型活动的城市推广宣传片

2011年10月25日，第47届国际规划大会在武汉琴台大剧院举行。来自美国、英国、荷兰等48个国家和地区的规划专家、学者等近2000余人参加会议。会议以"宜居城市：世界城市化，应对新挑战"为主题，对城市的可持续发展问题展开全球对话③。拍摄2010年版武汉旅游宣传片《浓情武汉》的导演再次对此宣传片进

---

①航拍《大江大湖大武汉》旅游宣传片在汉首映[EB/OL].航拍中国网，http://www.cftts.com/news/12_345.html.

②集团简介[EB/OL].武汉地产集团网，http://www.whdc.cn/Company/introduction.shtml.

③第47届国际规划大会在武汉举行[EB/OL].中国政府网，http://www.gov.cn/jrzg/2011－10/25/content_1977861.htm.

行了操刀,该宣传片是专门为在武汉召开的第 47 届国际规划大会而摄制,在大会上播放了该宣传片,好评如潮。

2.微电影

微电影(Short Film/Microcinema),即微型电影,又称微影。它既可以指专业的小成本制作或者使用数码摄像机、在电脑上剪辑并发布到网上的业余电影,也可以指短时间段的电影①。2013 年 9 月 22 日,江城武汉第一部城市文化形象宣传微电影《月湖琴声》在汉阳区首映,作为对第 22 届金鸡百花电影节的献礼。

微电影《月湖琴声》以汉阳最具代表性的历史文化符号古琴台为背景,以"知音文化"的传承为使命,用故事新说的方式,将一段追寻知音文化、探究古琴历史渊源的情感作为主线,凭借细腻真挚的感情、大气磅礴的音乐、曲径通幽的情节设计、美轮美奂的景致,将汉阳及古琴台深厚的文化底蕴、灿烂的文明一一向世人展现。这部微电影将武汉的知音文化、武汉的人文气息以及武汉的城市发展,展现给全国的观众,通过城市文化传播的方式,让武汉能够在全国乃至全世界范围内获得更多的关注和更多的发展机遇,进而提升汉阳区域城市形象,带动武汉文化旅游产业的迅速发展②。金鸡百花电影节作为我国历史最为悠久、规模最大、最专业、最具权威性的电影评奖活动和我国唯一一个国家级的电影节,被外界誉为"中国奥斯卡"。在我国具有极强的影响力和广泛的关注度。《月湖琴声》作为对第 22 届金鸡百花电影节的献礼,在电影节上的首次播放,无疑对武汉城市形象推广起到了很好的宣传作用。

三、文化营销

武汉作为我国中部一个历史悠久、文化底蕴浓厚的城市。在城市营销过程中,充分挖掘自身各类文化资源进行影视作品的创作和拍摄,通过大型文化场馆的"引进来"——吸引游客和"走出去"——部分知名文博展览的开设来对江城武汉进行营销。这些都取得了很好的效果。

---

① 梦想初绽放,微电影的"青春期"[EB/OL]. 中国时刻网, http://www. s1979. com/news/china/201308/0797295907. shtml.

② 首部城市文化形象微电影 22 日首映[EB/OL]. 长江网, http://news. cjn. cn/24hour/wh24/201309/t2353204. htm.

（一）影视作品

在中国，通过影视作品进行目的地形象推广可以追溯到自 20 世纪 80 年代的《庐山恋》《芙蓉镇》，不过大多都属于无城市营销意识下创作完成，巨大市场效益基本属于意外收获。近年来，城市推广的空前需求和电影、电视剧的热潮结合，使影视成为城市推广的热门媒介。随着《非诚勿扰》《成都我爱你》《唐山大地震》等影片的兴起，影视作品的创作、拍摄和投放作为城市营销的一种重要手段逐渐流行了起来①。近年来，以武汉为主取景地和以武汉为故事背景的有影响力的影视作品如表 5-2 所示。

表 5-2　武汉影视作品一览

片名	时间	类型	简　介
《江城夏日》	2006 年	电影	讲述了发生在武汉的一个荡气回肠、耐人寻味的亲情故事。影片全部采用武汉方言，以武汉外景拍摄，由武汉百步亭集团投资。获得了第 59 届法国戛纳国际电影节"一种关注"单元最佳影片奖。第 11 届韩国釜山国际电影节上映作品
《大汉口》	2011 年	电视剧	该剧作为辛亥革命 100 周年的献礼剧，以陆氏家族从辛亥革命到新中国建立近半个世纪的悲欢离合为表现空间，通过一个家族三代人，三个兄弟不同的人生信仰和选择，把家族的兴衰沉浮融入到宏大的历史叙事中，抒写了一部精彩沧桑的近现代中国历史画卷。2011 年 11 月 22 日获得东方卫视最受电视迷欢迎剧集称号
《汉阳造》	2011 年	电视剧	该剧以"中国第一枪"为主线，塑造了刘汉阳、刘造强等一系列与之密切相关的人物，通过他们半个世纪的命运，深刻表现了近现代中国波澜壮阔的兵工史、革命史和发展史，为建党 90 周年和辛亥革命百年纪念献礼。该剧由武汉华旗影视制作公司、省广播电视总台、省电影发行放映总公司联合出品

①利用电影进行城市形象营销效果研究报告[EB/OL]. 天海文化网，http://www.tianhaijinhui.com/article/t－page－18－184. html.

续表

片名	时间	类型	简　介
《国门英雄》	2011 年	电视剧	该剧由原武汉海关关长何曙坤任总编剧,以武汉海关为原型,讲述了一个海关代理关长,为了国家利益,历尽九死一生,成功破获惊天大案的悲壮故事,全程在武汉取景拍摄,由湖北省委宣传部与国家海关总署、中央电视台中视传媒、北京御景江山影视传媒等单位联合出品。获第29届中国电视剧飞天奖及长篇电视剧一等奖
《万箭穿心》	2012 年	电影	根据武汉籍著名作家方方同名小说改编,讲述了20世纪90年代一个年近不惑的武汉女人心酸、坎坷、历尽磨难的一生。影片全部采用纯武汉方言,入围第25届东京国际电影节主要竞赛单元,也是当时唯一一部入围的华语电影
《浮城谜事》	2012 年	电影	该剧全程在武汉取景拍摄,作为唯一一部华语影片正式入围了第65届夏纳国际电影节"一种关注"单元。并在第七届亚洲电影大奖上一举夺得最佳影片、最佳编剧、最佳新演员三项桂冠
《汉口码头》	2012 年	电视剧	该剧以辛亥革命前夕至抗日战争的中国近代、现代史为历史背景,以武汉大码头、汉正街等为历史舞台,以一个湖北乡村少年因家庭变故逃至汉口,历尽艰难曲折,最后成长为具有民族气节的一代商贾为主线,通过几个家族的恩怨情仇,史诗般展现武汉在历史洪流中的命运与辉煌,形象地阐述"开放、包容、侠义、敢为天下先"的武汉精神。剧情、对白均具有浓郁的楚风汉味。由武汉市委宣传部联合武汉市龙啸文化传播有限责任公司等拍摄

(二)文化场馆建设

武汉作为一个历史悠久且有着深厚文化底蕴的城市,在文化场馆的建设方面尤其多元、丰富,其中最具代表性的是:以音乐为主的琴台大剧院、以历史为核心的辛亥革命武昌起义纪念馆和中山舰博物馆。

1. 琴台大剧院

琴台大剧院由武汉市政府投资兴建,是武汉市乃至华中地区以及全国规模最大、功能最全、档次最高的特大型文化设施。剧院位于月湖之畔,汉江之滨,隔湖南望始建于明万历年间的古琴台,作为月湖文化艺术主题公园的核心组成部分,它是武汉最高档次的文化表演场所。2013年10月12日,武汉琴台大剧院被评为"全国十大剧院"。

2.辛亥革命武昌起义纪念馆

辛亥革命武昌起义纪念馆是依托"中华民国"军政府鄂军都督府旧址(即武昌起义军政府旧址)而建立的纪念性博物馆。位于湖北省武汉市武昌阅马厂,西邻黄鹤楼,北倚蛇山,南面为首义广场。旧址占地面积18000多平方米,建筑面积近10000平方米。因旧址红墙红瓦,武汉人称之为红楼。馆内现有两个主题性的基本陈列:一是《鄂军都督府旧址复原陈列》,一是《辛亥革命武昌起义史迹陈列》。前者以旧址主楼为载体,复原和再现了都督府成立初期的场景与风貌;后者布置于旧址西配楼,以近400件展品,包括文物真迹、历史图片、美术作品以及图表、模型和场景等,全景式地展现了辛亥革命武昌起义恢宏壮阔的历史[①]。

3.中山舰博物馆

2011年9月26日,中山舰博物馆在武汉市江夏金口古镇建成并对外开放。博物馆采用了舰馆合一的设计思路,总建筑面积约为1.1万平方米,共有各类文物5000余件,其中一级文物51件。馆内常设有三大基本陈列:《中山舰复原陈列》、《一代名舰——中山舰史迹陈列》及《中山舰出水文物精品陈列》。陈列主体中山舰是中国最大的可移动文物。中山舰博物馆还不定期举办各类临时性展览及文物巡展,巡展先后到过广东广州、中山,河南开封、鹤壁,福建福州,香港地区,台湾地区以及日本等地,在社会上引起强烈反响[②]。

四、节事营销

"节事"(Festival & Special Event)通常是以某一地区的地方特性、文脉和发展战略为基础举办的一系列活动或事件,其形式主要包括节日、庆典、展览会、交易会、博览会、会议,以及各种文化、体育等具有特色的活动[③]。而节事营销就是指通

---

①辛亥革命武汉起义纪念馆简介[EB/OL].辛亥革命武汉起义官网,http://www.1911museum.com/news.asp? cid=1.

②贾耀斌等.武汉年鉴2012[M].武汉:武汉年鉴社.2012.

③余青,吴必虎,殷平,童碧沙,廉华.中国城市节事活动的开发与管理[J].地理研究,2004(12).

过对以上一系列活动的举办和开展,从而达到塑造城市形象、提升城市知名度和影响力的效果。就武汉而言,其节事营销主要内容如下:

(一)国际会议

一场出色的会议能够振兴一座城市绝非杜撰,比如瑞士小镇达沃斯、海南小镇博鳌,都因会议而闻名世界。2009 年底,哥本哈根"联合国气候变化大会"更是使得哥本哈根瞬间成为全球范围内被媒体报道最多的城市。即使大型知名城市,知名会议和品牌会议对其城市形象的提升也不可低估,如维也纳、伦敦、新加坡等国际性城市,多年来一直位居国际会议协会(ICCA)知名国际会议举办城市的前列[①]。近年来武汉市也意识到举办国际会议对提高武汉美誉度、知名度、曝光度的重要意义,仅以 2013 年为例,截止到 11 月份武汉承办的国际会议情况如表 5-3 所示:

表 5-3　2013 年武汉承办的主要国际会议

会议名称	召开时间
第十二届武汉电子商务国际会议	2013 年 5 月
2013 国际再生医学材料会议	2013 年 6 月
第二届交通信息与安全国际学术会议	2013 年 7 月
2013 国际植物次生代谢与代谢工程研讨会	2013 年 7 月
中德流动人口社会融合国际研讨会	2013 年 9 月
2013 国际动力工程大会	2013 年 10 月
首届"国际硫铝酸盐水泥材料与工程技术"大会	2013 年 10 月
第八届科技信息资源共享促进国际会议	2013 年 10 月
2013 应用科学国际学术会议	2013 年 10 月
第二届世界新兴产业大会	2013 年 11 月
武汉国际交流周友好城市高峰论坛	2013 年 11 月
2013 空间信息资源管理与可持续生态国际会议	2013 年 11 月
2013 武汉现代病毒学国际研讨会	2013 年 11 月
第 61 届国际圣迪斯哥大会	2013 年 11 月

---

①2012 年武汉专业的会议服务公司约 400 家[EB/OL].新浪网,http://hb.sina.com.cn/news/magazine/2013－05－17/164475174_2.html.

(二)大型节庆

在城市营销过程中,通过大型节庆活动的举办不仅能很好地宣传城市文化、吸引游客、促进消费,更能通过丰富多彩的活动开展和良好深刻的互动,大大提高城市的媒体曝光率,提升城市美誉度。就武汉市而言,其颇具影响的大型节庆活动主要如下:

1.武汉国际渡江节

武汉市横渡长江活动历史悠久,久负盛名。1956 年 5 月 31 日,时任国家主席毛泽东视察武汉,首次畅游长江,游后乘兴写下著名的《水调歌头·游泳》:"万里长江横渡,极目楚天舒。"横渡长江因之闻名于世。为此,武汉市于 1956 年 6 月 24～30 日进行首次横渡长江游泳竞赛。1966 年 7 月 16 日,毛泽东再次畅游长江。从此,"7·16 纪念日"成为武汉纪念毛泽东畅游长江的日子。武汉国际渡江节自 1956 年举办至 2012 年已 39 届,除 1997～2001 年因汛期抗洪抢险中断 4 年外,几乎每年都举办[①]。2013 年中国·武汉第 40 届国际横渡长江活动于 7 月 16 日正式开始,央视新闻、大楚网、搜狐新闻、长江日报等主流媒体均对此届活动进行了现场报道,新浪微博微话题"武汉国际渡江节"更是引起广大网民的热烈讨论,影响颇大。

2.武汉国际旅游节

武汉国际旅游节是武汉市为了展示武汉国际化大都市魅力、推动旅游事业发展而举办的大型国际旅游盛会,由武汉市人民政府主办,武汉市旅游局携相关旅游企业承办,一般都在十一黄金周期间。自 2002 年起,每年一届,至 2013 年已连续成功举办 12 届。每届武汉国际旅游节,都极力以丰富多彩的活动,重点展现文化武汉、欢乐江城的时尚魅力,尽显大江大湖大武汉的绚丽风情,让市民和游客尽享"十一"国庆节旅游黄金周欢乐祥和的假期[②]。

2013 年武汉国际旅游节继续以武汉市旅游宣传口号"大江大湖大武汉"为主题,主要内容由旅游节启动仪式、武汉城市旅游形象宣传周活动、武汉非遗文化展示活动、"美丽中三角,我的家乡我的城"四城文明旅游宣传自驾行动、武汉欢乐谷第二届国际魔术节、楚河汉街旅游风情系列活动、2013"中华婚典·嘉年华"及各区

---

① 武汉国际渡江节的由来[EB/OL].新浪网,http://blog.sina.com.cn/s/blog_49b38e770102e28r.html.
② 武汉国际旅游节[EB/OL].百度百科,http://baike.baidu.com/view/4454644.htm.

旅游节等 8 大板块组成[①]。

3.武汉国际赛马节

2003 年,东方马城国际赛马场建成,成为中部地区首个国际标准赛马场,同年,武汉市举办了首届赛马节,武汉市每年金秋均会举办一届赛马节[②]。2013 年 10 月 27 日武汉国际赛马节迎来了其十一周岁生日,本届赛马节共设全国速度赛马锦标赛、中国金牌骑师赛、国际骑师邀请赛、武汉赛马俱乐部邀请赛四项大型赛事,共 11 场比赛,共有 10 支国内代表队、7 支国际代表队参赛[③]。赛马节集体育、旅游、文化为一体,对推广速度赛马运动、传播马文化、振兴中国马产业有较深远的影响,并奠定了武汉市作为中国现代赛马之都的地位。

五、网络营销

随着科学技术的发展,网络信息的应用无处不在,无论是学习、工作还是生活等无一例外都离不开网络。由于网络的普及和城市的飞速发展及人们思维和观念的转变,借助网络平台对城市进行营销这一新型营销手段也开始走进人们的视野。我国的城市网络营销始于政府官方网站的建立。近年来,城市网络营销开始向多元化发展。许多城市开始在互联网上建立自己的 3D 虚拟城市展馆,投放自己的城市广告,注册自己的网络名片,如青岛市注册了"帆船之都"的通用网址、成都市将"中国休闲之都"的通用网址注册名下。更值得一提的是在"微时代"大潮流背景下,各政务官方微博和官员个人微博等的开通和流行都为城市网络营销注入了新的活力[④]。就武汉城市网络营销而言,主要包括政务网站建设和政务微博开通两个方面。

(一)政务网站的建设

武汉市具有代表性的官网有:中国武汉政府门户网站,http://www.wuhan.gov.cn/;武汉规划展示馆,http://www.wpeh.com.cn/;武汉市民之家,http://

①2013武汉国际旅游节惠民开幕[EB/OL].湖北省旅游政务网,http://www.hubeitour.gov.cn/a/2013/10/14797/.

②武汉国际赛马节[EB/OL].中国武汉政府门户网站,http://www.wuhan.gov.cn/publish/wuhan/2008-10/11/2006-01-2968246.html.

③陈凌墨,刘鸿清,蒋璐.武汉国际赛马节扬鞭[N].楚天都市报,2013-10-28.

④孙跃辉.网络营销在城市营销中的应用探究[J].科技创新与应用,2012(12).

www. whhome. gov. cn/sgo/。其中武汉网上虚拟城市展馆的建设可圈可点。网上虚拟展馆作为武汉规划馆官网(http://www. wpeh. com. cn/index. html)的点睛之笔,旨在达到"足不出户即可网上参观武汉规划展示馆,了解武汉历史,感受武汉发展,触摸武汉未来"的效果。网上虚拟展馆主要包括序厅、城市印象、城市长廊、综合导览区、公共展区、历史武汉、宜居武汉、城市书吧、未来城市、畅达交通、实力武汉、总体规划、总规模型大厅、两型社会展区、自主创新示范区、四个展区和4D影院、幸福城市、国土规划管理展区共 18 个展示板块。分 20 分钟游线、30 分钟游线、40 分钟游线、全游线 4 种体验方式,采用 3D 全景技术,给"游客"以身临其境之感,体验效果极佳。截至 2013 年 12 月,网站访问人数已达 7 万多人次。

(二)政务微博的建设

就武汉市政务微博的建设来看,截至 2013 年 12 月,新浪微博注册认证的武汉各区政府或者各部门和媒体的政务微博已达 70 家。其中,在武汉市所有政务微博中,影响力排名前十位的有(根据微博粉丝关注数和发帖数确定):武汉发布(武汉市人民政府新闻办公室官方微博),粉丝数 122 万、发帖数 4757 条;平安武汉(武汉市公安局官方微博),粉丝数 70 万、发帖数 5929 条;武汉晚报(武汉晚报官方微博),粉丝数 59 万、发帖数 42848 条;武汉铁路局(武汉市铁路局官方微博),粉丝数 56 万、发帖数 16386 条;武汉晨报(武汉晨报官方微博),粉丝数 34 万、发帖数 15865 条;武汉交通广播(武汉交通广播 FM89. 6 官方微博),粉丝数 31 万、发帖数 6844;武汉城管(武汉市城市管理委员会官方微博),粉丝数 30 万、发帖数 2863 条;武汉交警(武汉市公安局交通管理局官方微博),粉丝数 15 万、发帖数 5927 条;武汉环保(武汉市环境保护局官方微博),粉丝数 9 万、发帖数 5370 条;武汉市住房保障和房屋管理局(武汉市住房保障和房屋管理局官方微博),粉丝数 8 万、发帖数 309。其中,以武汉发布为代表的武汉市政务微博在网上还曾成功组织发起过"♯武汉发布走进市民之家系列微访谈♯"活动,具体来说有武汉市教育局、公安局治安局、城管委组织发起的"♯文明的武汉♯"主题讨论,武汉市公安局交管委、人社局、卫计委、食品药品监督管理局等组织发起的"♯幸福的武汉♯"主题讨论,武汉市商务局等发起的"♯开放的武汉♯"主题讨论,武汉市工商局等发起的"♯创业的武汉♯"等系列主题讨论且获得了较高的关注度和转发量,显著增强了政务微博与广大网友的互动性。

第二节　武汉城市营销的评价

武汉,作为一个有着悠久历史和浓厚文化底蕴的现代化滨江国际性港口城市。在其城市营销工作的开展过程中,既恰如其分地把握了城市历史的厚度,又淋漓尽致地展现了武汉现代的高度;既稳重大气,又敢为人先。虽然从营销手段来讲,武汉已尝试了关系营销、形象营销、文化营销、节事营销和网络营销的多元化、全方位营销,从各种营销手段的具体拓展和深入情况来看,在文化营销方面有了很好的挖掘,比如各影视作品的拍摄、文化场馆的修建和文艺展览的巡展等。但是相比其他营销工作做得好的城市来讲,如国内的北京、上海、深圳,国外的首尔、伦敦等,武汉市的城市营销工作在营销体系的构建、营销深度的挖掘、营销力度的加强等方面还有值得思考、改进和提高的空间。具体情况如下:

一、营销手段多样,深度挖掘欠缺

从武汉市整个城市营销进展来看,市政府始终表现出积极的营销意愿,先后采用了以与国际其他城市建立友好关系为主要内容的关系营销;以城市形象定位、城市形象设计和城市形象推广三步走的城市形象营销。其中,在城市形象设计方面提出了"武汉精神"、"武汉符号"、"市树"、"市花"和"市歌"的理念,在城市形象推广方面开展了多类型的城市形象宣传片拍摄、微电影新媒体的投放等工作;以武汉为故事背景的大量影视作品的拍摄和琴台大剧院、辛亥革命纪念馆、中山舰博物馆等大型知名文化场馆建设为核心的城市文化营销;以国际会议、体育赛事、大型节庆为主要代表的城市节事营销;以网络 3D 虚拟城市展馆为主打特色的城市网络营销。

为了更好地向外界宣传武汉,在不同时代武汉市政府采用了多种营销手段,这些营销手段依托的载体不同,宣传的角度不同,毋庸置疑都取得了一定的效果。但是与其他国内外成功的城市营销相比,武汉的城市营销尚缺乏统一的规划和部署,专业化和系统化不强,营销重点稍显分散,尤其是在城市形象营销和新媒体营销等方面仍然存在着上升空间,例如,城市网络虚拟展馆的设立以及 3D 技术的应用应是一个颇具新意的思路,但是由于配套的宣传力度不够,导致其网页访问量不能达到预期。

二、营销效果评估机制不足，城市营销体系有待健全

从宏观来看，一个城市的城市营销体系应包括城市营销目标、城市营销手段、城市营销效果评估三大部分。但是就武汉目前的营销实践来看，武汉市的营销效果评估机制仍然不足，根据《中国城市营销发展报告（2009～2010）：通往和谐与繁荣》中对中国城市营销指数（CMI）的研究结果可知，武汉 CMI 得分为 84.921，在全国 100 个测评城市中排名第 13 位，位列中部地区第 1 位。但是就武汉城市营销建设、城市营销沟通、城市营销效益等指标来看，这三项指标的排名均低于 CMI 总分排名，并且显现出较大程度的不协调，制约着武汉城市营销的发展[①]。

从微观来看，武汉的城市营销体系各组成部分也应丰富、健全。从武汉城市形象体系的现阶段构成来看，主要包括城市精神、城市符号、市树市花市歌三大部分。就城市精神而言，"敢为人先，追求卓越"武汉八字精神在政府官方网站、城市形象宣传片中都得到了统一、广泛使用；就城市符号而言，随着以武汉为故事创作背景或者主拍摄取景地的影视作品的放映和热播，极具武汉标志的江汉关大楼、黄鹤楼、武汉长江大桥、武汉长江隧道为世人所熟知并慕名前去参观。随着武汉城市圈和中国国家光电子信息产业基地的打造，"武汉·光谷"也开始成为武汉知名品牌并走向世界。市树市花市歌也早已深入人心。但是，武汉目前仍然没有统一、明确的城市形象定位与标识，从而造成了外界对武汉的认知和宣传没有统一的标的，递进的城市营销体系仍然缺乏牢固的基础，这样不利于武汉市的整体营销推广。

三、兄弟城市鲜有合作，城市联动营销不够

一方面，从湖北省来看，武汉市城市营销的开展仍然鲜有与省内周边城市的合作；另一方面，从武汉市位于我国中部地区更广的范围来看，武汉市也几乎没有与邻近的其他省份城市，如长沙、成都等在内的华中其他城市，联手进行宣传与推广。"单打独斗"的传统竞争方式和思维习惯势必会导致人、财、物的浪费以及城市营销力度的减弱，武汉市政府应尽快转变思维方式，充分创造机会，整合资源，加强与兄弟城市的强强联手，借势发力，从而更加高效地开展武汉的城市营销工作。

[①]刘彦平.中国城市营销发展报告（2009～2010）：通往和谐与繁荣[M].北京：中国社会科学出版社，2009.

第三节　武汉城市营销的建议

为了武汉市政府城市营销工作更加高效有序地开展,针对武汉市营销工作存在的一些问题和不足,提出以下建议:

一、深化已有营销手段,开辟新的营销思路

从武汉城市营销的手段构成来看,主要有关系营销、形象营销、文化营销、节事营销和网络营销,虽然丰富多彩,但就深度、广度而言,武汉市仍有许多可以深化之处。

(一)形象营销

针对武汉市至今尚无明确的城市形象标识的现状,武汉市政府应尽快组建专业团队,充分整合武汉旅游资源和文化资源、结合武汉市当地产业特色和优势、参考武汉市城市发展总体规划,尽早确立武汉的城市形象定位和标识,健全完善武汉市城市营销体系。除充分挖掘武汉市已有的城市营销手段外,武汉市政府还应当博采众长,充分借鉴其他城市营销做得好的城市,比如国内的北京、上海、深圳等,以及国外的首尔、伦敦等,开辟新的营销手段。

(二)节事营销

武汉举办的国际会议以及会展数量仍显不足,除了武汉电子商务国际会议、科技信息资源共享促进国际会议和国际交流周友好城市高峰论坛以外,其他的影响力普遍较小,这样很难聚焦更多的国际眼光。武汉应积极利用城市友好关系,增加举办、承办或者与国外机构联办国际会议的数量。在量的积累过程中,一方面增加了武汉的知名度和美誉度,另一方面磨砺了武汉市会议的举办和接待能力,武汉市也会拥有更多举办影响力大的国际会议的机会。

(三)网络营销

武汉市尝试的网络营销主要是政府官方网站以及网上 3D 虚拟城市展馆的建设。就建设情况而言,页面设计简洁大方,网页可进入性强,浏览顺畅,数据等展示

形式丰富多彩。但是营销形式比较单一,2011 年随着"微博问政"走红以来,各省市的官微发布也成为城市网络营销一大趋势,武汉市也应当紧跟潮流,充分利用"微时代"下微博、微信等社交媒体进行城市营销以及与网民的友好互动。

二、成立专业营销机构,提升城市营销水平

专业化可以使得城市营销的工作更加有针对性和有效率,同时有利于将城市营销整合为一个独立的系统,避免浪费、重复与盲目。比如法国的"法兰西之家"就是一个由政府主导创办的专门负责城市营销的机构,这个机构联合国家各个旅游部门,集中资源开展营销活动,取得了很好的效果。

武汉市政府可以借鉴这个思路,创立专门的营销机构,政府进行宏观调控和把握,专业的营销机构全面负责推广武汉城市形象。具体而言,这一机构可以从以下几个环节展开对城市的营销工作:整合武汉各类城市资源,基于对国内外市场需求的分析和预测组建熟悉武汉的、来自不同行业的营销工作专业化团队,按照营销工作不同的渠道或环节,进行营销的"专项专攻";请营销专家定期指导和评价,并建立面向大众的城市营销工作反馈机制,尽快完善武汉城市营销体系。

三、拓展区域联动,实现营销互惠互利

2003 年 11 月 8 日,湖北省做出重大战略决策:打造武汉城市圈,即武汉及其周边 100 公里范围以内的黄石、鄂州、黄冈、孝感、咸宁、仙桃、潜江、天门 8 市,又称"1+8"[①]。由于地理上的相连,武汉与其周边的这 8 个城市在文化上有相近之处,这更加方便与这些城市共同策划,联手互动。武汉应以这一战略决策为契机,摒弃传统狭隘的竞争理念,利用"武汉城市圈"的打造,携手共进推动城市的发展,拓展"共赢"营销,例如,武汉城市圈中的各城市在活动策划与宣传上可以形成联盟,从而在节约营销成本的同时加大宣传覆盖面。此外,我国已出现多处跨省市联合营销的实例,联合营销因信息和资源的共享而给各方带来更多的效益,比如在我国的黄河金三角,山西晋城的皇城相府与河南的焦作和洛阳开展了联合营销,武汉也可以借鉴思路与周边省份的城市共同策划,挖掘共同的特征,利用跨区组合,联手进行市场扩张,促进双方或多方的城市营销。

---

①张一彪,李宏彬,刘青峰,熊郁云.大投资、大交通、大产业,构造中部崛起核心发展区——武汉城市圈全面提速[J].中国经济周刊,2009(2).

第六章　做足"爽"字文章
——贵阳

贵阳市作为贵州省省会,是贵州省的政治、经济、文化、科教、交通中心,同时也是我国西南地区重要的交通枢纽、工业基地及商贸旅游服务中心。境内喀斯特地貌占全市国土面积的85%,森林覆盖率达42.3%,是世界上喀斯特地区植被保持最好的中心城市。生态贵阳山川秀丽、凉爽宜人,是自然旅游资源的富集之地,中国避暑休闲之都,是一座适宜居住、适宜旅游、适宜创业的城市。近年来,先后获得"中国优秀旅游城市"、"国家森林城市"、"全国绿化模范城市"、"中国人居环境范例城市"、"国家园林城市"、"中国避暑之都"、"全国双拥模范城"等称号。

当前,"爽爽的贵阳"正根据党的十八大关于大力推进生态文明建设的新精神、新部署,认真贯彻落实省委、省政府的重要指示,遵循"走科学发展路,建生态文明市"的基本路径,着力优化空间布局、发展绿色经济、保护自然生态环境、弘扬生态文化,健全国土空间开发、资源节约、生态环境保护的体制机制,奋力建设全国生态文明示范城市,誓要当好全省经济社会发展的"火车头"、黔中经济区崛起的"发动机",争取率先在全省全面建成小康社会。

第一节　贵阳城市营销手段

城市的声望和形象,是该城市居民最宝贵的资产,也是未来财富的重要来源,开展城市营销、塑造城市品牌,是能够带来强大正面回报和成功的一项投资。持续和专业地塑造城市品牌可以促进出口、吸引更多游客,引进更多人才,吸引更多的投资,并能显著改善公共外交事务的环境。近年来,贵阳市积极开展各种形式的城市营销活动,树立了城市良好的形象。

一、关系营销

与我国的很多其他城市一样,贵阳市作为中国国际友好城市联合会的一员,一直秉承着与国内外多个城市交流合作、共谋发展的原则,从 20 世纪 90 年代起,已与 10 多个国内外城市缔结了友好城市关系。这在促进双边发展的同时,也让更多的国际友人认识和了解贵阳。随着贵阳城市经济和综合实力的不断发展,在不久的将来,贵阳将与更多的城市结好。

表 6-1　与贵阳缔结友好关系的城市和地区

城市和地区	时　间
长春市	2000 年 10 月 18 日
宁波市	2004 年 5 月
广州市	2004 年 9 月 14 日
福州市	2005 年 5 月
湛江市	2006 年 4 月 13 日
南昌市	2006 年 5 月 26 日
北京市朝阳区	2013 年 9 月 18 日
新西兰北帕默斯顿	1992 年 8 月 17 日
日本惠庭市	2007 年
斯里兰卡波隆纳鲁沃市	2007 年
美国沃斯堡	2011 年 10 月 17 日

资料来源:中国国际友好城市联合会网,http://www.cifca.org.cn.

二、形象营销

在城市化步伐不断加快的今天,许多城市已经意识到城市形象对于打造城市品牌、提升城市竞争力具有重要的作用,纷纷打出形象营销牌。比如香港聘请著名设计师为其设计了"动感之都"的城市形象、厦门将城市形象定位为"海湾型城市"、大连也把自身形象定义为"最佳生活地"。贵阳在城市形象的设计和推广方面也做了许多工作。

(一)城市标志

2006 年 3 月 23 日,《森林之城 魅力贵阳——2006 城市形象推广大赛》标志评出,贵阳一市民的作品被选中。该作品以巨大树冠和贵阳标志性建筑甲秀楼为主体,寓意贵阳是一个人与自然和谐相处的森林城市①。

图 6-1　2006 年贵阳城市形象推广大赛标志

从 2007 年 1 月 24 日,贵阳开始就"森林之城,避暑之都"旅游定位的"象征标志"及"形象徽章"征集,这次征集活动得到社会各界的关注及参与。征集活动共收到 134 套参选标识,除了贵阳市民积极参与,投来 33 套标识外,还收到来自北京、广东、山东、黑龙江、海南等 21 个省外城市的数十套作品。经过初评、公众投票、终评层层筛选,由贵阳市作者吴光选设计的作品最终成为获奖作品。该作品象征标志结构直观、简洁、形象,图文清晰、标识性强、色彩清新,易于记忆,表达手法具有时代感和超前性,较好地表达了贵阳旅游的特点,具冲击力、震撼力和感召力,能有效地对外传播贵阳旅游形象。经评审会专家建议,这个作品经适当修改后正式确定为贵阳旅游标志②。

---

①"森林之城 魅力贵阳——2006 年城市形象推广大赛"标识出炉[EB/OL].国际在线.http://gb.cri.cn/8606/2006/03/24/1746@961891.htm.

②旅游标志揭晓了贵阳旅游有了品牌形象[EB/OL].金黔在线,http://gzsb.gog.com.cn/system/2007/07/25/010095222.shtml.

图 6-2　贵阳旅游标志

(二)城市建设

近年来,贵阳市十分重视城市道路的建设,以有效地拓展城市的发展空间。相继建成了环城高速公路、北京西路、黔灵山路、水东路、甲秀路等一批城市骨干道路,稳步地推进了城市道路交通主骨架路网建设,使得城区人均道路面积达到 7.1 平方米,同时启动了环城快速铁路、城市轻轨、开阳港、息烽港等重大交通枢纽工程。除了城市内部的交通网,还加强了贵广快速铁路、贵广高速公路等对外交通体系的建设,这些努力使得贵阳的交通有了显著的提高,方便、快捷的现代化交通体系逐步建立。

城市的布局和功能分区更加完善和合理,相继建成了贵阳国际会展中心、奥体中心等重大项目,麦架—沙文高新技术园区、小河—孟关装备制造业园区、贵阳金融中心、花溪高等教育聚集区等重点功能区建设正在如火如荼的建设当中,这些功能区的建成必将为贵阳提升服务功能、吸引高端产业集聚、扩充经济总量做出重要的贡献。

(三)城市色彩

为营造"浅描淡写,画意筑城"的城市色彩意境,贵阳市城乡规划局出台了加强城市建筑色彩管理的规定,要求贵阳建筑色彩以明快、大方、温暖、和谐为内涵,建筑色彩主色调以暖色为基调,实体为暖黄色调灰色系,虚体为冷灰色系。其中实体为低反光的实体墙部分,虚体为建筑玻璃幕墙、金属幕墙或其他高反光、透光部位。

同时,居住区每个居住组团建筑色彩应有变化。道路、桥梁、户外广告、夜景照明、建筑色彩不宜大面积使用饱和度高的颜色。道路路面在色彩设计上要考虑气候特点,利用色彩的视觉特性来改善环境心理感受。公交候车亭、栏杆、垃圾筒、电话亭等附属设施要满足城市景观要求。

(四)宣传片

2013年7月,贵阳市对外发布了贵阳新版城市宣传片和《贵阳故事》城市纪录片。新版贵阳城市宣传片和城市纪录片推出后,将在各大电视媒体、网络、重大活动开幕式、旅游推介会、公共交通传媒上等广泛使用,其他外宣产品也将通过各出版机构出版并向各驻外机构、高校、重大会议发放,全方位、立体宣传贵阳城市新形象。新鲜出炉的贵阳城市旅游宣传片摒弃了传统宣传片对景点简单的串联方式,着重体现了各地游客在贵阳这座城市感悟到的真情实感和人文气息,从不同的角度、用不同的方式体验贵阳,了解贵阳,爱上贵阳。宣传片通过综合篇、旅游篇、商务篇的故事穿插叙述,大大增强了影片的趣味性、可看性和体现性。让观众在观看的同时感受新贵阳独特文化、时尚、避暑的风味与魅力。

(五)"三创一办"工程

为打造城市品牌,贵阳市"三创一办"(创建国家卫生城市、创建全国文明城市、创建国家环境保护模范城市和协办2011年第9届全国少数民族传统体育运动会)火热地开展了。贵阳市"三创一办"工作开展以来,省委、省政府和省文明委高度重视,各部门、各单位积极行动,社会氛围日益浓厚,"三创一办"工作开局良好,省市合力推进的工作格局基本形成。通过"三创一办"工作的开展,贵阳的"街道宽了,休闲广场漂亮了,农贸市场焕然一新,市民文明素质大大提高了"。

三、节事营销

城市营销视野下的事件是指经过事先策划的、受到公众关注和期待的、对城市发展有举足轻重影响的节日和特殊事件,可以称之为节事[①]。城市节事活动,不仅包括地方民俗节日活动,还包括各种大型会议、论坛、体育及展览等综合性的各类

---

① 刘源,陈翀.事件与城市特色[J].城市问题,2006(7).

活动。通过举办大型体育赛事、节庆活动、会议及展览等活动宣传城市形象、提升城市知名度,已经成为城市营销中不可或缺的重要渠道。一个有影响力的节事活动所产生的传播效果往往是其他营销手段难以企及的,这不仅是因为节事活动参与人数众多,更重要的是城市节事一般都会吸引电视、广播直播、报纸、杂志、网络等媒体的大量报道。近年来,贵阳市举办了各种各样的节事活动,对于宣传和推广城市形象有极大的推动作用。

(一)国际会议

贵阳市依托良好的生态环境,大力改善接待国际会议的软硬件设施,致力于扩大国际会议的规模和数量。贵阳市从 2001 年开始,相继举办了亚欧森林保护与可持续发展国际研讨会和贵阳循环经济国际研讨会两次大型国际会议。这两次会议让贵阳积累了丰富的办国际会议的经验,同时也大力宣传了贵阳。

贵阳市已经于 2009 年、2010 年、2011 年、2012 年连续成功举办了四届的生态文明贵阳会议,在各方的共同努力下,已经成为政府、企业、专家、学者等多方参与、共建共享生态文明建设理论探索和经验交流的重要平台,成为跨领域、跨行业、跨部门、跨国界合作的重要桥梁,成为交流各方经验和信息、总结各类实践活动和典型案例、展示生态文明建设成果的重要窗口。

2013 年 1 月,经党中央和国务院领导批准,外交部同意贵州省举办生态文明贵阳国际论坛,这是我国目前唯一以生态文明为主题的国家级国际性论坛。2013 年年会于 7 月 19~21 日在贵阳成功举行,这次年会的主题为"建设生态文明:绿色变革与转型——绿色产业、绿色城镇和绿色消费引领可持续发展",4000 多位中外嘉宾应邀参加本次年会[1]。年会期间,还举办了中国贵州生态产品(技术)博览会,这是目前国内首个生态产品(技术)博览会,汇集了国内外先进生态文明产品(技术)成果,展示生态产品设备、服务、工艺技术、示范工程,搭建了一个国际高端交流、展示、交易平台。

(二)国内会议

贵阳市的会展业起步于 20 世纪 90 年代中期,进入 21 世纪以后,政府部门大力推进产业结构战略性调整,优先发展第三产业,为会展业的发展创造了良好的条

---

[1]生态文明贵阳国际论坛 2013 年年会开幕,习近平致贺信[EB/OL].新华网,http://www.gz.xinhua-net.com/2013—07/20/c_116620327.html.

件,2001年以来,贵阳的展览和会议数量以年均20%的速度递增。2010年8月,贵阳市相继出台了《关于促进会展业发展的若干意见》《贵阳市支持会展业发展专项资金使用管理暂行办法》,每年将3000万元作为会展业扶持资金,对重点的会展项目给予资金补助,并提出将争取用10年左右时间,打造西南地区有影响力、国内有特色、与国际会展业融合接轨的中国夏季会展名城[①]。2011年1月,新建成的贵阳国际会展中心正式投入使用,贵阳的会展业迎来了一个新的春天。

2001年2月8~11日,贵阳市举办了第十一届全国兰花博览会,展览期间参观人数达70多万人,其中开幕式当天,观众人数就达10万人,产生的影响较大。之后相继承办了首届中国城市森林论坛、泛珠三角区域合作论坛、中国国内旅游交易会等大型展会,并且创立了药博会、房交会、贵阳国际绿茶博览会、国际汽车展、中国(贵州)国际酒类博览会、婚博会、生态文明贵州会议,这些会展每年都会定期举行,已经形成了良好的运营模式和品牌,在为贵阳带来巨大经济效益的同时,有力地推动了贵阳的城市营销。下面简要地介绍一下两个重要的展会:

1.中国(贵州)国际酒类博览会

以"展示全球佳酿,承接产业转移,促进开放开发"为主题的首届中国(贵州)国际酒类博览会暨2011中国贵阳投资贸易洽谈会于2011年8月18~20日在贵阳举行。共有1854家企业报名参展,约有12000多位来自国内外的嘉宾和客商齐聚贵阳[②]。至2013年已经成功举办了三届,吸引了数十万名国内外宾朋参会。博览会树立了贵阳市乃至贵州省的良好形象,表明贵阳市改革开放的信心和决心,已经成为贵阳市招商引资的平台,对于贵阳城市营销有很大的推动作用。

2.2013中国国内旅游交易会

2013年4月19~21日,中国国内旅游交易会在贵阳市举行,在此期间,举行了"美丽中国之旅"及"国家公园省·多彩贵州风"新闻发布会、中国旅游品牌营销研讨会、大型民族歌舞《多彩贵州风》推介演出、贵州旅游买家产品考察等10项"规定动作"。同时,结合贵州省实际,旅交会期间,贵州省还举行了黔汇特产美食城开街仪式、2013中国旅行社TMT(Technology、Media、Trend,TMT)讲坛、淘宝"多彩贵州旅游馆"开馆仪式、旅游重点合作项目集中签约仪式、中国(贵州)特色商品展、

①贵阳设专项扶持资金打造夏季会展名城[EB/OL].新华网,http://news.xinhuanet.com/society/2010-08/18/c_12459540.html.
②中国(贵州)国际酒类博览会开幕[EB/OL].新华网,http://news.xinhuanet.com/society/2011-08/18/c_121877556.html.

旅游产品公众销售、多彩贵州·中国原生态国际摄影展等 7 项创新活动。

此次旅交会凸显交易功能,增设了买家之间旅游业务洽谈合作,中国旅行社协会邀请了近 300 名重点旅行社买家来贵州省参会,各省区市旅游局(委)组织 600 余名旅游企业作为买家参会,旅游合作取得实质性进展。贵州省旅游企业与兄弟省市及旅游企业达成意向性旅游组团协议 26095 个,意向旅游组团共计 88.62 万人次,其中境外 3.25 万人次[①]。

作为本届旅交会的重要内容,黔汇特产美食城规划面积 17000 平方米,集贵州省特色小吃、特色产品、旅游商品、民族特色娱乐及贵州地方文化展示为一体,是极具特色的旅游商业体,有望成为贵阳市又一张城市名片。

在本届旅交会期间,中央电视台、新华社、人民日报、凤凰卫视等中央和地方各大媒体对旅交会和贵州省旅游全方位、多平台、立体化展开集中报道,此届旅交会信息仅百度搜索引擎就达 123 万余条。此次中国旅交会是贵阳市向全国展示城市形象、提高城市知名度、推广城市旅游品牌的一个良好机会,同时旅交会还将为贵阳市带来大量的游客量和商品成交量。

(三)体育赛事

利用体育事件来营销城市在国内外许多城市已经屡见不鲜,如伦敦举办 2012 年第 30 届奥运会,北京举办了 2008 年第 29 届奥运会,广州举办了 2010 年第 16 届亚运会,等等。这些城市都因举办体育赛事而产生了短时间的"集聚效应",让城市迅速得到高密度的传播和关注,并且在赛后蕴藏了极大的经济效应。贵阳市相对来说是一座信息较为闭塞的内陆城市,在利用体育赛事来营销城市方面意识还不够,经验也不足。但是由于自身的地理环境优势和政治优势也举办了不少体育赛事,并且越来越重视体育赛事的举办。

2001 年 4 月 15~18 日,第六届中国国际风筝会在贵阳市举行,吸引了荷兰、日本、美国、韩国、西班牙、英国、罗马尼亚等国众多选手,创下中国国际风筝会举办以来参赛国家和地区最多的纪录,共有 18 个国家和地区以及国内 60 多支代表队的 600 多名队员参赛。2002 年又在贵阳举办了第七届中国国际风筝会,有力地推动了风筝活动的推广和普及,同时让国际友人更加了解了贵阳。

第十九届"亚洲女子健美锦标赛"2002 年 7 月 19 日在贵阳白云区隆重举行,中

---

① 2013 中国国内旅游交易会闭幕[EB/OL].人民网,http://travel.people.com.cn/n/2013/0422/c41570-21231154.html.

国队、日本队、韩国队等10支队伍参加了比赛。同日还举行了第十六届亚洲混双健美锦标赛和第四届亚洲健身小姐锦标赛两项赛事。

　　第九届民族运动会于2011年9月10~18日在贵州省会贵阳市举行,此届民族运动会创造了民族运动会历史上的多项"第一",是贵阳市首次举办全国性的综合性赛事,其中项目设置数量和参赛人数都创下了历届之最。此次运动会一共设置了16个竞赛项目,表演项目有180多个,有来自34个代表团、55个少数民族的6773名运动员参赛①。此次大赛给贵州省带来了巨大的经济效益,推动了贵阳市旅游、交通、住宿、购物、餐饮收入大幅度的增长。大力宣传了贵州省,主要是贵州省少数民族文化的宣传,特别是苗族、侗族、布依族、水族、瑶族等少数民族,以及中国避暑之都贵阳市的美称得到了进一步弘扬,提高了贵阳市的整体知名度,加深了全国少数民族的大了解、大团结。

　　2013中国拳击公开赛6月18~24日在贵阳市举行,由国际拳联主办,国家体育总局拳击跆拳道运动管理中心、中国拳击协会、贵州省体育局承办,此次比赛共有来自中国、俄罗斯、哈萨克斯坦、印度、新西兰、蒙古、菲律宾、毛里求斯8个国家和贵州省本土的近百名选手参赛。中国拳击公开赛于2010年创办,是国际拳联设立的为国内水平最高的三星级比赛,继2010年和2011年连续在贵阳市成功举行后,2013年是第三届。

　　2013年9月21~22日,2013贵阳国际山地自行车邀请赛在观山湖区举行,来自30余个国家的220余名运动员报名参赛。此次比赛将自行车运动与倡导环保绿色理念紧密结合,让低碳生活的理念深入人心,同时打造了观山湖区"骑(其)乐无穷"的城市旅游娱乐理念。赛事级别为国际自行车联盟(UCI)一类洲际比赛,计划将此次赛事连续在贵阳市举办5届(2012年首次举办)。

　　除了以上赛事,贵阳市还举行了世界拳王争霸赛决赛、中朝足球友谊赛、百灵杯世界围棋公开赛、中国围棋甲级联赛贵阳云岩分站赛、中超联赛、足协杯联赛、亚洲冠军联赛等赛事。同时成功申办了国际田联2015年世界越野锦标赛,越来越多体育赛事的增加,显示了贵阳市体育营销的显著宣传效应。

(四)节庆活动

　　近年来,贵阳市及其各区县凭借丰富的自然和人文资源举办了数量可观的节

---

①第九届民族运动会赛事结束,贵州"三个第一"创造历史[EB/OL].中新网,http://www.chinanews.com/ty/2011/09-18/3335160.shtml.

庆活动。这些节庆活动形式不一,内容多样,将一个富有魅力和吸引力的贵阳市展示给了外界。

贵阳市的避暑季是贵阳市依托自身独特的气候条件和自然资源打造的最有代表性的节庆活动,2007年6~9月,贵阳市举办了"森林之城·魅力贵阳——2007首届中国(贵阳)避暑节"。在此期间,中国气象学会在对贵阳市80年气象资料进行评议和论证后,授予该市"中国避暑之都"称号。避暑节共举办了20余项活动,形成了"避暑经济论坛"、"避暑之都歌曲"、"避暑之都生活地图"、"避暑之都卡通形象"和"避暑之都生活纪录片"等五大成果。

2013年6月,中国旅游研究院与中国气象局公共气象服务中心历时一年,以气候舒适度、景观游赏度、游客满意度和综合风险度四个结构指标综合评估了全国60个主要旅游城市的避暑旅游状况,结果显示,贵阳市7月旅游指数排名第一位[①]。

2013年6月27~28日,"2013中国·贵阳避暑季"开幕活动在开阳县十里画廊景区及南江大峡谷景区举办。其中6月27日为"爽爽的贵阳"旅游产品体验活动,6月28日为避暑开幕式暨重点旅游产品发布会,这届"中国·贵阳避暑季"活动主题为"游爽爽贵阳市 赏十里画廊 享夏季清凉",贵阳市亦推出以"精品景区游"、"城市休闲度假旅游"、"美丽乡村游"为主题的3大类20多项系列活动。在6月27日的活动中,贵阳市组织新闻媒体体验报道避暑季、省内外重点旅游企业负责人体验避暑季、境内外千名游客体验避暑季、粤港澳游客体验避暑季、外交部特邀摄影家拍画廊、网易"旅游达人"体验避暑季、全国知名画家绘画廊以及市民万人游画廊等七项子活动,以宣传推介贵阳市旅游产品,提高"爽爽的贵阳·中国避暑之都"知名度和美誉度。

至2013年已经持续成功举办了7届避暑季,贵阳实现了"彰显城市魅力、发展避暑经济、促进产业升级、打造特色精品"的预期目标,对促进贵阳市对外文化交流,以及旅游经济、现代服务业的全面发展发挥了重要作用。从表6-2中可以看出,自2006年以来,贵阳市的旅游收入一直保持着40%以上的增长速度,特别是2007年、2008年、2009年连续三年增长超过50%,充分说明了避暑季的成功举办,对贵阳市旅游业的巨大促进作用。

---

① 今年避暑旅游需求逾5000亿元,贵阳据适宜地首位[EB/OL]. 新华网,http://news. xinhuanet. com/fortune/2013—06/20/c_116214088. html.

表 6-2　贵阳市近几年的旅游收入

年份	旅游收入（亿元）	同比增长（%）
2005	60	—
2006	84.54	40.9
2007	130.98	54.94
2008	180.29	50.97
2009	294.85	57.43
2010	425.96	44.47
2011	612.37	43.76
2012	993.28	62.20

资料来源:根据贵阳市旅游产业发展委员会和中国新闻网数据整理得出。

除了避暑季,还有温泉季、阳明修文节、红枫湖旅游节、贵阳白云国际风筝节等,这些节庆活动,对于提升贵阳城市形象,有很大的宣传和提升作用。

四、传媒营销

传媒营销是一种媒体组织在传媒市场或组织内部使用传播媒介来使消费者接受传媒产品或服务的营销手段①。把城市形象作为传媒产品,并通过传媒营销渠道传递给大众是一种直接和快捷的方式,易于人们接受。贵阳市所使用的传媒营销手段主要体现在以下两个方面:

(一)网络营销

在信息数量急剧膨胀的今天,网络已经深深嵌入寻常人家的生活中,已经无法想象人们离开网络的生活会是什么样的。贵阳在信息社会的背景之下,也把城市营销的步伐迈入了互联网领域中。

在百度搜索贵阳,会弹出一系列相关信息,其中列于首位的便是贵阳市政府官网。2009 年 12 月,在北京举行的"2009 中国政府网站绩效评估与特色政府网站评选结果发布大会"上,贵阳市政府门户网站从全国 299 个参评的地级城市中脱颖而

---

①朱春阳.传媒营销管理[M].广州:南方日报出版社,2004.

出,在全国32个省会及计划单列市中排名第9位,并荣获第4届中国政府特色网站服务创新奖表彰。

贵阳市加大了对外宣传力度,每年都到北京、上海及周边城市进行招商引资和旅游推介。2010年,在世博会开幕前夕,"爽爽的贵阳·中国避暑之都"旅游推介会在上海市召开,为贵阳此年度的"避暑季"作宣传推广,并专门建立了世博贵阳网站。贵阳市与上海春秋旅行社等单位合作,大力推广贵阳市旅游,凡持有上海世博会门票的客人到贵阳市旅游可以享受贵阳景点门票半价的优惠。如果你登录过贵阳市政府网、林城贵阳网等几个网站,你不难看出,"绿色、避暑、爽爽的贵阳"等视觉识别符号均出现在网页的醒目位置,反映了贵阳市在城市网络形象传播中的系统性和有序性①。

除了贵阳市旅游产业委员会的官方网站之外,"爽爽的贵阳网"是由贵阳市委、市政府主办,《贵州日报》报业集团控股的贵州爽爽网络传媒股份有限公司全面负责营运的一家综合城市品牌宣传推广网站,旨在对外宣传爽爽的贵阳城市名片,深入打造"爽爽的贵阳、避暑的天堂"城市形象,为贵阳旅游"走出去"助力。贵阳旅游局以及贵阳市的各个行政单位还开通了微博、微信等平台极力推广贵阳旅游。

(二)电视及刊物营销

贵阳市电视台创办有旅游生活频道,专门推介贵阳市旅游和生活的方方面面。此外贵阳在中央电视台等有影响力的媒体投放了大量广告和宣传片来推介贵阳,还与《贵阳文史》杂志社、《贵州日报》社合作,制作过旅交会贵阳旅游专刊。同时贵阳市旅游产业发展委员会牵头开展"用声音呈现美丽贵阳,爽爽的贵阳·避暑季"走进全国城市电台大型直播推介宣传活动,自2013年5月下旬开始陆续走进重庆、南宁、长沙、南京、成都等省会城市,通过同步直播的方式与广大听众分享贵阳的清凉之夏。

五、文化营销

我国的经济水平与日俱增,随着物质文明的不断进步,大众也越来越注重对精神生活的追求。文化就像是一座城市的筹码,让城市在激烈的营销竞争中赢得大众更多的关注。伦敦、巴黎和北京等许多驰名中外的城市都已用事实证明,将文化

①郑欢.贵阳旅游产业与城市品牌传播[J].广告大观综合版,2010(6).

注入城市营销的血脉中会让一座城市取得更好的营销效应。贵阳市在文化营销方面的举措大致体现在以下两个方面：

(一)贵阳城市精神

每一座城市都有自身所特有的历史背景和文化风貌，因此，每一座城市也都会有独特的精神品格，即城市精神。它折射了一座城市历史文化、自然环境和时代特征的内涵。因此，建设良好的城市精神有利于塑造城市形象，提升它在大众心中的地位。

2008年1月，贵阳市委首次提出"知行合一，协力争先"的贵阳精神，旨在激发全市人民热爱家乡、建设家乡的满腔热忱，增强市民生于斯、长于斯的认同感、使命感和责任感，积极投身建设生态文明城市的创新实践。"知行合一"是在借用明代著名哲学家王阳明先生"知行合一"的合理内核与积极因素的基础上，赋予其时代内涵。"协力争先"就是指生活在同一个城市的人，团结协力为城市进步做出贡献，尽一些绵薄之力。

(二)文化产业建设

贵阳市近年大力推动文化产业建设，顺利推进"文化信息资源共享工程"、"乡镇综合文化站建设工程"、"广播电视村村通工程"、"农村电影放映工程"、"农家书屋工程"、"农民体育健身工程"等六大文化惠民工程。全市广场文艺会演、文化"三进"服务、图书馆服务等文化活动，丰富了城乡群众的文化生活。

"十一五"期间共举办送文艺下乡、广场文艺活动等千余场；电影下乡近6000场；向区(市、县)图书馆和乡镇文化站、农家书屋赠书15万余册。

文艺作品佳作不断，大量创作演出了音乐、舞蹈、小戏小品等作品。其中大型现代京剧《布依女人》，广播连续剧《虎啸玄天洞》，歌词《侗乡》、《孩子你别哭》，歌曲《又见满天星光》，舞蹈《跳山》、《猎恋》、《苗岭雄鸡》等一大批文学艺术和广播影视作品获各类国家级奖项。加大了贵阳市图书馆金阳新馆、贵阳市城市规划展览馆(贵阳市博物馆)、贵阳市金阳剧院、贵州京剧院学员培训基地、贵阳市古玩城、贵阳市非物质文化遗产展示中心等重点大型文化设施建设进度。

六、主题营销

主题营销是指在营销过程中为所营销的产品赋予某种特定主题，突出营销产品的差异性和文化性来宣传产品形象,从而激发消费者对产品的关注与购买欲。把一座城市作为一种产品,通过为其赋予主题来博取游客对它的关注,是一种行之有效的手段。贵阳市通过打造三个名片来对城市进行主题营销。

(一)森林之城

2001 年 7 月,亚欧森林保护与可持续发展国际研讨会在贵阳召开,会议通过了以"携手共建绿色新世纪"为主题的贵阳宣言。来自亚欧 23 个国家的专家对贵阳市丰富的森林资源给予了高度评价,称贵阳为"森林之城,休闲胜地"。研讨会召开后,时任贵州省省长的石秀诗专门给市政府来函:建议贵阳市政府着眼贵阳的气候和森林资源,考虑贵阳城市是否可定位为"林城"。2001 年 8 月,贵阳市人大常委会正式决定,将贵阳定位为"林城"。这个定位的出台,很快引起了贵阳市民的强烈反响。当时的民意调查显示:97.43%的市民认为"林城"称谓更能彰显贵阳的城市形象[1]。为了使贵阳市有更良好的生态环境,推动可持续发展,市委、市政府又相继推出了一系列重大举措:2001 年实施"环境立市"战略;2001 年决定在保护好第一环城林带的同时,再建一条长 304 公里,总面积 132 万亩的第二环城林带;2002 年,作出建设循环经济生态城市的决定……这些重大决策的实施,使"林城"更加名副其实[2]。

2004 年 11 月 18 日,"首届中国城市森林论坛"在贵阳市花溪国宾馆隆重开幕。全国政协人口资源环境委员会主任主持会议,全国政协副主席、国家林业局和《经济日报》社的负责人、贵州省委书记、省长、副书记、副省长、贵阳市的党政领导以及全国各省区、市相关城市的市长,全国城市森林研究领域的专家、学者出席了会议。这次论坛非常成功。会上,国家林业局授予贵阳市"国家森林城市"的称号,这是国家林业局授予的首个"国家森林城市"。贵阳的"林城"称谓,不仅被市人大常委会予以法定,还得到国家林业局的认可。至此,"森林之城"实至名归。

(二)避暑之都

"林城"的定位,有力地促进了贵阳市的生态环境保护和建设,推进了贵阳市经

---

①绿树成荫,住在贵阳[EB/OL].金黔网,http://gzdsb.gog.com.cn/system/2008/05/09/010267944.shtml.

②绿色扮美高原林城[EB/OL].新华网,http://www.gz.xinhuanet.com/ztpd/2004－04/25/content_2033203.htm.

济社会的发展。2004 年,全国绿化委员会授予贵阳市"全国绿化模范城市",这是当时唯一获此殊荣的省会城市。从 2004 年起,由香港中国城市竞争力研究会牵头,联合亚太环境保护协会、中国城市研究院等多家机构,开始在香港制定中国避暑旅游城市评价体系,开展对全国(包括台湾、香港、澳门)范围内的避暑旅游城市进行公众口碑访问、调查研究和专家评价工作,连续四年在港发布"中国避暑旅游城市排行榜"。贵阳市因口碑支持率高,专家赞许度高,指数评分高,连续三次荣登排行榜之首。

2006 年 10 月 15 日,在贵阳市大剧院,首席公信官乔惠民代表总评价师林强芳博士以及联合评价机构,将"中国避暑之都"城市品牌形象牌匾授予贵阳市政府,贵阳市委书记、市长代表贵阳市接牌。2007 年 8 月,经国内气候、环保等有关方面的专家对贵阳市 80 年来气象资料的评议和科学论证,中国气象学会也授予贵阳市"中国避暑之都"的美誉。至此,"森林之城,避暑之都"成为贵阳市的城市形象定位。这一城市形象定位,彰显了资源优势,树立了贵阳市"绿色"、"环保"的城市形象,凸显了贵阳市"宜居宜业"的城市功能。这一城市形象定位,是几代贵阳人努力打造的结果,是三十年改革开放不断促进的结果。

(三)爽爽的贵阳

在贵阳市荣膺"中国避暑之都"称誉之后,贵阳市委和市政府即把向国内外力推"森林之城,避暑之都"这张名片确定为对外宣传工作的重点。2007 年,贵阳市举办了"森林之城·魅力贵阳——首届中国(贵阳)避暑节"。这届避暑节取得了很大成功,到贵阳"纳凉避暑、休闲旅游"成为全国夏季旅游的热点。据统计,在避暑节的推动下,2007 年夏季贵阳市旅游总收入达 45.21 亿元,比 2006 年同期净增 15.57 亿元,同比增长 52.53%。为了加大贵阳市避暑旅游的宣传力度,2007 年 10 月,原贵州省委常委、贵阳市委书记专门写了一首歌词《爽爽的贵阳》:"我背着装满渴望的行囊/寻觅抛开暑尘的地方/今天与你相遇/眼里释放惊喜的光芒/远去了/浑浊的天空/远去了/难熬的热浪/环城森林涌来缕缕清新/黔灵山风吹过阵阵荫凉/绿绿的贵阳/爽爽的贵阳/感受着你的气息/我醉倒在惬意的天堂。我背着装满向往的行囊/寻觅抖落风霜的地方/今天与你相拥/心儿奏出轻松的乐章/远去了/纷繁的琐事/远去了/莫名的惆怅/甲秀楼上数点欢跳的星星/花溪河里捧起欢乐的月亮/和和的贵阳/爽爽的贵阳/徜徉在你的怀里/我回到了童年的时光。"这是一首动听的歌,满怀深情歌唱贵阳的歌①。

在 2008 年举办的"贵阳避暑季"活动开幕式上,由某著名歌手主唱了这首歌,一时间传唱开来,贵阳人的心被唱得爽爽的。"森林之城,避暑之都"、"爽爽的贵阳",已成为贵阳人十分骄傲和自豪的城市名片,令外地人羡慕不已。2008 年 7 月,贵阳市组织了"全国百名党报老总看贵阳"活动,炎夏之季,来自全国各地的党报老总们充分领略了"中国避暑之都"得天独厚的清凉气候和美不胜收的风景名胜。"爽爽的贵阳"名不虚传!一个"爽"字准确地概括了来访者的全部感受:因气候凉爽所以心情爽快,因心情爽所以充分感受到这个城市的生态优势、厚重历史、都市繁华以及百姓安居乐业的和谐美景。

第二节 贵阳城市营销手段评价

通过对贵阳营销手段的认识和分析,可以看出贵阳的城市营销存在如下特点:

一、贵阳城市营销整体效果良好,但是各项营销指数发展不均衡

根据《中国城市营销发展报告(2009～2010):通往和谐与繁荣》②中对中国城市营销指数(City Marketing Index,CMI)的研究结果可知,贵阳的 CMI 总体得分是 77.781,排名第 29 位,在全国处于中等水平。这样的成绩是非常可喜的,但是在各项指数的具体排名中,贵阳市表现得参差不齐,其中品牌强度指数(0.984)和营销沟通指数(0.765)分别位居第 28 位和第 26 位,均在中上等,然而其网络营销指数(0.786)、营销建设指数(0.820)和营销效益指数(0.790)分别位居第 54 位、第 36 位和第 34 位,排名比较靠后。

贵阳市地处我国的西南部地区,交通和经济水平发展相对落后,但是贵阳市的自然和人文资源十分丰富,且保存相对完善。贵阳市不断地开发和利用优越的资源条件来建立城市品牌,特别是避暑季的打造以及"爽爽的贵阳"的推广较好地勾

---

①许朗.贵阳的城市名片[J].贵阳文史,2009(2).
②刘彦平.中国城市营销发展报告(2009～2010):通往和谐与繁荣[M].北京:中国社会科学出版社,2009.

画出了贵阳市的城市形象,也打开了城市营销的思路;贵阳市利用各种节事活动来吸引黔内外甚至国内外的游客和投资商,营销沟通效果良好。

贵阳市稍显落后的营销工作体现在网络、营销建设和由贸易体现出的效益方面。贵阳市城区和各区县的旅游门户网站数量较少,部分地区还没有专门的旅游或者营销网站,并且其面向的群体以贵阳市内部人群为主,没有拓展到更大的范围。如果缺乏对网络技术这样有科技含量手段的充分应用,城市营销就会跟不上信息化和全球化的发展趋势;贵阳市在城市建设以及社会基础设施建设方面投入不够,仍待加强。另外,贵阳市吸引外资的水平还较低,数量也较少,这会影响贵阳城市营销的整体效益。

二、具有城市营销的意识,但是专业化水平较低

整体来看,贵阳在城市营销方面尝试了较为丰富的手段,并且基于各种手段完成了许多工作。也许营销的效果仍然有很大的提升空间,但这已经足以说明,贵阳是具备城市营销意识的,城市的管理者已经可以做到用市场营销的理念和眼光来经营一座城市。但可以从贵阳市的营销工作中感受到,贵阳市在城市营销方面由于经验不足,仍然缺乏统一的规划和部署,不够系统化和专业化。如果缺乏一个特定的机构或者群体针对城市营销做专门的研究和开发工作,既会使得营销工作责任和目标不明确,重点分散,也容易带来建设过程中对所利用的资源分配不合理,甚至造成浪费。因此,贵阳市需要通过城市营销的专业化来提高营销效率。

三、城市营销缺乏对国际目标市场的开拓

贵阳市在城市营销中主要针对国内市场,对国外市场的开拓力度仍然不够。以贵阳市举办的节事活动为例,贵阳已经尝试通过举办一些国际会展或会议来提升城市品位,宣传城市形象,比如亚欧森林保护与可持续发展国际研讨会。但是相较于国内外一流城市的营销,贵阳市举办的国际节事活动的数量仍然很少,影响力也较小,并且其他大部分的会展、赛事和活动仍然是面向国内。以北京为例,它接待国际会议的数量已居全球前十名,亚洲第二名,并以此建立起良好的展会品牌。贵阳市仍需进一步打开视野,突破市场空间的局限。

根据贵阳市发展改革委员会统计数据得知,2011 年全市接待国内游客为 5240.64 万人次,而海外游客人数仅为 9.78 万人次;2012 年接待国内游客为

6332.59万人次,海外游客为11.61万人次。由此可见,贵阳市接待外国游客数量虽有增加,但仍处于较低的比例,一方面因为贵阳处于我国西南部,对外开放程度略显不足,另一方面折射出贵阳的城市吸引力还有待于进一步提升。

四、各区县之间、贵阳市与其他城市之间缺乏协调统一和相互合作

贵阳市各区县数量众多,营销的发展良莠不齐,有些地区成立了专门的旅游门户网站,采用了形式多样的手段推广地区形象,如花溪区、金阳区等,而有些地区营销发展相对滞后。重要的是,贵阳市的城市营销缺乏对各个区县的统一规划和把握,没有从战略上将整个贵阳地区的营销工作进行整合和部署。此外,城市的营销理念仍不够成熟。无论是贵阳各区县之间,还是贵阳与其他城市之间,出现了彼此将对方视为竞争对手的现象,甚至部分地方出现了恶劣的价格战来抢占市场,这些都不利于城市营销效率的提升。如此看来,合作与共赢的理念值得地区主管部门采用到城市营销中去。

第三节　贵阳城市营销未来发展建议

一、进一步深化已有的营销手段

贵阳市已经尝试了多种营销手段,但是很多手段尚有待于深入开发,同时还可以继续尝试一些新的思路。贵阳需要基于良好的城市品质和省会城市的政治优势,突破地域和社会关系的局限,结合各种营销手段来对城市做全面的推介。

通过对贵阳市营销手段的分析、总结可以看出,贵阳市在节事营销、关系营销和传媒营销方面还可以做如下的深化:

(一)节事营销

贵阳市举办的国际会议以及会展数量仍显不足,影响力普遍较小,这样很难聚集更多的国际眼光。贵阳市宜积极利用城市友好关系,增加举办、承办或者与国外

机构联办国际会议的数量。在量的积累过程中，一方面增加了贵阳市的知名度和美誉度，另一方面磨砺了贵阳市会议的举办和接待能力，贵阳市也会获得更多举办影响力大的国际会议的机会。

（二）关系营销

在一定程度上，关系营销和节事营销是相辅相成的。利用与国内外友人、机构和城市的公共关系可以增加举办节事活动的机会，节事活动又反过来可以促进公共关系的培养和形成。贵阳市可以利用现有的节事活动积极拓展贵阳市在国内外的关系网络，聘请职业的公关公司、策划公司和广告公司等举办城际公关营销活动，传播城市旅游形象。

贵阳市可以择机邀请传播能力强的企业家、传媒人士和旅行社高层主管等前来游玩参观或者参加活动，甚至举办讲座等，既让更多的人通过与他们的交流来学习营销知识和技巧，也借他们的口碑向更多的人宣传贵阳；贵阳也可邀请有重要社会影响力的歌星、作家等社会名流前来休闲娱乐或者举办演唱会、签售会等，发挥"名人效应"来造势宣传，吸引大众眼球。

贵阳市还应积极派遣代表参加国内外其他城市的展览会、推介会、节庆活动和访问活动等，学习营销绩效领先的城市的营销途径，并借发言、社交等其他环节宣传贵阳，向外界发出贵阳的邀请。

由政府主导，以财政政策鼓励贵阳的知名企业，如老干妈、益佰制药等投资社会公益事业也是一种有效的途径，这样在促进了社会公益事业发展的同时，也增加了地方企业、政府和城市的美誉度。

（三）传媒营销

由于媒体直接面向大众，特别是社会主流媒体面向更加广泛的大众群体，所以通过传媒途径营销城市会产生立竿见影的效果。贵阳市应当进一步加强传媒营销力度，如连续不断地推出大量宣传贵阳城市形象的刊物和影像资料，投放在地铁、公交车、高档酒店等场所；主动与中央和其他各地方主流媒体沟通，传送贵阳市最新的旅游信息和营销信息；为了加强国际影响力，在举办各类政治、经济或文化节事活动时，应热情邀请国外记者跟踪报道。

另外，传媒营销要紧随时代步伐，把当今社会生活方方面面都离不开的网络作为着力点。贵阳市的网络资源开发仍不够充分，应当尽快摆脱对旅游景区做简单宣传的低阶段，加强网络公关传播。可以通过 E-mail 或者论坛与大众做交流沟通，建立反馈机制，及时了解大众偏好和对贵阳市城市营销的评价和建议；也可以建立积分兑换礼品的机制，鼓励网络用户注册和使用贵阳市的门户网站洞悉城市信息。这些都是很好的网络互动方式。

二、建立专业化城市营销机构

专业化可以使城市营销工作更加有针对性和有效率，同时利于将城市营销整合为一个独立的系统，避免浪费与盲目。比如法国的"法兰西之家"就是一个由政府主导创办的专门负责城市营销的机构，这个机构联合国家各个旅游部门，集中资源开展营销活动，取得了很好的效果。

贵阳市政府可以从宏观方面进行调控和把握，创立专门的营销机构，来全面负责推广贵阳城市形象。具体而言，这一机构可以从以下几个环节展开对城市的营销工作：整合贵阳市各类城市资源，基于对国内外市场需求的分析和预测，按照滚动计划法制订近详远粗的月度和年度营销计划；组织熟悉贵阳市的营销工作人员，按照营销工作不同的渠道或环节将工作人员分为不同的团队，进行营销的"专项专攻"；请营销专家定期来贵阳市指导和评价，并建立面向大众的反馈机制。

三、以国际化视角打造旅游产品和城市品牌

国际化是一座城市具有现代化竞争力的标志，也体现着城市营销的成熟与否。贵阳在塑造城市形象，推广城市品牌时应从国际社会的高度追踪国际市场需求的脉搏。贵阳市拥有许多具有国际化潜力的旅游产品，但是开发和包装水平较低，不足以吸引广阔的国际市场。比如黄果树景区，目前的营销理念不够统一，营销体系也不完善。黄果树景区可尝试将国际化元素注入其旅游目的地营销系统，如加入多国语言版本、跟随当前国际社会"中国热"的潮流提供外国游客兴趣浓厚的信息等，来更好地实现黄果树景区国际化营销的愿景。

将营销产品品牌化是摆在贵阳城市营销面前的必由之路，因为品牌是最能体现形象、提升知名度的一种无形资产。贵阳市不仅可以自主开发品牌，还可以争取国内外权威机构的授权而获得品牌，同时也可以审时度势，寻找可以加盟或者收购知名品牌的契机。之后还要不断地主动联系国际旅游或营销机构，如亚太旅游协会、美国旅行商协会等来协助贵阳市把城市品牌推向国际市场。

四、突出城市特色,亮出城市主题

个性鲜明的人更容易被记住,同样特色鲜明的城市也更容易被大众记住。城市特色就是城市能够区别于他者的差异性,是城市独特的魅力和性格特征的体现。巴黎曾把城市定位为"世界艺术之都",而让全世界的人因艺术而记住了巴黎,爱上了巴黎,有太多的人因为想一睹居于世界最前沿的时尚和潮流而去巴黎;纽约为自己贴的标签是"美国从这里开始",这样霸气又诱人的一句话让纽约成为去美国的人们必不可少的一站。贵阳的"贵阳,非去不可"具有一定的感染力,但是似乎并没有将贵阳的城市特色突出地表现出来,不便于游客识别和记忆。

也有一些国家和城市在旅游产品上做文章。他们寻找国家或者城市最具有代表性的事物,然后把许多销售的产品都印上这一图腾,使得国家和城市的形象非常集中和突出。比如奥地利在所销售的水晶产品上多印有"黑天鹅"或者莫扎特名字的图案,让游客深深地记住了这里。贵阳的城市形象仍然不够集中,要更深入地稳固贵阳在城市营销市场中的地位,今天的贵阳依然可以借由像老干妈、益佰制药等这样的企业品牌来烘托贵阳的形象,政府鼓励地方知名企业做强、做大,从而带动城市的品牌效应提升。另外,贵阳市可以重点打造动漫产业,加大对优势产业的发展同样利于打造城市品牌。

总之,贵阳需要拓宽思路来强化城市形象,让贵阳留给大众一张集中、新颖而美好的面孔。

五、实施联合营销战略

联合营销是基于营销理念的优势互补的合作营销。贵阳的各区县之间,以及贵阳与周边省市之间应当尝试部分放弃传统的竞争理念,转向携手共进的"共赢"营销理念。

贵阳的许多区县在地理上和文化上都有相近之处,这便于它们共同策划,联手营销。它们在活动策划与宣传上便可以形成联盟,把竞争对手当作战略伙伴。双方可以联袂举办同一主题的婚俗文化展览和体验活动,或者在双方的宣传资料上让游客看到对方的信息介绍,在保持有相似性的基础上宣传其差异性,这样便加大了宣传的覆盖面。

此外,我国多处已出现跨省市的联合营销现象,事实证明联合营销因信息和资源的共享而给各方带来好的效益。如在我国的黄河金三角,山西晋城的皇城相府与河南焦作和洛阳开展了联合营销,两省三地的联手迅速基于中原市场向京津地区和长江地区的市场扩张,促进了三地的旅游发展。贵阳市应当利用其地理位置的特殊性,积极地与湖南、四川、云南等地建立营销战略合作伙伴关系。贵阳市可以和黄果树瀑布捆绑,一起共同打造国际化的黄金旅游带,可以与西部各省共同建设"西部行"的旅游项目,或者可以发起避暑城市联盟。这些都有利于贵阳降低营销成本,提高营销绩效。

第七章　建设博爱之都、人文绿都
——南京

　　南京是国务院确定的首批中国历史文化名城和全国重点风景旅游城市,位列中国著名的四大古都之三。地处中国沿海开放地带与长江流域开发地带的交汇部,是中国国土规划中沪宁杭经济核心区的重要中心城市,国家重要的综合性交通枢纽和通信枢纽城市。近年来,为发展经济、凝聚人才、提高市政服务质量、提升城市综合竞争力,南京市政府部门及各民间团体组织积极开展甄别、发掘和创造城市的价值与利益的活动,以达到对外招商引资,宣传城市形象;对内提高公共服务质量,提升市民居住满意度的目的。下面借助相关城市营销理论,结合南京城市营销的具体实施方案及南京城市的文化背景、经济发展状况等对南京城市营销的策略进行初步探讨。并提出南京城市推广方案的一些建议,促进南京城市竞争力提升和确立其在长江三角洲地区中心城市地位的建设。

第一节　南京城市营销手段

　　南京有其独特的历史、文化背景及当代经济发展特征,在城市营销过程中,分别尝试了营销传统文化和营销现代都市建设的不同方案。

一、关系营销

　　南京的国际交往频繁。早在 14 世纪,我国著名航海家郑和从南京出发七下西洋,使这座城市与世界许多国家建立了联系。迄今为止,南京已与近一百个国家和地区建立起经济贸易关系,并从 1978 年开始,先后与日本、美国、意大利、荷兰、德国、墨西哥、塞浦路斯、韩国、加拿大、澳大利亚等国的 12 个城市结为友好城市,在经贸、科研、文教等领域开展了广泛的、富有成效的交流与合作。

表 7-1　与南京结好的城市

友好城市名称	所属国家	结好日期
名古屋市	日本	1978 年 12 月 21 日
圣路易斯市	美国	1978 年 11 月 2 日
佛罗伦萨市	意大利	1980 年 2 月 22 日
埃因侯温市	荷兰	1985 年 10 月 9 日
莱比锡市	德国	1988 年 5 月 21 日
墨西卡利市	墨西哥	1991 年 10 月 14 日
利马索尔市	塞浦路斯	1992 年 9 月 24 日
大田市	韩国	1994 年 11 月 14 日
伦敦市	英国	1997 年 5 月 7 日
珀斯市	澳大利亚	1998 年 5 月 15 日
布隆方丹市	南非	2000 年 3 月 22 日
巴兰基亚	哥伦比亚	2001 年 6 月 4 日

资料来源:中国国际友好城市联合会网,http://www.cifca.org.cn.

二、城市形象营销

形象营销是指基于公众评价的市场营销活动,就是企业、城市在市场竞争中,为实现其目标,通过与现实已经发生和潜在可能发生利益关系的公众群体进行传播和沟通,使其对企业、城市营销形成较高的认知和认同,从而建立起营销良好的形象基础,形成企业、城市营销宽松的社会环境的管理活动过程。

(一)视频宣传

2011 年 10 月,南京市委宣传部的官方微博"南京发布"公布了第三版南京城市形象宣传片《金陵旋律》。《金陵旋律》前后花费了两年多时间,10 多次改稿。该片展现了南京 2500 年建城史中最有代表性的景点和传统文化,从最古老的石头城到近代的民国建筑,从金陵刻经处到云锦工艺,南京的历史文化在这一段中浓缩。

2013年1月18日,借着青奥会契机,南京市大力拓展国际旅游市场,为达到城市宣传效果,由美国资深传媒人士操刀剪辑的《美国人看南京》微电影,在CNN网站上线。为了达到"组团式"宣传的效果,南京市旅委还邀请美国资深传媒人士,操刀剪辑了一部主题为《美国人看南京》的视频,在CNN网站上线①。视频素材主要取自城市形象宣传片,以及《我和南京有个约会》南京旅游微电影。但是剪辑时进行了重新编排,从一名美国游客的视角来看南京,整体感觉非常时尚,比较适合网络上的年轻受众群。

2013年南京市拍摄城市形象宣传片《南京·1314》,影片定名为《南京·1314》,喻义2013亚青会和2014青奥会,谐音"一生一世"。据导演赵晟介绍,影片完整版时长8~12分钟,配有中英文双语字幕,后期还将剪辑成6分钟、3分钟、1分30秒等版本,在户外大屏、地铁媒体、微信、微博、网络视频等媒介播放。整个拍摄工作于2013年7月24日结束,中山陵、"总统府"、长江大桥、紫峰大厦等40多个名胜景点出现在电影中,江苏卫视主持人和南京电视台主持人也在本片中出演。该片在亚青会和青奥会筹备期间播出,向境内外运动员、嘉宾和媒体记者充分展示了南京现代化人文绿都的美好形象。

(二)城市精神文明建设

城市精神是一个城市的精神支柱,直接决定了城市的人文面貌,是一个城市的重要品牌;城市精神还是城市发展的重要动力,相对于人的品格而言,城市精神就是城市的品格。2002年南京确立"博爱之都——南京"为城市旅游形象。"博爱之都"取自孙中山先生近百年前提出的"博爱"之意,体现了南京博大、博爱、宽容、包容的城市精神。"博爱"是人类共有的一种美好情感,是中西方文化共同倡导的一种价值取向。从博爱文化中,我们不仅能够感受到它所特有的历史、文化内涵,领略到它所具有的凝聚力和辐射力,而且还可以体会到"博爱"是作为南京的一个整体形象名片,是南京城市精神和市民精神的象征,而这一个精神也正好契合了青奥会"友谊"、"尊重"的核心价值。

"博爱之都"是南京城市形象最简练的概括和最鲜明的标志,是对于在历史上屡受磨难的南京的过去、现在以及未来的最为根本的概括,它内在地包含了南京的历史,同时也内在地预示着南京的未来。为大力宣传城市精神,南京全市各级、各

①姚平.南京城市形象片登陆美国CNN[N].南京日报,2013-07-18.

部门按照《关于加强南京市质量宣传、教育工作的指导意见》的要求,在2013年6月期间集中开展了"南京质量精神"的宣传活动,通过电视、广播、报刊及网络等主流媒体、各级政府和各有关部门门户网站、杂志专刊等渠道发布南京质量精神,充分利用户外广告牌、户外LED屏、公交、地铁、电视、广播、社区宣传橱窗等载体宣传南京质量精神。通过广泛宣传,不断提升市民质量知晓度、参与度和满意度。

为进一步宣传南京市精神文明成果,南京市还陆续开展了"精神文明建设大事件"活动,如开展"万朵鲜花送雷锋"活动,在全市掀起人人争做活雷锋的热潮;开展"瞩目南京"系列宣传活动,不断提升南京城市形象;学习型城市建设工作全力推进,为实现人的全面发展和城市跨越式发展增添了新的活力;明孝陵申报世界文化遗产的成功,填补了古都南京没有世界文化遗产的空白;顺利通过国家一类城市语言文字工作评估,进一步提升了城市文化品位,组织市民创业代表团赴外地考察学习,深入实践以创业为核心的新时期南京市民精神;组织开展文博系列宣传教育活动,充分展示南京历史文化底蕴等。

（三）城市口号推广

2011年11月,在南京市城乡规划工作会议上,省委常委、南京市委书记提出,南京应树立"伟大城市"形象,经全市征集城市口号得出南京城市口号为:"人文绿都,幸福都市"。"人文绿都"是城市特质,"国际化"是前进动力,"现代化"是发展目标。建设现代化国际性人文绿都,就是让南京的现代化建设插上双翼、独具魅力。为建设"人文绿都",南京市市政工程拆违整破,开启了"新南京共建共享千日行动计划"。南京计划用3年时间,实施安居便民、绿色环保、市容文明、交通畅达等七大工程,提升城市品质、环境质量。"大扫除",掸去积年"尘埃",城市底色越发清亮,南京人得以大手笔地建设绿色南京,建设文化彰显工程。

城市中央,有山有湖,是南京城的最大特色。面积为40多平方公里的紫金山、玄武湖中央公园已通过评审,建成后将成为世界上独一无二的中央公园。游人爱用"绿色隧道"来比喻南京的林荫大道,南京又规划了400条共1000公里长的"林荫大道",道路绿荫覆盖率达60%,将在青奥会前建成。同时,南京规划到2015年城镇绿化覆盖率达45%,全年空气质量好于二级标准天数达95%。而文化产业结合遗址保护,将让一大批历史珍藏焕发异彩——绿色南京,浓荫添绿。

南京市在第五届长三角南京都市圈建设论坛上提出,到2015年,南京市城市总人口规模突破950万～960万,力争达到1000万,城市化水平达到83%左右;中心城区控制性详规覆盖率达到100%,外围新城和新市镇近期建设地区控制性详规覆盖率达到 100％；城镇人均住宅建筑面积达到 35 平方米，农村人均住宅建筑面积达到 45 平方米。保障性住房建设重点加强，建设保障性住房总面积达到 1600 万平方米，低收入家庭保障性住房人均建筑面积 18 平方米；公交对居民出行分担率达到 25％，实施区域供水工程，扩大市、区（县）城市公共供水服务范围，使乡镇居民使用城市供水普及率超过 95％，基本实现城乡供水服务均等化；建成区绿化覆盖率 49％，市域森林覆盖率 25％，城区人均公园绿地面积 15 平方米；空气优良天数比例稳定在 90％以上，城区绿色人居环境社区数 80％左右，每年二氧化碳排放量控制在人均 8.5 吨；城市集中式饮用水水源地水质达标率稳定保持在 100％，主城区、所有乡镇和工业园区实现污水集中处理全覆盖，污水处理厂实现满负荷运转，城乡生活污水实际处理率超过 90％，城镇生活污水处理率达到 90％以上，城市生活垃圾无害处理率达到 98％；保持全国文明城市、国家卫生城市、国家环保模范城市、国家园林城市称号，2015 年达到国家生态城市目标。

三、文化营销

文化营销是一个组合概念，简单地说，就是利用文化力进行营销，在城市营销中是指城市营销主体及相关人员在城市核心价值观念的影响下，所形成的营销理念，以及所塑造出的营销形象，两者在具体的市场运作过程中所形成的一种营销模式①。

(一)民俗文化

南京历史悠久，是我国四大古都中的一个，"六朝古都"，有深厚文化底蕴。南京是我国文化教育中心之一，华东重要城市和交通枢纽。提及民间艺术，南京可是具有极大的代表性，不仅种类丰富，而且十分新颖，匠心独特。白局为人们所熟知，是当地的一种曲艺，起源于明代，是织锦工人自娱自乐的方式，反映当时的现实生活。南京白话和平话也各具风味，它们也是当地的一种民间曲艺。南京白话即南京相声，第一人称，重视表演，幽默风趣，深受喜爱。而平话则以讲史著称，具有鲜明的地方特色。麻雀蹦是一种舞蹈艺术，以庆祝丰收为主，其节奏明快，动作活泼、生动、可爱，而又富于变化。南京绘画艺术一直为人们所津津乐道。其中芥子园画传概括的山、水、虫、鱼、花、鸟的基本技法，十分全面，通俗易懂，为后人借鉴的还有

①张党利，郗芙蓉.文化营销的概念及其实施研究[J].中国管理信息化，2008(11).

明末清初的金陵八家,他们以写实为主,淡泊名利,以书画为乐。

(二)历史文化

南京号称"六朝古都",自古就是长江下游地区的文化和政治中心,也是扬子江下游流域重要的商业经济中心,是我国著名的四大古都之一,同时又是国务院公布的全国第一批24座历史文化名城之一。既包括六朝陵墓石刻、南唐二陵、明孝陵、明城墙、明龙江宝船厂遗址、中山陵、总统府等物质文化,又包括书法绘画、诗词歌赋、戏剧小说以及南京云锦织造工艺等非物质文化,文化底蕴吸引全球。这些是南京的历史财富,对南京对外推广城市文化形象有很重要的作用。

(三)自然景观

南京东有中山陵,北有玄武湖,南有雨花台,西有莫愁湖,最典型的就是把山水城林有机地结合在一起。它襟长江,带秦淮,衔钟山,佩玄武,其山川风貌兼得北地之雄,江南之秀。明城墙、夫子庙、南京长江大桥、南京大屠杀纪念馆、新街口广场等亦是旅游必选之地。然而,南京的标志性建筑并不突出。自然景观是大自然或历史赋予的特殊城市财富,南京在推广城市景观时不仅推出了视觉效应,而且还给各自然景观赋予了特殊的文化内涵。如在中山陵的对外宣传中,很自然地渲染上文化背景,并于1961年成为首批全国重点文物保护单位,2007年成为首批国家5A级景区;在玄武湖的推广中,凸显其六朝时期为皇家园林、"金陵明珠"的文化符号。南京积极保护这些自然景观,对本地旅游产业发展起到很大推动作用。

1. 云锦

南京的云锦可谓是优秀传统文化的代表,与成都蜀绣、广西壮锦、苏州宋锦被人们叫做"中国四大名锦"。云锦因为色彩浓艳,风格大气,花纹浑厚,被列为四大名锦首位,是当之无愧的。云锦因为绚丽多彩,宛如天上的云霞而得名。云锦在过去是宫廷御用之物和赏赐功臣的物品。妆花类织物是云锦最著名的,也是云锦特有的风格,这种妆花类织物在明清时期被放在龙袍上,富丽堂皇,尽显高贵。政府出巨资为了保护云锦不被历史遗忘,而且云锦研究所还复制了马王堆汉墓出土的"素纱禅衣"和明万历皇帝的"织金孔雀羽妆花纱龙袍",前者清新淡雅,后者雍容华贵,可谓世界之最。

2. 夫子庙

坐落在秦淮河的夫子庙是南京古老文化的渊源。这里文人聚集,商贾云集,有"江南佳丽地"美称。周瑜、范蠡、杜牧等许多文人大家都在此创造了自己不朽的业绩和流传至今的诗篇。被战争摧毁之后,1984 年,政府对夫子庙和秦淮河进行了修复、建设,重新再现了明清时期江南繁荣的景象。

3.古城建筑

"古"是南京城市的另一种文化符号,代表着南京城市建筑的历史风貌和传统人文情怀。从发展的角度来看,它做到了既让古代文化保存于世,也让部分古代文化遗产产生利用价值。

(1)古城墙

现存的南京城墙修筑于明朝,俗称明城墙,历时 21 年建成,不遵循古代都城取方形或者矩形的旧制,设计思想独特、建造工艺精湛、规模恢宏雄壮,在钟灵毓秀的南京山水之间,蜿蜒盘桓达 35.3 公里,而南京明城墙的外廓城周长更是超过 60公里。

南京明城墙不仅是我国的第一大城墙,而且是世界第一大城墙,并入选世界纪录协会世界第一大城墙。南京明城墙为中国古代军事防御设施,城垣建造技术集大成之作,无论历史价值、观赏价值、考古价值以及建筑设计、规模、功能等诸多方面,国内外城墙都无法与之比拟,可谓是继中国秦长城之后的又一历史奇观。

南京玄武区宣传推广"城墙宝宝"公益形象,南京市组织青年志愿者和城墙宝宝一起开展志愿服务活动。玄武区"城墙宝宝"公益宣传自 2012 年以来,玄武区在广泛开展公益形象征集活动的基础上,深入发掘、大力推广"城墙宝宝"公益形象,让"举手之劳做公益"的理念深入人心,推动市民文明素质进一步提升。玄武区在全区所有中小学举行"和城墙宝宝一起做公益"的推广活动,让城墙宝宝成为每个中小学生都熟悉的公益形象;开展"城墙宝宝"儿歌、童谣、连环画征集活动,引导少年儿童正确认识"城墙宝宝"的内涵;与江苏优漫卡通合作开展公益夏令营,进一步推广"城墙宝宝"公益形象;组织大学生志愿者、中小学生志愿者深入社区、公共场所,进行公益文明行为宣传推广;"城墙宝宝"还走出南京,远赴新疆伊宁开展手拉手活动,其倡导"微公益"的可爱形象给当地少年儿童留下了深刻印象。玄武区通过网络宣传报道推广"城墙宝宝"公益形象和"随手做公益"的理念,结合玄武区"青年先锋"评选,鼓励大家运用城墙宝宝进行公益文明宣传,并进行微博互动,进一步扩大"城墙宝宝"的公益影响力。

(2)古房屋

老房子是城市凝固的历史,是城市的宝贝和财富。对于城市的未来发展而言,老房子不再是"累赘"和"包袱",是不可多得、不可再生的文化资源。房子除了精神和文化层面的意义之外,本身也是一种稀缺资源,它的历史和文化底蕴,也是激发人们创作灵感的创意之所①。南京历史悠久,遗留下很多古房屋、古建筑。

如甘熙故居有着南京自己的建筑风格,多进穿堂建筑及精美的木雕、砖雕、石雕等建筑构件,成为研究南京地区明清民居的宝库;瞻园是国家级文物保护单位,是乾隆皇帝以欧阳修诗"瞻望玉堂,如在天上"而命名,位于南京城南瞻园路,坐北朝南,纵深 127 米,东西宽 123 米,总面积 15621 平方米,至今已有 600 余年的历史。瞻园也是南京仅存的一组保存完好的明代古典园林建筑群,与无锡寄畅园、苏州拙政园和留园并称为"江南四大名园"。愚园"巧于因借、因地制宜、精在体宜"的设计原则,堆山理水的处理手法,植物造景的运用等,很多地方是值得今人借鉴和取法的;对研究南京的园林史也有较大的价值,的确是江南古典园林艺术中一份珍贵的历史文化遗产。

总统府现在已成为中国最大的近代史博物馆。南京总统府已有 600 多年的历史,1840 年鸦片战争至 1949 年人民解放军解放南京的 100 多年里,这里多次成为中国政治军事的中枢、重大事件的策源地,中国一系列重大事件或在这里发生,或与这里密切相关,一些重要人物都在此活动过。这一建筑群,成为近代中国历史的重要遗址。

四、网络营销

在网络成为生活体验必然趋势的背景下,各种传统营销手段都在网络建设上下足了功夫。

(一)网站建设

南京市市政府设立"中国南京"官方网站,分为"政府"、"企业"、"市民"三个网端入口。在"政府"版块中包括南京概况、资讯中心、政务公开、在线服务、互动交流、查询中心六个子栏目,重点发布国内外及本市市政新闻,政务公开发布,交通、教育、住房、医疗信息查询等内容。在"企业"版块中包括经济资讯、活力经济、面向企业服务、互动交流、经济运行五个子栏目,主要服务于本市企业发展、招商引资和解读现阶段经济走势。在"市民"版块中包括便民服务、面向个人服务、互动交流、查询中心四个子栏目,是南京市民参与市政建设和市民便利生活查询的窗口。南京市 11 个市辖区分别建立有政府服务性网站。

---

① 刘碧文. 重新认识古建筑和仿古建筑[J]. 南方建筑,2007(2).

此外,南京市旅游委员会成立专门性网站"南京旅游网",及时介绍南京市举行的文化活动及各旅游区的最新旅游动态。南京民间组织成立的"南京热线"网,作为南京市最具影响力的门户网站之一,致力于整合江苏省强大的网络内容资源,充分发挥其作为南京市信息网络的导航功能,成为江苏省对外宣传的窗口,也是全省信息沟通的桥梁,①自2002年正式开办以来,"南京热线"一直致力于充实网站内涵,丰富有价信息量,拓展信息服务的种类。经过多年的发展,现已充分发挥了南京市信息网络的导航作用,集合了新闻信息、影视娱乐、生活资讯、金融证券、文学教育、媒体广告、网络购物等为一体的多媒体综合在线信息服务。作为本地知名网站,南京热线一直是重要的也是最受关注的网络媒体之一,并已成为众多知名企业进行品牌推广的首选。作为江苏省的一个重要的对外宣传窗口,"南京热线"拥有同行业中无可争辩的综合实力和资源优势。南京艺术品专门网站"博宝艺术网"坚持以客户需求为导向,以电子商务为平台,以互联网营销为特色的方针。截至2012年年底,博宝艺术网注册会员已经突破190万人,网站日均访问量超过800万次,消费客户群体遍布全国所有省区,涵盖全国600余个城市。

(二)微博营销

微博,即微型博客的简称,是一个基于用户关系信息分享、传播以及获取的平台。微博在中国市场上线以来成为拥有最多受众的网络产品之一。中国各城市抓住微博平台用于宣传城市,南京也积极利用微博进行城市对外宣传。

2011年5月,南京市旅游部门正式开通新浪微博,"粉丝"已达21万多名,并跻身全国十大旅游政务微博之列;随后开通的腾讯微博,也积累了近8万名"粉丝"。这近30万名"粉丝",是宣传南京城市形象的一支"奇兵"。他们不仅自己在微博上"图文并茂",即时传达南京旅游信息;并通过广大的"粉丝"群,一传十、十传百,把信息迅速扩散开来。2012年初,在市旅游委员会的组织下,南京市还成立了一群200人的南京微博志愿者队伍。在"老南京"微群里,他们介绍南京古迹,珍藏城市记忆;在"实拍南京"微群里,他们"晒"出南京的旧貌新颜,发展脉络;在"玩转南京"微群里,他们讨论美食美景,分享游玩心得。"南京发布"作为南京市委宣传部新闻发布官方微博,拥有274万名粉丝,是市政服务、权威信息发布及与市民沟通的有利平台。

---

①南京热线网,http://www.njrx.cc/do/alonepage.php? id=4.

五、影视营销

2012年5月,市旅游部门投资拍摄的南京旅游微电影《我与南京有个约会》举行首映式,这也是国内首部宣传城市旅游的微电影,短短数月创下了"点播率"35万人次的佳绩。

该片讲述了一段浪漫的异国恋情:法国小伙凯文对南京姑娘晓楠一见钟情,根据晓楠的一本成长相册,他走遍南京的大街小巷。6分钟多的影片中,南京知名景点一一惊艳亮相。该片在网络"上线"公映后,播放达到35万次,评论2000余条,不少网友盛赞"南京是座古典美与现代时尚感交融的城市","一定要来南京看一看"。这部制作成本仅10多万元的微电影,宣传推介效果远远超出了旅游部门预料。

纪录片《南京城》的拍摄推广了南京的文化传统。南京,已建城2480多年,她的地位孙中山先生早有定论:"南京为中国古都,在北京之前,而其位置乃在一美善之地区,其地有高山,有深水,有平原,此三种天工,钟毓一处,在世界之大都市诚难觅此佳境也"。

八集人文纪录片《南京城》,既拥有中华文明发展的纵线统观,又兼备世界文化比较的横向视野,充分彰显了创作者对南京历史独到而沉静的思考。《南京城》匠心独运,在该片中引入"南京读本"之概念,第一次详尽、系统地解读了南京城在风云激荡的中国古代、近代及现当代史中创造出的璀璨文明,全面呈现了独具魅力的南京风情,并通过众多历史细节的追问,深刻阐述了十朝古都南京作为"荣耀之城"、"胜利之城"、"博爱之城"在中华文明发展史中博大而深远的影响。

2013年《致我们终将逝去的青春》正式公映,而公映首次宣传选择在南京,因电影在南京大学、南京理工大学等多地取景,电影导演赵薇在宣传中说,之所以在南京取景,是因为南京这座城市的底蕴吸引了她,南京是有底蕴的一座老城,很多非常好的建筑和书卷味的一个城市,很符合大学的气质,剧组决定到南京拍摄我们致青春中的所有大学的部分①。一方面《致我们终将逝去的青春》在南京取景,详尽地利用了南京的文化资源,另一方面电影在全国公映也起到了很好的宣传南京、带动南京旅游业发展的作用。

---

①致青春南京取景地[EB/OL]. 新浪南京,http://jiangsu. sina. com. cn/travel/message/2013－04－03/080048555. html.

六、游戏营销

近年来,中国智能手机的用户量急剧增加,手机游戏也层出不穷。为进一步开拓南京的旅游市场,宣传城市形象,更直观地增加用户的体验度,南京市旅游局联合润和软件开发出一款《玩转南京》的手机游戏。像玩《大富翁》游戏一样,游客只需要下载游戏软件到手机上,就可以在南京城的各个场景之间来回"穿梭",模拟买地、买商铺、经营等场景。"通过这个游戏,游客可以一边玩,一边轻轻松松地记住南京的代表性景点、商家、建筑物等"。市旅委相关人士透露,开发这款游戏只用了很少的投入,而且南京不少商家也对这款游戏很感兴趣,有意通过植入式广告的方式提供部分费用。

通过市场化运作,既节约了财政资金,又有效地扩大了城市宣传。业内人士认为,这一创新举措可谓"一举多得"。

由南京军区有关部门与无锡巨人网络科技有限公司历时 2 年携手开发的军事游戏《光荣使命》已在军区内部上线。在互联网时代的今天,网络日益融入人们的生活,爱网、用网成为时尚,上网络玩游戏成为青年喜爱的娱乐方式之一。军事游戏在国外一些军队已发展多年、形成体系,并广泛应用于教育、训练。我军军事游戏尚处于起步阶段,基层部队日常娱乐多以小型益智类棋牌游戏为主,形式和功能都比较单一。一些部队开展网上军事游戏对抗,使用的也大都是国外军事游戏的汉化版,游戏内容和体现的价值理念、军事思想,与我军有很大差异,长期使用不利于部队教育训练,甚至可能误导官兵。新研发的军事游戏《光荣使命》拥有完全自主知识产权,填补了我军军事游戏的空白。审看过这款软件的总部有关部门和业内专家认为,游戏中的战场环境复杂、战术思想灵活、战斗气息浓郁,富有我军特色,拓展了模拟化训练的空间和渠道;以信息化手段为依托,切合新时期官兵求新求乐的特点,有利于官兵在游戏中育身心、增智慧、强素质,有助于营造积极向上的军营文化环境;坚持寓教于乐、寓训于乐、寓知于乐,让官兵潜移默化地受感染、受熏陶,深切领悟当代革命军人核心价值观的内涵和真谛,锤炼优良的政治品格、战斗精神和心理素质,提升军事素养,具有较强的综合性功能和实用性价值,是创新思想政治工作的积极探索和丰富军事训练方法手段、加快转变战斗力生成模式的有益尝试①。试玩过这款游戏的基层官兵反映,游戏看上去很亲切、打起来很带劲、玩起来很过瘾,没想到国产军事游戏做得这么生动逼真,游戏里的作战进程、战术动作、指挥口令这么专业,就像一本通俗易懂的军事教材。此款游戏的上线不仅丰富了军区军官的业余生活,同时也体现了南京军区军事气节和军人魂魄。

七、节事营销

随着城市品牌营销理论的兴起,节事已经组建成为城市品牌促销的一个重要组合工具。城市举办节事具有深远的意义和作用。通过举办节事,不仅可以增强城市舒适度,提高市民凝聚力,而且还能提高城市的知名度和美誉度,吸引大量国内或者国际观众的消费,吸引潜在的投资,还可以吸引优秀的人才,这些会给城市带来深远的经济意义和社会意义。

(一)青年奥运会

在北京奥运会成功举办后仅仅 18 个月,世界再次选择了南京,选择了中国。百余年来曾战胜过无数惊涛骇浪的奥林匹克航船之所以要在其鼎盛时刻开辟新航线,创办青年奥运会,是为了在年青一代中植入更多的奥林匹克情结,夯实奥林匹克基础,也是为了弘扬奥林匹克运动除竞技之外更多的教育、文化、人文等元素,提升全球年轻人的快乐、进取、交流与和谐。在南京深厚历史人文底蕴的城市氛围中,青奥会将以安全、人文、充满活力的方式,传承奥林匹克精神,致力于实现体育比赛项目和文化教育计划的融合,实现现代信息技术、奥林匹克文化与青年人文化交流。200 多个参赛国家和地区的运动员用各自的文化及智慧在南京交融与互动,这为南京提供了一个创建城市新形象,推广城市品牌,提高核心竞争力的千载难逢的机遇。

青奥会相关产品开发与合作也将有力促进南京市经济的发展。在南京 2014 年青奥会举办期间,青年奥组委将与国际奥委会顶级合作伙伴和其他市场合作伙伴进行市场开发,销售青奥会特许产品,开发以南京文化、比赛内容为主的纪念品,同时也将吸引大批国内外游客,拉动经济发展②。

---

①解放军研发首款拥有完全自主知识产权的军事游戏[EB/OL].中国新闻网,http://www.chinanews.com/gn/2011/05-13/3039776.shtml.

②曹连众.聚焦南京青奥会交锋体育价值观[J].体育与科学,2011(6):5-6.

(二)文化产业交易会

2010 年 10 月 21 日,第五届中国南京文化产业交易会(以下简称文交会)在南京国际博览中心开幕。本届文交会由南京市人民政府、中共江苏省委宣传部主办、中共南京市委宣传部等单位具体承办。来自世界各地 80 多个城市,约 600 家企业和单位参加本届文交会,展会面积场内外近 4 万平方米。

中国南京文化产业交易会自 2006 年创办以来,已经成功举办四届,累计现场交易金额突破 4 亿元,意向交易额达 25 亿元;共推出 306 个招商项目,现场签约 52 个项目,签约总额达 86 亿元。近年来,南京市积极探索文化体制改革和文化产业发展,形成良好发展态势,文化产业成为经济发展新的增长点。2009 年,全市文化产业增加值达到 151.73 亿元,占地区生产总值约 3.6%,占服务业的比重为 7%,增幅达 16%,高于全市地区生产总值 11.5% 的增幅;全省文化产业增加值突破千亿元,南京市占全省近 1/6。按照大文化产业统计,加上体育、教育、旅游等产业,全市的文化产业增加值达到 415.08 亿元,增幅约 15%,占 GDP 的 9.8%,总体发展水平高于全省、全国。2009 年 10 月,在北京举行的"创意中国·和谐世界"文化产业国际论坛上,南京市获得"中国文化产业创意城市示范奖",并成为全省"文化发展先进地区"。

第二节　南京城市营销手段评价

在国内 100 多个进行对外营销的城市中,南京的城市营销指数排名第 8 位,排在北京、上海、成都、重庆、宁波、杭州和天津之后。其中城市品牌强度指数排名第 7 位,城市营销力度排名第 6 位。在决定城市营销力度指数的四个主题层中,南京的城市营销建设指数、城市营销绩效指数排名均位于第 10 位,城市营销沟通指数排名第 6 位,城市网络营销指数排名第 14 位。由此可见,南京的城市品牌强度排名靠前主要得益于其品牌吸引力和品牌独特性。南京是江苏省省会,同时有着悠久的历史和丰富的文化遗产,这使得其品牌吸引力和品牌独特性名列前茅。但数据同样显示,南京的品牌关注度、品牌文化包容性和品牌规划与管理的排名均为第

20位左右①。由此可见,南京在城市营销方面还有很多不足之处,仍存在很大的提升空间。

一、历史文化底蕴挖掘不充分

南京历史文化底蕴深厚,这是南京的历史属性。但在现代,南京要想做好历史文化的推广工作,还任重而道远。首先,历史文化的推广以保护其本土性为前提,南京要加强非历史古迹的保护力度,如六朝、南唐、明代以来众多的历史遗址,包括汤山猿人洞、阳山碑材、大报恩寺等遗址保护。其次,要通过历史文化凸显南京的历史地位,这方面南京做得显然不够,夫子庙是六朝时南京集市文化的象征,南京明城墙是中国封建社会集权的象征,中山陵是一代伟人孙中山先生历史功绩的见证,大报恩寺遗址是抗日战争的见证等,南京要想推广这些旅游景区,必须先树立起其历史地位的形象。同时控制老城区建设容量、建筑体量、建筑高度,对老城保护项目不强调"一地一项目"的平衡。②

二、城市功能概念模糊

一些在城市经营和规划方面起步比较晚的城市虽然在很短时间内很难拿出一个全面的城市经营定位的解决方案,但也开始在寻求特色方面作为突破口,树立城市的新气象。

南京城市定位为"人文绿都",但其功能不能从定位中很好体现,城市在对外推广的过程中也没有强调其城市具体的功能性。以香港为例,其品牌定位是活力与创新的"亚洲国际都会"。这个定位是经国际讨论小组测试评核以后才最终确定的,它不仅发挥了香港已有的亚洲国际金融中心和拥有强大国际化的服务业及掌握专门知识和技术的人才的优势,而且包含了未来"国际都会"将拥有优良的"硬"及"软"的基础建设,包括运输和电讯设施、具有国际水平的教育和培训制度,以及对持续发展的承诺。香港品牌并没有将市容改造和城市规划视为自己的定位基础,其根本原因是这个城市最重要、最吸引受众的不仅仅是它的外在形象,更重要

①刘彦平.中国城市营销发展报告[M].北京:中国社会科学出版社,2009.
②现在,未来的南京人拿什么引以为自豪[EB/OL].江南时报,http://jnsb.jschina.com.cn/html/2011-09/20/content_429822.htm.

的是它在亚洲经济发展和中国对外开放中扮演的不可取代的角色。香港品牌的定位既延续了 100 多年以来它积淀的文化和精神内涵,同时也前瞻性地预见到未来,特别是中国加入 WTO 之后它所处的地位和优势的变化。①

三、城市品牌效应不强

城市之间的竞争日益激烈,如何有效地提升城市品牌,增强城市的竞争力已成为城市发展与经营的重要内容。但在城市品牌的塑造与提升过程中,南京还存在一定的盲目性。南京在打造城市品牌上花费不菲,但效果却不十分理想。城市品牌的塑造历史告诉人们一个事实:城市品牌的塑造与提升是一项长期工程,不能一蹴而就。但也应看到,只要按照品牌的发展规律,城市品牌的塑造和提升是可以循序渐进实现的。在做好城市品牌知名度的基础上,进一步打造城市品牌的美誉度,最终可以有效地提升城市品牌,发挥城市品牌对城市竞争力的积极拉动作用,进而促进整个城市的全面发展。城市的发展和竞争力的提升反过来又为城市品牌的塑造和提升提供了支撑和资源保障,进而可以实现城市发展的良性互动。南京在建设城市品牌效应时忽略了城市软实力的建设,一个城市中有高楼大厦和街道并不能有效吸引城市顾客,也很难得到城市顾客的心理认同。

南京市不管是在城市推广还是在自身建设上都没有明显注重品牌建设。当工作者、企业和居民对工作与生活现状感到满意、观光客及新进企业和投资者的期望与事实相符合,才称得上是成功的城市营销。在政府报告及论文文献中均找不到南京市对本市居民及外地旅游者、投资者的满意度的调查,这就大大降低了南京市的城市品牌连锁效应。

四、城市缺乏地标性建筑

在城市营销的过程中,伦敦有"伦敦眼"、巴黎有"埃菲尔铁塔"、迪拜有"世界唯一的七星级酒店"、上海有"东方明珠"、北京有"中央电视台"。对一座现代城市来讲,其建筑属性和视觉效应都是城市结构中较经典的特质部分,也是一种重要的城市象征模式。

---

①论城市品牌建设[EB/OL]. 光明网,http://guancha.gmw.cn/content/2010—07/03/content_1168983. htm.

南京有很多宏伟的建筑，如紫峰大厦、南京电视塔、中山陵等，但南京在对外推广中没有放大这些建筑的形象，在南京旅游地图和相关的招商资料中也没有对南京标志的说明。

第三节　南京城市营销未来发展的建议

一、发掘本土文化，树立文明城市地位

南京在长江三角洲的经济地位并不突出，要在长三角地区巩固其中心城市的地位，南京必须树立其特有的文化古都的形象。南京的产业链发展虽然很完善，但当人们提及南京城市时很难想起与南京有关的大企业、大品牌。南京虽然有自己的历史外衣和独特的文化史，但需要加强自身的文化建设和文化宣传，树立起文化品牌的形象。南京是做具有广阔胸怀的"博爱之都"，南京城本身就可以作为一个大品牌来进行对外推广。

首先，南京需要对城市形象进行明确的定位。正如北京的"皇城文化"、西安的"旧都文化"、上海的"洋城文化"、重庆的"码头文化"、杭州的"休闲娱乐文化"一样，南京应该侧重定位为"历史文化"，这无疑各得其所，互为补充。比如到上海购物、到杭州消遣，然后到南京怀古。

确立其历史文化古都的形象以后，南京就需要着眼自身的文化资源来宣传自己的城市。有古诗"朱雀桥边野草花，乌衣巷口夕阳斜"描绘过古南京美丽风光。秦淮河、夫子庙由集市自发形成，在两晋南北朝时期就有相当规模，近代江苏省、南京市为注重对历史文化古迹的保护，同时也出于开发历史文化的目的对秦淮河、夫子庙一带的风光投入大量资金进行补救。秦淮河反映了古代市井文化和小商品农业的发展状况；夫子庙反映的是当地的小吃文化，南京在做城市对外宣传时可以以此为伏笔，吸引全球游客和商业投资。以夫子庙为例，南京可以组织夫子庙小吃文化节，不仅可以吸引旅游，而且可以带动周边经济发展。

此外，南京古城墙见证了一代王朝的兴衰；中山陵阐述了一代伟人孙中山的历史伟绩；南京的每一寸土地都经历了抗日战争的洗礼，所有的这一切都是南京幽幽历史

长卷中不可或缺的因素,都可以作为南京对外宣传其历史文化名城形象的符号。

二、借助长三角经济发展机遇,提升自身综合影响力

提升自身综合竞争力不仅包括城市的历史文化、经济实力,而且包括自身发展对周边城市的影响力。上海是中国的金融中心,同时也是长三角洲地区的核心经济地区,想撼动上海的经济地位几乎是不可能的。但长三角洲经济圈在协同发展的状况下,苏州、无锡等城市,包括长三角边缘地带的安徽城市的经济都有十足发展。南京市想突出自己在长三角地区作为中心城市的地位,无疑要构建属于自己的强势城市群,向北整合苏北中小城市、向西联合安徽省内的大中城市,构建跨苏皖城市群。

南京市在提升城市影响力方面应该注重加强其国际化建设。在世界 500 强进驻南京市后,南京市主要经济体也应该走出国门。如南京市企业参加国际型经济、文化会议,南京市自己举办、承办国际型大型会议等。

南京市在对外宣传时,选用了诸多的营销手段,影视、报纸宣传渠道是其推广城市形象的主要渠道,而且南京市还采用了手机客户端、网络营销等新兴媒体的宣传,这是值得肯定的。

此外,口碑效应也是城市形象宣传过程的一大途径。口碑效应更多地体现在人与人之间的日常接触,因而提升市民素质,提高市民的主人翁意识,对于树立南京市的整体形象也有重大意义。

第八章 太湖佳绝处 毕竟在鼋头
——无锡

　　无锡市位于长江三角洲平原腹地,太湖流域的交通中枢,北倚长江,南濒太湖,东接苏州,西连常州,京杭大运河从中穿过。无锡市风景绝美秀丽,历史千年悠长,自古就是中国著名的鱼米之乡、中国四大米市之一,同时也是一座繁华的现代化城市,中国民族工业的发源地之一,素有布码头、钱码头、小上海之称,是中国华东地区特大城市之一,是经国务院首次批准的较大的市。

　　随着城市化进程的加快和经济全球化的挑战,众多的城市开始认识到城市营销在新时期的重要价值。在现代营销理念的引导和打造下,这颗江南蒙蒙烟雨中孕育出的璀璨的太湖明珠将一展她的魅力。

第一节　无锡城市营销手段

　　在关系营销、形象营销、节事营销、传媒营销、体验营销、主题营销等主要的城市营销手段中,无锡市采用了多种营销手段,主要有以下四种。

一、关系营销

　　与我国的很多其他城市一样,无锡市作为中国国际友好城市联合会的一员,一直秉承着与多国城市开展交流合作、共谋发展的原则,从 20 世纪 80 年代起至 2013 年,已与 32 个国外城市缔结了友好关系,见表 8-1。这在促进双边发展的同时,也让更多的国际友人认识和了解了无锡,让无锡走向世界。

表 8-1 与无锡缔结友好关系的国际城市

中方城市	外方城市	国别	结好时间	编号
无锡市	明石市	日本	1981 年 8 月 29 日	0052—810829—苏—010
无锡市	查塔努加市	美国	1982 年 10 月 12 日	0079—821012—苏—012
无锡市	相模原市	日本	1985 年 10 月 6 日	0186—851006—苏—018
无锡市	哈密尔顿市	新西兰	1986 年 7 月 5 日	0221—860705—苏—022
无锡市	卡斯凯什市	葡萄牙	1993 年 9 月 14 日	0481—930914—苏—047
无锡市	斯卡伯勒市	加拿大	1996 年 4 月 10 日	0700—960410—苏—072
无锡市	维琴察市	意大利	2006 年 1 月 25 日	1319—060125—苏—164
无锡市	莱沃库森市	德国	2006 年 4 月 27 日	1589—050613—苏—197
无锡市	金海市	韩国	2007 年 3 月 8 日	1405—061024—苏—173
无锡市	尼姆市	法国	2007 年 4 月 5 日	1409—070405—苏—174
无锡市	南泰利耶市	瑞典	2007 年 10 月 8 日	1593—070816—苏—198
无锡市	公主港市	菲律宾	2007 年 10 月 30 日	1479—070724—苏—185
无锡市	科特赖克市	比利时	2007 年 10 月 30 日	1480—061220—苏—186
无锡市	拜瑟克伦城市联合体	丹麦	2009 年 5 月 8 日	1614—080822—苏—203
无锡市	西哈努克市	柬埔寨	2009 年 7 月 29 日	1633—081231—苏—206
无锡市	切姆斯福德市	英国	2009 年 11 月 26 日	1675—091119—苏—212
无锡市	斯海尔托亨博斯市	荷兰	2010 年 2 月 10 日	1745—100106—苏—216
无锡市	索罗卡巴市	巴西	2010 年 12 月 18 日	1761—090923—苏—222
无锡市	非斯市	摩洛哥	2011 年 11 月 22 日	1844—101208—苏—236
无锡市	圣安东尼奥市	美国	2012 年 2 月 16 日	1876—110819—苏—240
无锡市	拉赫蒂市	芬兰	2012 年 2 月 17 日	1927—111107—苏—249
无锡市	弗雷德里克顿市	加拿大	2012 年 3 月 28 日	1881—101122—苏—241
无锡市	弗兰克斯顿市	澳大利亚	2012 年 11 月 8 日	1959—121008—苏—252
无锡市滨湖区	松阪市	日本	2009 年 3 月 1 日	1602—081231—苏—199
无锡市滨湖区	卡斯特德菲尔斯市	西班牙	2010 年 11 月 11 日	1758—100913—苏—221

续表

中方城市	外方城市	国别	结好时间	编号
无锡市滨湖区	诺威奇市	美国	2011年6月28日	1785－110510－苏－230
无锡市惠山区	拉丁根市	德国	2007年5月14日	1418－060801－苏－176
无锡市惠山区	戴维斯市	美国	2008年10月30日	1563－080814－苏－189
无锡市锡山区	奥尔德姆市	英国	1999年9月7日	0911－990907－苏－120
无锡市锡山区	西橙市	美国	2011年9月1日	1941－100729－苏－250
无锡市锡山区	光州广域市北区	韩国	2013年2月26日	1994－130205－苏－255
无锡市新区	丰川市	日本	2009年4月15日	1609－080516－苏－201

资料来源：中国国际友好城市联合会，http://www.cifca.org.cn/Web/SearchByCity.aspx? HYCity＝％ce％de％ce％fd&WFCity＝.

二、形象营销

近年来，在城市化进程不断加快的同时，众多城市开始认识到用以城市形象为核心组成的形象力来展开营销活动——"形象营销"在新时期具有重要价值。一个城市的形象犹如这个城市有力的硬件和软件要素形成的产品一样，不仅要"生产"出来，而且要通过一定的途径、策略将其"销售"出去，获得其目标"消费者"的认同和"购买行动"，这种"购买"可能是金融投资、物质消费乃至情感消费，只有这样才能真正成为一个城市的竞争优势。无锡市在城市形象的设计和推广方面做了许多工作。

1.城市形象设计

市花：杜鹃、梅花。

市树：香樟树。

市歌：创作于1978年1月4日，2002年2月3日通过，由任红举作词、龙飞作曲的《太湖美》。以太湖为题材创作的《太湖美》，在出炉不久就深受大众欢迎。

城市徽标、城市吉祥物是一个城市的标识，是城市文化传承和对外宣传的重要载体。在2008年4月9日举行的中国（无锡）吴文化节媒体见面会上，无锡城市徽标、城市吉祥物正式揭晓，标志着无锡城市文化传承和对外宣传有了重要的载体。

图 8-1　无锡城市徽标

资料来源:太湖明珠网,http://www.thmz.com/col25/col 51/2008/04/2008-04-27269291.html.

　　无锡城市徽标以"玉飞凤"为造型主体,与山水、市花共同构成一个完整、圆满的文化符号,既体现了无锡文化名城、山水名城的城市特色,又蕴涵了无锡活力之城、腾飞之城的城市气质。玉飞凤出土于鸿山大遗址,是无锡的珍贵文化遗存,其秀逸之形、翔动之姿,喻示无锡人的聪慧灵秀、无锡城市的祥瑞腾飞。水纹是无锡坐拥长江、太湖、古运河、二泉的写照,与三山造型相呼应,寓意无锡是风光秀美、宜居宜游的山水名城。

图 8-2　无锡城市吉祥物

资料来源:无锡城市徽标、吉祥物说明.太湖明珠网,http://www.thmz.com/col25/col 51/2008/04/2008-04-27269291.html.

无锡城市吉祥物是阿福与阿禧。阿福、阿禧是无锡最具代表性与典型意义的城市文化独特元素,其亲和朴拙、对称和谐的造型以及欢乐、圆满、和合的精神内涵,既寄予了无锡人朴实美好的生活理想,也展示了江南水乡、祥福之地的地域特色,更契合当今追求和谐、幸福的时代禀赋。

2. 城市标志

图 8-3　无锡城市 LOGO 标志

(1)文化背景

无锡自古就是我国著名的鱼米之乡,被誉为"太湖明珠"。

(2)设计元素

凸显无锡是"鱼米之乡",太湖元素。

(3)LOGO 释义

整个标识以三个不同颜色的弧形构成主图案,下方配有"太湖明珠,甜美无锡"的字样。三个弧形巧妙地将无锡两个字的首个拼音字母 W、X 藏身其中。弧形元素的灵感汲取于波光粼粼的太湖、圆润的太湖珍珠、古运河之上的拱桥、阿福阿禧甜甜的笑脸、古文物玉飞凤的优美身姿、江南传统花窗、宜兴紫砂壶等无锡特色文化载体;弧形勾勒出一张张笑脸,具有欢乐、圆满、和合的精神内涵,既寄寓了无锡人美好甜蜜的生活理想,也展示了无锡作为江南水乡、祥福之地的地域特色。

(4)色彩运用

整个标识以三个不同颜色的弧形构成主图案,蓝色代表太湖的自然风光,绿色代表无锡的园林风光,不同颜色的圆点寓意"太湖明珠"。

(5)宣传口号

"太湖明珠、甜美无锡,无锡是个好地方"强调太湖山水、古运河、吴文化、佛教文化和工商文化等"很无锡"的元素。

3.宣传片

2006 年、2010 年,无锡先后诞生过两个版本的城市形象宣传片。2006 年,在国际制作团队的精心打造下,一部展示城市人文风光、经济建设、人民生活的宣传片以细腻的结构、精致的画面给人以美的享受,至今该版本仍被广泛使用。2010 年的动漫版宣传片,以别具一格的形象,灵动、唯美地展示出无锡的城市特色。

2012 年,随着理念的革新、技术的进步,在国家强调要推动文化大发展、大繁荣,提升文化软实力的时代背景下,为展现城市新貌、服务城市发展、加快打造“四个无锡”,“魅力无锡”新版城市形象宣传片将运河、惠山泉与太湖这三条无锡水脉贯穿起无锡的商脉、文脉、人脉,展现出无锡城的精气神,即既有运河一般的外向扩展、不断向前的积极精神,也有温润、雅致的文人之气,又有太湖“上善若水,水善利万物而不争”的豁达与宽容。

4.主要荣誉

作为“太湖明珠”的无锡市,风光秀美、宜居宜游,获得了包括国家及部委所颁发的有权威性的荣誉称号在内的多项荣誉称号,见表 8-2。

表 8-2　无锡市所获主要荣誉称号

荣誉称号	获得年份	荣誉称号	获得年份	荣誉称号	获得年份
国家环保模范城市	2004 年	中国制造业十大最具竞争力城市	2006 年	国家历史文化名城	2007 年 9 月 15 日
国家森林城市	2009 年 4 月	中国人居环境奖	2010 年	全国十大旅游观光城市	2011 年
全国创业先进城市	2012 年	最中国创意名城	2012 年	中国智慧城市	2012 年
中国大陆最佳商业城市	2012 年	十大(地级以上)中国最具幸福感城市	2012 年	中国最具中华价值城市	2012 年
中国最具国际生态竞争力城市	2012 年	全国双拥模范城“六连冠”	2012 年	《福布斯》中文版“中国大陆创新能力最强的 25 个城市”第 4 位	2012 年 12 月
国家历史文化名城(宜兴)	2011 年 1 月	十大(县级)中国最具幸福感城市(江阴、宜兴)	2012 年		

资料来源:根据无锡政府网站(http://www.wuxi.gov.cn/)以及《无锡年鉴(2011)》、《无锡年鉴(2012)》(方志出版社出版)资料整理而成。

2013 年 8 月 16 日,"2013 年唐人中国城市旅游竞争力年会暨 2013 年度中国旅游竞争力百强城市(区、县)唐人排行榜发布盛典"在钓鱼台国宾馆举行,无锡市在"年度中国旅游竞争力百强市"排名中,由 2012 年的第十六位上升至第十三位。在"百强区、县"评选榜单中,宜兴市和滨湖区分别排在"百强县"第八位和"百强区"第七位。《中国城市创新报告(2013)》发布,无锡以创新能力综合得分 92.8944 的好成绩位列地市级城市第 4 名。江阴市位列县级城市创新能力测评第 2 位。

三、节事营销

大型节事活动对举办地的认知度和形象改善有积极影响意义。近年来,无锡承办了多种国内外会议、会展和体育赛事,也举办了丰富多彩的节事活动。

(一)国际会议

国际会议不仅能提高举办地知名度、提升举办地形象,而且能带来显著的经济效益,并促进相关行业的发展,对区域经济发展的带动作用明显。国际上一般将会展经济对相关产业的联动系数确定为 1∶9,也就是说,举办一场大型展会,如果直接收入为 1000 万元,就可以为其他产业带来 9000 万元的收入。无锡和中国很多大中型城市一样,将发展目光瞄准在了会展业。

2009 年 3 月 18 日,来自世界近 50 个国家和地区的 1700 多位高僧大德、著名佛教学者、政要和社会各界人士云集无锡灵山,出席第二届世界佛教论坛开幕式,共祈世界和谐、众生安康。世界各地佛教汉传、藏传、南传三大语系的领袖,世界宗教领袖联盟秘书长等主要国际佛教组织负责人及外国政要出席了开幕式。根据国际惯例和佛教仪轨,论坛采取大会发言和开放论坛有机结合的形式。论坛期间举行了中国佛教文物展、中国佛教摄影特展、中国佛教陶瓷艺术展、当代佛教工艺品展、赵朴初遗墨暨中国佛教书画艺术展等展览活动,以及《吉祥颂》献礼演出。3 月 30 日,部分与会代表乘坐包机由南京直航台北。论坛在台湾地区期间,举办了《玄奘西行》、《法门寺》、《千年菩提路》等 3 部佛教影片首映式,并于 4 月 1 日在台北闭幕。两岸佛教界通力合作,携手共办论坛,体现了两岸关系正在走向和平发展前景的新气象,在无锡与台湾地区的佛教文化交流史上也具有里程碑意义。

2010 年 6 月 21 日,由科技部、上海世博会执委会、联合国贸易和发展会议和无锡市政府共同主办的中国 2010 年上海世博会"科技创新与城市未来"主题论坛在无锡圆满闭幕,这是上海世博会六场主题论坛之一。上海世博会执委会专职副主任、中国工程院副院长在论坛闭幕总结大会致辞;联合国贸易和发展会议秘书长、俄罗斯国务秘书等出席总结大会;大会由上海世博局副局长主持。本次论坛重点关注了科技创新如何全方位推动城市发展、引领经济健康增长和实现环境的可持续保护,如何规避科技扩张可能产生的负面影响等重大课题。海内外与会嘉宾从不同角度发表了真知灼见。包括国家自然科学基金委员会副主任、上海市科学技术协会主席、Discovery 国际电视网总裁兼首席执行官、美国斯坦福大学教授、斯坦福创新与创业地区项目联席主任、上海世博会日本展区总代表、尚德电力控股有限公司董事长兼首席执行官等在内的近 800 位中外嘉宾参加了本次主题论坛演讲和讨论。这次论坛加大了无锡旅游资源的宣传推广力度,"迎世博、兴旅游"的浓厚氛围也全方位地展示了无锡城市形象,并加强了与境外组团旅行社的合作,争取了更多的境外游客畅游无锡、体验无锡。

"中国 2011——第 27 届亚洲国际集邮展览"于 2011 年 11 月 11 日上午在无锡隆重开展。本次邮展由国家邮政局、江苏省人民政府、中国邮政集团公司和中华全国集邮联合会共同主办,无锡市人民政府承办。亚洲国际集邮展是集邮界公认的亚洲历史最久、规模最大、最具权威的活动之一,也是亚洲地区一项重要的国际性民间文化交流盛会,汇集了亚洲各国的珍贵邮票。本次邮展吸引了 53 个国家和地区参展,共展出竞赛性邮集展品 1278 框,非竞赛性特邀展品 5 框,珍邮展品 90 框,展出的邮品数量是历届亚洲邮展最多的一次。邮展期间同时举办 2011 中国(无锡)国际文化艺术博览会、泓盛无锡亚洲邮展现场邮品拍卖会,设立了邮展日、青少年集邮日、吴文化日、颁奖日和亚洲集邮联日等 5 个主题日。展会还将举办评奖活动,共设大金奖、国际大奖、国家大奖等多个奖项。为了纪念无锡亚洲邮展的举办,邮政部门 11 日发行一套纪念邮票,该套邮票由两枚邮票和一枚小型张组成,内容选用无锡最具代表性的特色景点和国家级非物质文化遗产,采取具有关联作用的"景+物"的表现方式,实现邮票表现方式和主题内容的创新,全面、充分地展示了无锡的文化元素和城市形象。

2013 年 6 月 7 日,由无锡市政府主办、无锡市工商联(总商会)承办的 2013 首届全球锡商大会正式拉开帷幕,来自 25 个国家和地区的近 500 名锡商代表会聚一堂。此次大会以"聚合锡商正能量,建设百年工商城"为主题,共谋家乡新发展,共创锡商新辉煌。全球锡商大会旨在搭建海内外锡商交流合作的平台,进一步传承和弘扬"敢创人先、坚韧刚毅、崇德厚生、实业报国"的锡商精神。大会举办期间,还进行了"新锡商·中国梦"高峰对话,多名企业家代表、业内人士及专家学者从传承、创新、融合三方面讨论了新形势下的锡商精神、企业间共赢发展、行业资源有效整合等话题。此次全球首届锡商大会,也是无锡迄今规格最高、规模最大的锡商精英聚会,旨在推动各地锡商建立更广泛的商业联系,为海内外锡商搭建交流合作平台,提升锡商在全球的影响力。

(二)国内会议

无锡是中国民族工商业的发祥地之一和近代民族工商业发展最快的城市之一。早在1929年10月,无锡近代工商企业家就发起举办过国货展览会,民族工商业巨子荣德生等积极协调筹备工作。展览会为期一个月,沪、苏、杭等周边主要城市踊跃参加。这次国货展览会早于江浙沪一带其他城市举办的相关活动,规模之大,时间之长,展品之多,组织之严密,声势之宏大,都是空前的。第二年(1930年)又由无锡发起,举办了苏南县市国货展览会,也取得很大成功。新中国成立后的1951年,无锡再次举办苏南区城乡交流物产大会,地方工商业者的积极性得到了激发,地区工商经济迅速发展。

2003年,由无锡市政府主办的城市经贸盛会——首届中国无锡太湖博览会,突出了"开放·合作·展示"主题,集中展示了无锡争先进取、文明健康、灵秀和美的精神风貌。自2003年以来,一年一度的太博会以太湖文化旅游资源为背景,以无锡良好的投资贸易环境和城市形象为依托,将会展、交流、经贸、研讨和文化旅游活动有机结合,充分挖掘无锡的人文与自然资源,突出主题,营造特色,打造"太湖明珠——无锡"的城市名片。作为无锡市规模最大、规格最高的经贸盛会,太博会已成为向海内外展示无锡经济社会发展成果、开展国际经贸、文化、人才等交流合作的平台,在国内外具有一定的知名度和影响力,被评为"国内最受关注的十大节庆活动"[①]之一,并荣获"最佳经贸类节庆奖"殊荣。太博会的主要特色有:第一,唱响新兴产业,凸显转型发展,以中国国际物联网(传感网)博览会和亚太服务外包国际合作会议为代表;第二,提升传统产业,构筑高端优势,以中国(无锡)国际工业装备博览会和中国(无锡)太湖国际汽车博览会为代表;第三,注重人才引领,促进创新创业,以中国大学生服务外包创新应用大赛和各种人才招聘、创业项目洽谈会为代表;第四,拓展国际合作,扩大对外开放,以国际友好城市交流会为代表。以太博会形成的集聚和辐射效应,架起无锡市与世界进行经济合作和文化交流的桥梁,进一步促进无锡市的对外开放,吸引国内外英才来锡投资和创业,使无锡市适应经济全球化的大趋势,带动经济、贸易、文化、旅游、科技等产业的发展,同时以太博会为

---

① 人民网节会频道,http://expo.people.com.cn/GB/57923/236866/236868/index.html.

契机,无锡市提高了城市文明素质,培育了城市精神。

工业设计已在国家"十二五"规划中被列为重点发展对象,目前国内 20 多个省市为此制定了专门的扶持政策。无锡市是中国工业设计重镇,最早设立工业设计大学。2000 年以来,无锡共举办了 10 届工业设计博览会,工业设计产业与当地传统制造业转型互为依托,目前集聚各类企业 400 多家,设计研发人员 1 万余名[①],是国内工业创新设计的旗舰展会。2012 年,博览会期间举办了首届中国(无锡)工业设计"太湖奖"颁奖,展示了最新国内专利新产品成果。2013 年博览会的名称由以往的"工业设计博览会"更名为"设计博览会",旨在使展示的内涵更为丰富与包容。与往届无锡工业设计博览会相比,本届博览会展出规模宏大、主题突出,以"创新改变生活,设计成就未来"为主题,总展出面积达 31200 平方米,分为交通工具、室内建筑、陶艺与家纺和家电数码四个主题展馆。参加本届博览会展示的企业近 500家,其中国外设计机构有近百家,汇集了 20 多个国家及地区的优秀设计展品,并有90 余项创新设计项目与产业界进行对接。博览会集中发布创意设计最新产品、最新概念和最新解决方案,积极开展项目洽谈、成果交易、设计大赛和高层论坛等系列活动,对于推进创意设计、专利等知识产权创造和转化运用,进一步培育发展无锡高新技术产业和战略性新兴产业具有重要意义。

随着全球环境和资源问题的日益突出,新能源成为世界各国关注的焦点。金融危机以来,中国、美国等大国更加重视新能源等低碳经济发展,新能源产业面临新的机遇。为推动国际新能源产业发展,作为中国国家新能源科技兴贸创新基地的无锡从 2009 年起成功举办了 5 届中国(无锡)国际新能源大会暨展览会(CREC)。该活动由国家能源局、中国国际贸易促进委员会和江苏省人民政府主办,江苏省商务厅、江苏省贸促会和无锡市人民政府承办。5 年来,作为中国重点关注新能源应用和新兴市场的专业展会,一直以举办高品质的展览和论坛为特色,是中国新能源领域迄今为止规格最高、规模最大、影响力最深远的国际性会议之一,被誉为新能源领域的"达沃斯"。2013 年 10 月 24～26 日,来自美国、德国、巴西、南非等 20 多个国家和地区、500 多家新能源企业的约 600 位政要、专家及企业代表,围绕"新能源:交流、共识、行动"这一主题,围绕产业创新融资模式、国际新兴市场拓展、民生应用项目开发等热点,共同探讨新能源产业发展前景。根据 2013年 10 月 31 日发布的《江苏省商务厅 2014 贸易促进计划》,无锡新能源大会项目被列入其中,江苏省内的企业参展可享受一定的优惠,显示出无锡新能源行业光明的

---

①朱胜利,王玥.无锡:专家把脉工业设计[N].国际金融报,2012 年 5 月 29 日.

发展前景。

中国国际物联网（传感网）博览会由工信部、国家发改委、科技部、中国科学院和江苏省政府共同打造，是加快无锡国家传感网创新示范区建设的国家级交流合作平台。博览会自 2010 年 10 月 28 日以来，已成功举办 4 届，依托无锡市作为国家传感网创新示范区（国家传感信息中心）的品牌优势、集成电路产业优势以及地处长三角几何中心的区位优势，通过举办系列展示、专业论坛和配套活动，构建物联网技术、产业和应用的国际交流合作平台，是目前物联网最高级别的国家级博览会，为全国乃至全球的物联网产业发展注入持续原动力和竞争力。会议期间举行的物联网技术与产品展示会、物联网技术与国家商业应用高峰论坛、物联网投融资论坛、国际大学生物联网创新创业大赛等活动，汇集了物联网产业领域的最新信息，集中展示了国内外物联网各类前沿产品、先进技术和应用理念，包含产业发展的技术、金融和人才，集聚产业界、金融界及学术界的高端人士，成为国内外物联网领域厂商展示新技术、彰显实力、宣传品牌的最大舞台。IBM、微软、中国电信、中国移动、华为、东软等一批海内外知名企业都参加过展览。博览会提升了无锡市在物联网领域的国际影响力，加快了无锡市国家传感网创新示范区建设，推动了江苏省乃至全国物联网产业又好又快发展。

2011 年 10 月 11 日，第二届中国湿地文化节暨亚洲湿地论坛在无锡市开幕。本次活动由国家林业局和江苏省人民政府共同主办，来自世界 20 多个国家 700 余位代表在为期 3 天的活动中围绕"湿地与人类福祉"这一主题，分别从湿地与森林、湿地与气候变化、湿地与生态农业、湿地与旅游、湿地与人类健康、湿地与人类生活等角度，探讨了未来亚洲及全球湿地保护和合理利用的国际合作等问题。在此届文化节开幕式上，我国新增的 4 块国际重要湿地和 12 处首批正式国家湿地公园被授牌，为参加第二届中国湿地文化节"森禾杯"摄影大赛的获奖者颁奖。与会代表一致通过了号召全球共同加强湿地保护的《无锡宣言》，强调促使湿地保护主流化以及通过国家行动和区域合作共同促进湿地保护与合理利用。以本届文化节为契机，无锡市把加强湿地保护与管理，作为实践科学发展观的重大举措和建设生态文明的首要任务，已经建设完成了环太湖湿地等 17 项湿地保护与恢复工程。

表 8-3　2013 年无锡市其他大型会议展览项目一览表

时间	名称	地点	时间	名称	地点
1 月 19 日	无锡人才交流会	无锡体育会展中心	1 月 28 日～2 月 3 日	2013 第三届全国精品年货购物节暨无锡海峡两岸糖酒年货会	无锡太湖国际博览中心
1 月 25 日～2 月 5 日	2013 绿色食品欢乐购物节	无锡体育会展中心	3 月 1 ～4 日	2013 年无锡太湖春季国际装备制造业博览会	无锡太湖国际博览中心
3 月 16 ～18 日	2013 年春季（无锡）全国微型汽车配件展览会	无锡太湖国际博览中心	3 月 15 ～17 日	2013 无锡交通台第五届车友嘉年华	无锡太湖国际博览中心
3 月 17 日	动漫展	无锡太湖国际博览中心	3 月 21 ～24 日	2013 年无锡春季住文化节暨电视购车节	无锡太湖国际博览中心
3 月 23 ～24 日	无锡国际婚礼博览会（2013 春季）	无锡体育会展中心	3 月 29 ～31 日	2013 无锡广电春季家博会	无锡体育会展中心
4 月 4 日	无锡人才交流会	无锡体育会展中心	4 月 6 ～22 日	2013 春夏服装服饰商品（无锡）交易博览会	无锡体育会展中心
4 月 29 日～5 月 5 日	航空航天展	无锡太湖国际博览中心	5 月 1 ～3 日	2013 第五届无锡汽车节	无锡体育会展中心
5 月 11 日	无锡人才交流会	无锡体育会展中心	5 月 12 日	建材展	无锡体育会展中心

续表

时间	名称	地点	时间	名称	地点
5月17～20日	2013中国太湖·无锡春季房地产交易展示会	无锡太湖国际博览中心	5月18～19日	2013长三角旅游休闲博览会	无锡体育会展中心
5月23～27日	2013年第二届全国珠宝工艺品暨收藏品展	无锡体育会展中心	5月31日～6月2日	2013"全城大喜"无锡广电首届结婚产业博览会	无锡太湖国际博览中心
6月7～10日	中国商业科技博览会	无锡太湖国际博览中心	6月9～12日	2013现代快报清凉一夏汽车用品展	无锡体育会展中心
6月14～16日	2013无锡电视夏季购车节	无锡太湖国际博览中心	6月29～30日	无锡首届家博会	无锡体育会展中心
7月6日	动漫展	无锡太湖国际博览中心	7月7日	百度求职通大型招聘会	无锡体育会展中心
7月12～17日	2013第四届中国国际睡眠大会	无锡君来世尊酒店	7月28日	百度求职通大型招聘会	无锡体育会展中心
8月2～4日	夏不为利,厚惠有期——2013第二届夏季购车节	无锡体育会展中心	8月10～11日	"超级腕"万人超级购建材展(夏季)	无锡体育会展中心
8月17～18日	无锡国际婚礼博览会(2013秋季)	无锡体育会展中心	8月22～23日	第四届中国大学生服务外包创新创业大赛	无锡太湖国际博览中心
9月1～3日	2013慧聪网(无锡)秋季交易会	无锡太湖国际博览中心	9月5～9日	2013第六届中国(无锡)国际汽车博览会	无锡太湖国际博览中心

续表

时间	名称	地点	时间	名称	地点
9月13～15日	2013无锡广电秋季家博会	无锡体育会展中心	9月20～22日	江苏国际孕婴童秋季产品交易会	无锡体育会展中心
9月25～27日	2013秋季（无锡)全国微型汽车配件展览会	无锡太湖国际博览中心	10月1～4日	2013无锡秋季汽车展示交易会	无锡体育会展中心
10月12～14日	第八届无锡现代农业博览会	无锡体育会展中心	10月11～14日	2013无锡秋季房屋交易展示会	无锡太湖国际博览中心
10月19日	2013年中国无锡人才智力交流大会	无锡体育会展中心	10月25日～11月6日	2013秋季服装服饰商品（无锡)交易博览会	无锡体育会展中心
11月1～3日	中国（无锡)太湖国际沐浴、温泉、养生文化节	无锡太湖国际博览中心	11月1～5日	第三届中国（无锡)国际文化艺术产业博览交易会	无锡太湖国际博览中心
11月8～11日	2013首届太湖佛教文化博览会	无锡太湖国际博览中心	11月23～24日	2013中国无锡·亚太商务旅游博览会	无锡太湖国际博览中心
11月28～30日	"超级腕"万人超级购建材展（冬季)	无锡体育会展中心	11月28～30日	电子课本与电子书包应用成果展	无锡太湖国际博览中心
11月30日～12月3日	2013中国国际农产品贮藏加工物流科技博览会	无锡太湖国际博览中心	12月12～14日	首届中国无锡圣诞集市暨新年城市主题灯会	无锡太湖国际博览中心

资料来源:根据无锡市会展业官方网站(http://www.wxexpo.gov.cn/)资料整理而成。

(三)节庆活动

中国电影金鸡奖是中国电影界专业性评选的最高奖,大众电影百花奖是由中国发行量最大的电影刊物《大众电影》杂志社主办的一年一度的群众性评奖,大众电影百花奖和金鸡奖一起通称为"中国电影双奖"。2002 年 10 月 18~22 日,由中国文学艺术界联合会、中国电影家协会和无锡市人民政府联合主办的"太湖杯"第十一届中国金鸡百花电影节在无锡市举行。本届电影节除了有"太湖杯"第十一届中国金鸡百花电影节、太湖国际经贸节、太湖旅游节开幕式及开幕式文艺晚会和第二十二届中国电影金鸡奖、第二十五届大众电影百花奖的评选活动和颁奖典礼外,还举办了国产新片展映、国际影展和以"中国电影创作与市场"为主题的电影论坛等活动。太湖国际经贸节、太湖旅游节同时举行。2010 年 10 月,第十九届金鸡百花电影节在江阴市举行,成为全国成功举办金鸡百花电影节的第一个县级市。与此届金鸡百花电影节同时开办的还有江阴第 15 届经贸洽谈会,与电影节活动叠演,文化搭台、经济唱戏成为江阴这座创新名城的集体行动。①

徐霞客国际旅游节自 2006 年起开办,以往逢每年三月江南春浓,海内外徐学爱好者均到"游圣"故里无锡江阴朝拜先圣,同时开办徐学研讨、旅游联谊等一系列活动诠释"中华游圣"徐霞客精神,是国内最知名的旅游节庆活动之一。自国家旅游日颁布后,该旅游节移至每年 5 月 19 日举行。

从 2006 年起,以"传承吴地文明,发掘人文底蕴,彰显城市个性,建设文化名城"为主题的中国(无锡)吴文化节通过丰富多彩的活动"扬山水名城之名,显吴地文化之蕴"。几年来,两岸共同祭祖、全城空巷同赴庙会、高层论坛、文艺演出,吴文化节已成为无锡每年第一个值得期待的节庆活动,更被权威机构评选为"国内最受关注的节庆"②之一,受到了海内外的广泛关注和肯定,展示了吴地文化魅力,弘扬了吴地文化精神,彰显了无锡的城市文化底蕴。

为大力弘扬和谐文化,培育全民慈善意识,建设和谐宜人新无锡,无锡市人民政府于 2006 年 12 月 15~17 日举办首届"中国无锡灵山胜会",弘扬中华民族"乐善好施、扶贫济困"的传统美德和社会主义荣辱观,着力推进慈善文化发展,营造人人关心、支持、参与慈善公益事业的社会氛围,为把无锡市建设成为最富人文特质

---

① 小城江阴金鸡百花电影节与经贸节"比翼齐飞"[EB/OL].中国新闻网,http://www.chinanews.com/df/2010/10-13/2585176.shtml.

② 人民网节会频道,http://expo.people.com.cn/GB/57923/236866/236867/index.html.

的文化名城服务。活动期间，举办了以"和谐社会，慈善中华"为主题的"中华慈善文化(无锡)论坛暨首届市长慈善论坛"活动，论坛规格之高、参与人数之众为历来之最，成为两岸慈善组织和专家学者的盛会。在这一主题下，还举行了大型慈善公益晚会暨灵山胜会开幕式、"2006 灵山杯无锡市十大慈善公益人物"评选以及"真情回报——灵山慈善万人捐"等大型活动。此外，"中国当代佛教文化艺术博览会"、"无锡市十大慈善公益人物评选"、"百位艺术家走进无锡"灵山笔会等在内的重要活动在灵山胜会期间先后举行。

2012 年 5 月 19 日，第二个"中国旅游日"主会场活动启动仪式在江苏省无锡市灵山景区广场举行，这是促进无锡市旅游业发展的一次难得的机遇，对提升"太湖明珠·魅力无锡"城市形象，全面展示无锡旅游发展的成果，打造旅游度假胜地将起到积极的促进作用。

表 8-4　2013 年无锡市黄金周前后节庆活动一览表

名称	时间	地点	活动主要内容
灵山秋意轻禅游系列活动	10 月 19 日～11 月 20 日	太湖国际旅游度假区、灵山胜境	①"灵山轻禅意游"——朝山、坐禅、抄经、徒走、过堂等；②"无锡市民优惠二重游"——赠送灵山素月饼，赠送珍宝馆门票等；③"金秋禅养美食节"——太湖美食和宾馆优惠活动
"赏太湖佳境，品太湖湖鲜，鹿顶山鸟瞰秋叶"——鼋头渚渔家风情节	9 月 10 日～11 月 24 日	太湖鼋头渚风景区	①渔船·渔网·渔夫——渔家风情节；②听涛·赏月·团聚——中秋夜游活动；③秋风起·菊花香·蟹脚痒——太湖大闸蟹金秋美食节；④重阳年年·年年重阳——鹿顶山登高看秋叶活动；⑤丹桂飘香·满山枫叶——金秋桂花红叶节
"金菊秋语"——2013 金秋惠山菊会	9 月 18 日～11 月 30 日	锡惠名胜区	①小盆景·大世界——盆景作品展；②秋风细语——早菊精品展；③爱在深秋——菊花造型展；④平分秋色——带着微博去评菊王

续表

名称	时间	地点	活动主要内容
"花的世界·灯的海洋"——2013无锡梅园民俗灯会	9月12日~10月20日	梅园横山风景区	①迷幻——彩灯展览；②精彩——舞台文艺演出；③诱人——美食大排档；④忘返——游乐互动
"我的世界只有你"——动物狂欢嘉年华	10月1~31日	无锡动物园·太湖欢乐园	南美圣兽—食蚁兽世界巡演无锡
	10月1~7日		动物狂欢大巡游
	9月19日~10月7日		我们是朋友—与小动物的零距离
	9月19日~10月7日		动物幼儿园开学季
"两岸风·中华情"——台湾美食在华西	9月25日~10月5日	华西村万人餐厅	①江苏—台湾原辅材料及美食小吃联展；②第七届全国烹饪技能竞赛、首届江苏厨师节
"心动崇安·畅购无锡"——崇安艺术生活上佳之旅	10月1~31日	崇安区二泉广场、中山路商圈等地	①"激情广场大家唱"——无锡群众文化展演；②"二泉映月响起的地方"——阿炳音乐艺术节；③"琴声悠悠幸福年"——全国"大金钟奖"二胡比赛暨全国二胡专业选手赛；④"车展·房展·婚纱展"——心动崇安金秋旅游购物节
"霞客岛上小夜曲"——烧烤CS狂欢派对活动	9月14日~11月30日	江阴霞客岛亲子乐园	①"亲身体验"——CS爱好者模拟真实战场CS；②"自给自足"——举家享受的烧烤乐趣活动；③"精彩刺激"——野外烧烤CS狂欢派对活动
"假日旅游再现《江南Style》"——2013年国庆戏曲游园活动	10月1~6日 13:30~15:00	薛福成故居	①"感受吴侬软语"——评弹会演；②"百听不厌彬彬腔"——锡剧折子戏欣赏会；③"中国国粹展示"——京剧演唱会；④"江南灵秀·流派纷呈"——越剧艺术交流活动

续表

名称	时间	地点	活动主要内容
"来自金秋的问候"——三国城水浒城景区"叼羊大赛"	9月28日~10月7日	水浒城演艺广场	①"巍巍大中华"——蒙古族舞蹈展示;②"敖包相会"——草原赛马;③"刀光剑影"——马上特技表演;④"高潮迭起"——叼羊大赛
"绿色蔬果·健康生活"——亲近生态自然之旅	9月~12月	太湖花卉园	①"精耕细作"——农作物种植;②"绿色蔬果"——采摘丰收;③"修身养性"——垂钓、拓展等
"绿色联怡·生态休闲"——走进天蓝地绿农庄	9月18日~11月30日	天蓝地绿农庄	①"家·团圆"——家庭亲子游;②"爱在金秋"——自驾游;③"田园风光"——体验游等
"采红菱、摘金橘"——走进幕湾果园	9月1日~11月中旬(太湖采红菱);9月28日~11月底(摘金橘)	幕湾果园	①"太湖手划船游玩"——幕湾红菱,采下菱角免费品尝;②"斩获丰收"——摘下马山金橘,满载而归
"魅力新区·品位生活"——梁鸿湿地撒野系列活动	10月1~30日	梁鸿湿地公园	全水域开放垂钓、钓蟹比赛、公园寻宝、外企家庭日等
"江南情·无锡韵"——国庆黄金周休闲周系列活动	10月1~7日	清名桥古运河、站前休闲广场、滨湖酒吧一条街等	①"南门头上锡帮菜"——南禅寺金秋美食节;②"情定阳春巷"——清名桥古运河万人相亲大会;③"我的未来不是梦"——站前休闲广场狂欢活动;④"金秋无眠之夜"——滨湖酒吧街青春嘉年华巡礼

资料来源:根据无锡旅游网(http://www.WUXITOUR.com.cn/)资料整理而成。

(四)文体赛事

以文体活动为载体来推广城市产品和品牌越来越成为城市经营者提高城市竞争力、提升城市形象的一种手段。例如,1986 年,韩国汉城申办 1988 年奥运会并主办同年的第 10 届亚运会,这是汉城城市营销的坚实起点。从此,汉城加快了城市建设的步伐并抓住了建设国际化都市的机会。

中国大学生服务外包创新创业大赛已在无锡市太湖国际博览中心举办了四届,旨在搭建一个大学生创新与创业能力的展示平台,为产业发展营造良好氛围。2013 年共有来自清华大学、复旦大学等 133 所高校的 208 支队伍报名参赛,还有100 家企业进行现场招聘,为企业和学生之间搭建就业平台。

环太湖国际公路自行车赛是以地域特征"太湖"命名的国际公路自行车赛事,是江苏省"十二五"规划中重点打造的国际赛事。首届比赛于 2010 年 10 月在无锡市成功举行;2011 年 11 月 1~5 日第二届比赛由苏州、无锡、常州联动;2012 年第三届比赛首次走出江苏,江浙联动,比赛路线设计实现"环"太湖;2013 年第四届比赛从 4 市 8 站赛增加至 5 市 9 站赛,进一步扩展为南北互动,参赛队伍覆盖五大洲,共有 20 余支车队 130 余名职业运动员,特别是实现了职业队参赛的突破,赛事奖金将从 20 万美元提升到 25 万美元。2012 年,该项赛事升级为国际自行车联盟2.1 级,跻身环青海湖、环海南岛、环中国、环北京之后国内五大自行车赛之一。

无锡市于 2011 年 9 月 23~25 日举办了"2011 中国·无锡国际电子竞技冠军杯赛",旨在更好地推广和发展电子竞技这一新兴体育运动,提高无锡电子竞技在全国的影响力,打造无锡特色的精品赛事。本次赛事比赛项目为魔兽争霸 3、星际争霸 2 和 DOTA(Defense of the Ancients 的简称,可以译作守护古树、守护遗迹、远古遗迹守卫),其中 DOTA 项目和无锡中宝杯 DOTA 大赛合办,有来自国际上各个项目最顶尖的电子竞技选手同场竞技。赛事秉承无锡打造特色体育项目的主导思想,以后每年定期举办。

2013 年 8 月 4 日"乐天玛特杯"第三届海峡两岸棒球对抗赛开赛仪式在无锡棒球训练中心举行。比赛旨在为中国棒球运动员搭建展示棒球魅力的舞台,增进两岸人民互相了解,推动棒球项目的普及,为体育文化的传播奠定基础。

四、传媒营销

传媒营销是在传媒市场或组织内部进行宣传活动时使用传播媒介来使消费者接受传媒产品或服务的一种营销手段。把某城市作为传媒产品,通过各种传媒营销渠道传递给大众是一种较为直接和快捷的方式。无锡市所使用的传媒营销手段主要体现在以下四个方面:

(一)无锡影视基地

无锡影视基地始建于 1987 年,占地面积近 100 公顷,可使用太湖水面 200 公顷。是依托中央电视台在无锡兴建的外景基地,迅速发展成为中国目前最大的集影视制作和文化旅游两大功能于一体的影视旅游基地,是影视文化与旅游文化完美结合的主题景区,也是国家首批 5A 级旅游景区。公司下辖的唐城、三国城、水浒城、太平天国城四大景区以影视旅游特色鲜明、规模宏大、游客众多、影视拍摄功能齐全而享誉海内外。当年中央电视台按照"以戏带建"的方针,为拍摄电视连续剧《唐明皇》、《三国演义》和《水浒传》,相继建成了唐城(1991 年)、三国城(1994 年)和水浒城(1996 年)三大景区。丰富多彩的演出节目是无锡影视基地的旅游亮点,这里每天有 20 多场马战、歌舞、影视特技类的节目连续上演。作为中国著名的影视拍摄基地,这里已经接待了《三国演义》、《水浒传》、《唐明皇》、《杨贵妃》、《大明宫词》、《笑傲江湖》、《大宅门》、《射雕英雄传》、《大唐歌妃》、《天下粮仓》、《神医》、《刁蛮公主》、《新醉打金枝》等 250 多部海内外影视剧的拍摄。[1] 景区里长年都有剧组驻扎,中国港台地区、韩国、日本等地的影视明星往来频繁。游客除了可以在片场看到明星拍戏外,基地还定期组织明星与影迷的"见面会",让游客"零距离"接触明星。观看明星拍摄,邀请明星合影,已经成为游览影视基地的特色内容之一。另外,影视基地内的"九宫八卦阵"、"诸葛连弩"、"水军训练营"等参与项目,也体现了浓郁的历史文化。

(二)电视营销

中央电视台曾制作无锡专题节目,例如中文国际频道(CCTV-4)《走遍中国》2009 年 11 月 20 日播出了"畅游中国无锡灵山大佛",艺术品收藏领域大型活动节

---

① 资料来源:根据无锡政府门户网站 http://www.wuxi.gov.cn/资料整理而成。

目《寻宝》于 2010 年 9 月 5 日走进江阴华西村。《寻宝》节目每期聚焦一个城市,节目立足于当地深厚的文化底蕴,通过层层筛选,推出一件最能体现当地文化特色、能成为城市文化名片的艺术品作为当地的"民间国宝"。《寻宝》节目已经成为城市打造文化品牌的有效途径。全国人民通过《寻宝——走进华西村》上、下两集节目,充分感受到了"天下第一村"的独特魅力和苏南乡村的悠久历史文化。这也是《寻宝》栏目首次走进中国农村。

2011 年 5 月 30 日,无锡宣传片在美国 CNBC 电视台播出。"无锡,一个理想工作环境,一个美好生活家园。"美国 CNBC 电视台亚洲频道《亚洲财经论坛》栏目向人们展示了一个创新型、服务型、国际化、现代化,具有独特影响力和竞争力的魅力都市形象。宣传片设置了"魅力无锡"、"创新无锡"、"幸福无锡"三个城市主题宣传和"活力新区"、"生态滨湖"两个重点区域宣传,涵盖了外宣、外经、外事、人才、旅游、科技等多个领域。CNBC 摄制组在无锡采访拍摄了物联网产业研究院、博世汽车柴油系统股份有限公司、阿斯利康制药有限公司、珀金斯动力系统科技有限公司、朗盛化工(无锡)有限公司、康明斯涡轮增压技术有限公司、江南大学、太湖国际学校等 10 余家知名企业和院校以及无锡汉和航空技术有限公司、爱达索纳米技术有限公司等 530 多家企业。与遍布全球 89 个国家、收视用户达 3.8 亿的美国财经有线电视台 CNBC 合作拍摄城市专题宣传片,并进行年度播放是 2011 年无锡城市形象宣传重大项目之一,旨在换一个视角看无锡,借助权威媒体展示无锡,提高无锡城市的国际传播能力。5 月 30 日至当年年底,该宣传片在 CNBC 亚洲频道、世界频道和欧洲频道各频道播出,共计播出 645 次。①

2012 年 2 月 4 日,由无锡广播电视集团(台)作为主要出品方投资拍摄的 30 集电视连续剧《誓言今生》在中央电视台综合频道播出。无锡投资拍摄的原创电视剧首次登陆央视一套黄金档。

(三) 网络营销

由于网络具有社会覆盖面广、信息更替及时等特点,许多城市政府都纷纷设立网站来进行政府信息公开、网上办事和政民互动。无锡市也成立了多个网站来宣传无锡,作为无锡政务、旅游信息公开的平台,如无锡政府门户网站(http://www. wuxi. gov. cn/)、无锡旅游政务网(http://www. wuxitour. gov. cn/)、无锡旅游网(http://www. wuxitour. com. cn/)、无锡市会展业官方网站(http://www. wxex-

---

① 人民网苏南频道,http://su. people. cn/GB/154687/154727/14794885. html.

po. gov. cn/）、太博会官网(http://www.th-expo.com/）。

(四)新闻发布会

无锡市从 2005 年起建立新闻发言人制度。1 月 23 日,无锡市在建立新闻发言人制度后首次举行新闻发布会,无锡市委、市人大常委会、市政府、市政协的四位秘书长分别以新闻发言人的身份通报了无锡市实施阳光工程、为民办实事的成效以及无锡市"两会"代表和委员提出的建议、提案的办理情况,并回答了记者的提问。无锡市政府新闻办公室原则上将每月举办一次新闻发布会,必要时可临时举行新闻发布会。无锡市建立新闻发言人制度,旨在搭建权威的新闻发布平台,营造公开透明的信息环境。由新闻发言人代表各级党政部门对外发布重大决策和工作部署,事关全局的政治、经济、文化、社会等方面的新成就和新举措,并就重大突发事件、社会敏感问题和人民群众关注的热点问题等作出回答。

第二节　无锡城市营销手段评价

无锡是中国民族工业和乡镇工业的摇篮,拥有产业、山水旅游资源优势,是长三角先进制造业基地、服务外包与创意设计基地和区域性商贸物流中心、职业教育中心、旅游度假中心,连续多年入选《福布斯》大陆最佳商业城市。

总体来说,无锡市是具有城市营销意识的,并取得了初步成就。首先,无锡市已经基本具备办会展的硬件条件,并成立了专门的会展管理机构。会展业成为衡量一个城市国际化程度和经济社会发展水平的重要标志。无锡市会展业起步并不晚,1980 年就在江苏省内最早建设展览馆,并办起各类展会。2003 年,首届中国无锡太湖博览会等一系列展览及论坛相继举行。2010 年 3 月,展览面积达 3 万多平方米的无锡太湖国际博览中心一期投入运营,无锡发展会展经济的基础条件进一步得以改善。2011 年 5 月,又成立了无锡市会展业发展联席会议和无锡市会展业发展办公室(简称市会展办)。会展办成立后,做了大量的前期建设等基础工作。其次,无锡市充分利用地域文化开展了各种活动。比如利用"游圣"故里、吴文化核心区域和太湖之滨的历史、地理优势,发展起了各种旅游节、文化节、体育赛事。再次,具有较强的传媒营销意识。中央电视台无锡影视基地是中国首创的大规模影视拍摄和旅游基地,是国内公认的最早、最成功的影视基地,来这里的摄制组和旅游人数逐年稳步增长。与美国 CNBC 电视台合作项目也是无锡市探索部门合作、市区联动实现城市大外宣的成功实践。[①] 最后,无锡市也具有国际视野,注重国际交流,与 30 多个国外城市建立了友好关系。

但无锡市在城市营销实践中,仍存在以下不足:

一、无锡城市营销整体效果良好,但是各项营销指数发展不均衡

根据《中国城市营销发展报告(2009～2010):通往和谐与繁荣》[②]中对中国城市营销指数(CMI)的研究结果可知,无锡市的 CMI 总体得分是 84.664,排名第 16 位,是江苏省除南京之外第 2 个排名在前 20 位的城市。但是在各项指数的具体排名中,无锡市表现得参差不齐,其中品牌强度指数(1.017)、营销建设指数(0.837)和营销沟通指数(0.809)、网络营销指数(0.835)、营销效益指数(0.848)分别位居第 17 位、第 22 位、第 14 位、第 32 位和第 14 位。由营销建设指数、营销沟通指数、网络营销指数和营销效益指数的综合排名得出无锡城市营销力度排名为第 17 位(得分为 83.230)。

无锡市的城市品牌强度排名能够达到第 17 位,主要原因是无锡市的品牌管理较为出色。城市营销效益指数排名第 14 位,是各项指标排名中最靠前的,可见其在招商引资和旅游推广方面已经取得了尤为突出的成绩。但城市网络营销指数、城市营销建设指数相对靠后。

二、城市营销瓶颈——城市地位及配套设施

无锡市虽然是江苏省除南京之外第 2 个排名在前 20 位的城市,但排名却在第 16 位。以会展业为例,无锡市会展行业的现状仅相当于三、四线城市的水准。不仅与北京、上海、广州、深圳等一线城市和南京等省会城市无法相比,而且与周边的苏州也有差距。为了提高城市知名度,苏州市已把城市宣传片播放到了纽约时代广场。无锡市会展行业的发展状况与其城市地位有关,无锡市属于二线城市,知名度和辐射能力有限,许多参展商都做了充分预算和市场调查,参展的目的是为了扩

---

①无锡城市专题宣传片亮相 CNBC[EB/OL].人民网,http://wuxi.people.com.cn/GB/15050947.html.
②刘彦平.中国城市营销发展报告(2009～2010):通往和谐与繁荣[M].北京:中国社会科学出版社,2009.

大影响力,获得预期收益,所以更加愿意选择京、沪、穗以及省会等大城市。同时,展馆以及周围的交通、餐饮、服务、酒店、娱乐等配套设施尚未跟上。以交通为例,参展商选择京、沪、穗的原因之一是这些城市有着发达的交通系统,便利的国际航班、城市地铁以及货运渠道,相比之下,无锡市本地的国际航班仅有少数几个,通往展览中心的公交仅有两班,而且出租较为不便。展览中心周围,除了君来世尊五星级酒店外,缺少一批经济类酒店和餐饮服务企业,等等。另外,由于场馆面积有限,对一些参展企业缺乏吸引力。

三、营销专业化、市场化程度不足,目标不明确,追求大而全

无锡市在城市营销方面由于经验不足仍然缺乏统一的规划和部署,不够系统化和专业化、市场化水平低,缺乏特定机构对全市营销做专门的研究,这样既会使得营销工作责任和目标不明确,重点分散,也容易带来城市建设过程中所利用的资源分配不合理,甚至造成浪费。因此,无锡市需要在城市营销中加大专业化来提高营销效率、加强市场化来实现资源和要素优化配置。以会展业为例,近年来,无锡市所举办的各类展会,涉及行业众多,包括食品、装备制造、建材、汽车、汽车用品、动漫、婚庆、家具、服装、房地产、珠宝工艺品等,市场化运作比例不到两成,缺少管理策划人才和专业会展企业,也就是说,展会还是以政府推动为主。

四、缺乏对国际目标市场的开拓

无锡市在城市营销中主要针对国内市场,对国外市场的开拓力度仍然不够。以节事活动为例,无锡市已经尝试通过举办一些国际会议或会展来提升城市品位,宣传城市形象,比如世界佛教论坛、亚洲国际集邮展览,但作为举办大型世界性活动的候选地的机会较少。相较于国内外一流城市的营销,无锡举办的国际节事活动的数量仍然很少,影响力也较小。另外,无锡的城市运行机制和运行方式国际化程度较低,在城市环境国际化等方面还存在较大差距,具体表现为:跨国公司全球性或地区性总部、全球性的金融机构或分支机构以及国际性组织的进驻还是空白;现代服务业不甚发达,尚未形成区域性、全国性乃至全球性的消费中心或文化娱乐中心;国际物流、客流在规模和结构上与城市国际化的要求差距较大。

五、整体城市形象鲜明，但是不够统一，城市标志使用度不足

无锡地处太湖之滨，风景如画，同时又是国家历史文化名城之一，是吴文化的核心区域。特殊的地理位置和人文环境使得无锡的整体城市形象十分鲜明，具有很高的辨识度。城市徽标也寓意无锡是风光秀美、宜居宜游的山水名城。整体来看，无锡的城市形象是鲜明的。

然而，无锡的城市营销缺乏一个统一的定位，形象虽多，面却较为零散。地处太湖之滨，"水形象设计"的卖点在遭遇到有"东方威尼斯"美誉的中国第一水乡——周庄的竞争时，明显处于下风，而当太湖蓝藻大规模暴发时，这一弊端暴露无遗；在人文底蕴方面，无锡在倾力打造"吴文化的发源地"，但无论是惠山泥人、锡剧还是锡绣，其品位均与同在宣传"吴文化"的苏州评弹、昆曲、苏绣有差距；作为中国民族工商业的发祥地，这一特征在近年来的城市旅游形象中有所提升，但还没有被外来游客所了解。因而，无锡市在对外宣传其形象时，总给人一种不温不火的感觉。而之前推出的城市徽标，虽然集中反映了无锡形象，但是缺乏视觉上的冲击，宣传力度也欠佳，使用度不足。

第三节　无锡城市营销未来发展建议

针对无锡城市营销发展现状，提出如下建议：

一、立足传统营销手段，强化新型营销媒介手段的运用

无锡市的城市品牌强度和城市营销效益的排名靠前，应继续保持出色的品牌管理水平以及招商引资力度，但城市网络营销指数、城市营销建设指数相对靠后，迫切需要利用新型促销工具，如网络、各大传媒等的巨大推动作用，同时加强城市硬件设施建设、提升公共服务和城市对外推广水平，加大在城市网络营销方面的力度。例如，在网络营销方面，除了现有的自己的旅游网站，在网站上发布信息以外，可以与国内外其他网站合作推出无锡频道，与媒体、知名旅游网站联合办网，整合无锡各个层面的旅游资源，覆盖政务、资讯、商务和综合数据，力争打造无锡旅游第

一门户网站;利用微博与网友互动来营销旅游产品,或采用邮件营销等多种网络途径,充分发挥网络营销低成本、高效率的特点。

二、保障和完善基础配套设施建设,同时提高经营管理等软实力

在城市营销过程中,无锡市政府要有针对性地加快推进城市基础配套设施建设,科学设计,突出重点。统筹推进路、水、电、地下管网等基础设施建设,同步部署、安排仓储、物流、金融等配套服务设施建设,完善文、教、卫等公共服务设施建设,提高城市承载能力,为集聚人气提供支撑。例如,增加医疗、机场、影院、体育馆、公交车以及图书馆等公共设施,增加专业技术人员和企业技术中心的数量,加强展馆以及周围的交通、餐饮、服务、酒店、娱乐等配套设施,加强城市对外交通建设,完善交通系统,力争早日形成便利的国际航班、城市地铁以及货运渠道。硬件设施跟上发展要求的同时要提高软实力,无锡市应更多地关注场馆等设施的经营和管理,一流的场馆只有配套高水准的管理才能充分发挥优势。专业场馆的管理离不开专业性人才。近年来,南京、深圳、成都、南宁等二线城市通过承办"中国注册会展经理人"等培训项目有效促进了本地会展业人才的培养,为未来会展经济的发展打下良好基础,无锡可借鉴兄弟城市的经验,加大会展专业人才的培育力度。

三、推动营销专业化、市场化建设

无锡应从整体着眼,加强统一规划和部署,明确目标,加快管理团队培养和人才建设,提高营销效率,从各种营销活动中积累经验,实现良性发展。以会展业为例,可以完善无锡市会展业发展办公室的职能,统筹规划全市各大展会。作为一个会展经济发展的二线城市,无锡不可贪大求全,要抓住产业基础雄厚这一优势举办专业性的中小型展会,与其他城市区别开来,形成自己独特的展会品牌。比如,已举办四届的中国国际物联网博览会和已举办五届的中国(无锡)国际新能源大会暨展览会已给无锡会展经济开了个好头。在做精做细已有的专业性展览、让其长久办下去的基础上,还可重点培育一批具有产业优势的新会展项目,可以结合微电子、新能源、生物科技、纺织等无锡本土的优势产业,坚持举办"小而精"的专业性展览,进行市场化、"接地气"的操作,根据本土企业的需求办展,这样才能对相关产业具有较大的带动作用。

在会展业发展过程中，尤其是初期，政府的推动作用非常重要，但如果一味由政府主导，虽然能在一定程度上保证展会规模和数量，但也容易导致效率低下和形式化严重。会展经济要保持健康发展，必须走市场化道路，政府则要淡出对会展的具体参与，更多地提供服务与政策扶持，同时可研究细化会展协会的建设、运行等相关工作。比如，一年一度的中国新能源大会暨展览会积极引进专业会展公司运作，影响力日渐增强，就是政府引导和市场操作良性结合的有益尝试。

四、以国际化视角推进城市营销

城市国际化是一个动态、长期的过程，推进无锡城市国际化是一项长期的系统性工程，必须立足现状、着眼未来、整体规划、分步实施、联动推进。无锡市可以走专业型国际化发展道路，通过 10～20 年的努力，实现从服务于国内经济的内源性国际化，向内外并举的内源性和外向性结合的国际化转变，成为长三角地区与国际交往的重要网络节点，充分增强国际经济、文化与社会交流的功能。以长三角经济一体化作为推进无锡城市国际化的新平台，加快融入长三角都市圈，加强与各城市间基础设施的对接，在物流、服务贸易、金融、旅游以及高新技术等领域同长三角各先进城市进行更深层次的分工与合作，在经济、技术、社会、制度、文化诸方面初步形成国际化城市的基本框架，初步建成各种要素开放流动、经济国际化和社会国际化协调发展、在国际上具有一定知名度和影响力的现代化城市。

五、突出城市特色，亮出城市主题

城市特色就是城市能够区别于他者的差异性，是城市独特的魅力和性格特征的体现。比如美国的纽约，设计者将其定位为商业金融中心，而将华盛顿定位为政治中心，将休斯敦定位为宇航中心等，这样明确和系统的定位可以带给消费者心目中对城市形象清晰的认识。

无锡市可以从以下两点寻求突破，以更加深入地巩固无锡市在城市营销市场中的地位。首先，无锡的城市设计理念应以太湖为依托，把握"山水城市"的内涵与实质，准确演绎出这一概念，将自然山水与人造山水有机融合起来，培育出一种古与今、自然与城市并存的山水文化，从对无锡的识别和认同，发展到实地亲身感受无锡"城在湖边"、"山在城中"的城市形象魅力。可以针对不同景区、不同目标市场，推出不同的形象设计，以完善和强化无锡市整体形象，比如针对太湖可进行"太湖美,美就美在太湖水"的设计宣传(强调水清、景美、物产丰富),而对运河则可以进行"中国民族工商业的摇篮"的设计定位(注重挖掘运河两岸的古建筑文化内涵)。总之,在设计、开展城市营销活动时,要深刻挖掘出无锡"山水城市"的历史与文化内涵。其次,良好的视觉形象与恰当的媒体宣传是密不可分的,应该通过多层次、多渠道的传播,使无锡的"山水城市"形象形成规模效应,激发游客亲赴无锡的欲望,从而实现无锡市"山水城市"设计的最终目的。

第九章　书藏古今　港通天下
——宁波

　　浙江省宁波市是我国长江三角洲城市群的副中心,也是我国面向世界开放的前沿。宁波市不但具有江、河、湖、海、岛、峡谷、瀑布、温泉、潭、滩涂、跨海大桥、历史文化遗迹等多种旅游资源,她还拥有河姆渡文化、浙东文化、宗教文化、越窑陶瓷文化、海上丝绸之路文化等特色传统文化。宁波经济实力雄厚、城市基础设施配套、综合服务功能完善、地方财政殷实、民营资本强大。

　　宁波港是上海国际航运中心的重要组成部分,杭州湾跨海大桥建成后,宁波的区位优势愈发突出。然而,在 2005 年以前,宁波市在国内外的知名度与其实力并不相配。其中一个重要原因是其城市形象缺乏明显特征,人们对宁波的印象不是很清晰。但是去过宁波的游客中很多人反映,在宁波的实际感受大大超出它们的想象与预期。因此,从 2005 年开始,宁波市全面启动城市营销理念,取得了良好的经济与社会效益[1]。

第一节　宁波的城市营销手段

　　城市营销就是以充分发挥城市整体功能为立足点,通过树立城市独特形象,提升城市知名度、美誉度,从而满足政府、企业和公众需求的社会管理活动和过程的总称[2]。宁波市自 2005 年全面启动城市营销理念以来,在经济效益以及社会效益上都取得了较大的进步。

---

　　①李齐放,郑浩吴,宗世芳. 城市营销:城市发展的新动力——以宁波为例[J]. 三峡大学学报(人文社会科学版),2007(5).

　　②左仁淑,崔磊. 城市营销误区剖析与城市营销实施思路[J]. 四川大学学报(哲学社会科学版),2003(3).

一、关系营销

从 1973 年国家开展友好城市活动以来,宁波市一直积极与世界各国重要城市建立友好合作关系。宁波市作为中国国际友好城市联合会的会员之一,自 1983 年起,截至 2013 年 6 月,已与全世界 11 个国家的城市建立了友好城市关系,见表9-1,为城市双方的交流与合作搭建了桥梁。

表 9-1　与宁波市建立友好城市关系的城市

国家	城市	结交时间
日本(Japan)	长冈京(Nagaoka)	1983 年 4 月
德国(Germany)	亚琛(Aachen)	1986 年 10 月
美国(America)	威尔明顿(Wilmington)	1988 年 5 月
法国(France)	鲁昂(Rouen)	1990 年 3 月
新西兰(New Zealand)	奥克兰(Oakland)	1998 年 11 月
巴西(Brazil)	桑托斯(Santos)	2002 年 1 月
南非(South Africa)	曼德拉(Mandera)	2003 年 9 月
英国(Britain)	诺丁汉(Nottingham)	2005 年 9 月
波兰(Poland)	彼得哥什(Bydgoszcz)	2005 年 10 月
意大利(Italy)	佛罗伦萨(Florence)	2008 年 8 月
韩国(Korea)	大邱广域(Daegu)	2013 年 6 月

资料来源:中国国际友好城市联合会,http://www.cifca.org.cn/.

宁波市在国际城市交流方面具有悠久历史,这对于宁波的城市形象宣传起到了巨大的作用,有着深远的意义。通过与其他国家的相关城市缔结国际友好城市,宁波市的知名度得以逐步提高;同时,伴随着与国际友好城市建立结好关系而带来的政策措施等方面的优惠及互动,宁波市的政治、经济和文化建设得到推动,同时,宁波市的城市品牌也日益清晰。

二、形象营销

城市形象是指公众对一个城市的内在综合实力、外在活力和未来发展前景等的具体感知和综合评价,是城市文化、精神、景观等元素整合起来的城市的外在表现,是城市重要的有价值的无形资产[①]。

宁波市拥有丰富的自然景观资源,也是历史文化名城,同时也有着自己的特色"商帮文化"、品牌文化等,还获得过全国文明城市"三连冠"。整体来讲,宁波在城市形象发展上和形象品牌建设上取得了较大的成绩。《宁波市城市总体规划(2006～2020 年)》将宁波的城市性质明确定位为:东南沿海重要港口城市、长三角南翼经济中心和国家历史文化名城。《宁波市旅游发展总体规划(2005～2020)》提出,要通过"都市、文化、海洋、生态"四张牌战略统领宁波产品体系。

(一)城市形象定位与口号

以前,一提到宁波大家便会想到"四个头",即"蒋光头(蒋氏故里)、和尚头(浙东佛国)、芋芳头(土特产)、北仑码头",后来将宣传口号变成"东方大港、河姆文化、名人故里、儒商摇篮",接着亮出四张名片"宁波港、宁波帮、宁波景、宁波装"。随着经济的发展,宁波现在可玩的地方不胜枚举。因此,在综合调查研究后,宁波市于2003 年将自己的城市定位于"东方商埠,时尚水都",并借此于 2004 年将其旅游形象确定为"水都水韵,品味宁都"。2005 年,宁波市全面启动城市营销,以"东方商埠、时尚水都"为定位,以"水都水韵,品味宁波"为旅游形象,期望以简洁、明快的语言提升其在国内外的知名度。

2009 年,宁波提出新城市形象口号"书藏古今,港通天下——中国宁波"。"书藏古今"是说宁波的天一阁,它是亚洲现有最古老的图书馆和世界最早的三大家族图书馆之一;"港通天下"是说宁波舟山港,是中国最大的港口之一,这是宁波的两大特色,也很好地诠释了以"水"、"文"、"商"为主题的城市气质,这个城市形象主题口号的诞生占据了各大主流媒体的显著位置,在宁波市社会各界引起强烈反响。2010 年在上海"世博会"期间,宁波致力打造"长三角最佳休闲旅游目的地"的城市形象,近年来宁波又致力于"休闲旅游之都"的打造,"大海、大港、大桥、大佛"是其作为长三角重要休闲旅游目的地综合竞争力的四大品牌。

---

①赵柏.视觉城市——基于城市标识系统的城市形象定位与案例分析[J].大众文艺,2011(20).

（二）城市 Logo

宁波城市形象标识自 2012 年 9 月 11 日开始征集,标识要求充分体现"书藏古今,港通天下"的城市形象主题和"诚实、务实、开放、创新"的宁波城市精神,符合国际传播的普适要求,易于被不同地域和文化背景的人士所理解和认同,同时,又要能紧扣宁波城市发展定位和特质,反映宁波城市的整体特色和优势,体现宁波与众不同的地方,成为宁波的理念识别。最终的效果是,这个符号让你一看到就会说"这就是宁波!"[①]由《东南商报》主办、宁波奕冷文化传媒有限公司协办、宁波绿拓新材料有限公司承办的"我心目中的宁波城市形象标识(Logo)"涂鸦大赛于 2012 年 9 月 27 日在国际会展中心 1 号门前举办,参赛者不限人数、不限年龄。主办方为每人提供一块画板及三色环保彩笔,让参与者有充分时间勾勒出宁波城市形象标识,此外还准备了一面喷绘墙,所有人都可以在墙壁上涂鸦。

宁波城市形象标识自开始征集以来,活动组委会共收到来自世界各地的有效应征作品 5356 件,综合宁波社会参与投票情况,及城市形象标识复评专家组的意见,经过严格审核,至 2013 年 7 月 3 日,已从初评产生的 120 件优秀作品中,确定了 10 件入围作品。下一步,根据复评专家组投票意见,活动办公室计划根据宁波城市形象视觉识别系统规划,借鉴兄弟城市做法,邀请知名专业设计团队,对具有培育潜力的入围作品,进行提炼修改和延伸应用拓展设计,期望最终形成宁波城市形象标识[②]。

（三）目标城市市场细分

宁波市政府及相应决策者们在科学地进行城市营销分析之后,为宁波城市营销的目标市场设计了具体、清晰而又各具特色的目标市场营销策略。如针对上海市场,分析其目标消费者的心理是时尚流行,相对应的资源或产品为海滨休闲度假、商帮文化、梁祝文化等,因此确定的形象定位是"追根溯源,品味宁波",随之而确定的营销手段有参加上海中国国际旅游交易会、在东方电视台等媒体进行宣传等;针对北京市场,分析其目标消费者的心理是文化需求及优越感,相对应的资源或产品为历史文化和休闲类产品,因此确定的形象定位是"诗画江南,山水宁波",

①宁波全球征集城市 LOGO[EB/OL]. 杭报在线,http://zt-hzrb.hangzhou.com.cn/system/2012/09/11/012096821.shtml.

②活动进展[EB/OL].宁波市公开征集城市形象标识官方网站,http://nblogo.cnnb.com.cn/.

随之而采取的营销手段有赴京举办宁波推介会、在《北京晚报》等媒体进行宣传；针对广东市场，分析其目标消费者的心理是喜爱美食和善信佛教较多，相对应的资源或产品是特色美食产品和宗教文化，因此确定的形象定位是"浙东佛国，人文宁波"，随之而进行的营销手段是在广州等城市的知名酒店摆放宣传品等。此外，宁波对港澳台地区市场，针对宁波华侨、移民数量之多，将城市形象定为"探寻宁波帮的起源"。对日韩市场，针对国家之间的文化异同以及宁波的历史文化，将其城市形象定为"文化交流的节点"。对东南亚市场，针对东南亚目标市场善信佛教以及佛教传播与发展特点，将城市形象定为"佛音悠远，时尚宁波"。对于欧美市场，针对其目标市场对中国文化的兴趣点及宁波市的区位优势，宁波将其城市形象定为："海上丝绸之路的东北亚起点"，等等。宁波市对于不同目标市场采取不同的形象定位，进而设计各异的营销策略，使其在很大程度上迅速而有效地引入目标消费人群。

（四）城市形象宣传

宁波的现状是："港"不及上海，"文化"不及杭州、南京，"经济"不及深圳、上海，但是，宁波之魂在"爱心"！作为"爱心城市"和"最具幸福感城市"，宁波市的每一位市民都是城市的形象宣传代表。

宁波市自古就有"义乡"之称，玉树地震，慈溪志愿者当天赶赴灾区进行营救行动；云南干旱，宁波市民资助当地 300 多名学生上学；舟曲特大泥石流，宁波市民捐出 1000 只书包；捐肝救人的爱心人士林萍，"造桥女孩"严意娜以及关爱"小候鸟"、外来务工者节等一系列的爱心活动；等等。多年以来，宁波市令国人感动的事迹和人物不断涌现，这使得宁波市被评为最具有幸福感的城市，整个宁波市洋溢着爱的芬芳。

《甬城之爱》和《寻找神秘人》这两部反映宁波人关爱弱势人群，彰显宁波人崇尚文明，展示文明风采和精神风貌的定时专题，在电视栏目中连续播出，通过候选爱心市民为代言人等一系列活动，围绕"爱心"做透，把"爱"演绎彻底。"爱心"的定位使宁波市有效区别于其他城市，特征鲜明，形象温暖。

三、节事营销

节事活动涉及的内容非常广泛，包括各种传统节日、各种创新节日、商贸会展、文艺娱乐、文化庆典、体育赛事等具有特色的活动或非日常发生的特殊事件。节事活动作为展示地方精神、聚拢人气、交流信息的平台，对提高城市在国际、国内的声望，改善当地经济、交通、基础设施等方面起到了巨大推动作用。与此同时，节事活动能够给举办城市带来巨大的经济效益和社会效益,因此,近年来创造或利用节事活动实现城市营销是宁波城市营销的重头戏。

(一)大型会展

会展旅游是一种规格高、涉及部门和行业多、对服务质量要求苛刻的综合旅游服务形式,它具有影响力大、创汇能力强、游客停留时间长、利润丰厚等特点。近年来,会展业发展迅速,不仅对城市的经济发展有很大推动力,同时对其知名度的提升和品牌的推广具有不可估量的作用,被誉为"城市的面包"。会展业已成为中外客商感受文化、共叙情谊、寻觅商机的盛大聚会。

宁波市有经常举行国际文化经贸交流活动的传统。形式多样、主题鲜明的活动丰富了宁波的城市生活,吸引了全世界关注的目光,宁波市长期举办的会展主要包括:宁波国际服装服饰博览会、中国国际日用消费品博览会和浙江投资贸易洽谈会("消博会"和"浙洽会")、中国国际家居博览会、中国宁波国际住宅产品博览会、中国国际文具礼品博览会、中国国际声乐比赛,等等。

表 9-2　部分宁波长期举办的展会

展会名称	主办单位	举办时间	周期	展会概况	展会官方网站
宁波国际服装博览会	由中国国际贸易促进委员会、共青团中央、中国服装协会、中国纺织工业协会、香港贸易发展局、宁波市人民政府等机构主办	每年的10月左右,为期4~6天	每年一届,1997~2013年末,已举办17届	简称"服博会",是综合性服装专业博览会,宁波第一个大型经贸活动,也是中华人民共和国商务部认定的A级展会。先后获得"中国十大知名品牌展会"、"IFEA中国最具国际影响力十大节庆活动"等头衔	www.iffair.cn

续表

展会名称	主办单位	举办时间	周期	展会概况	展会官方网站
中国国际日用消费品博览会	由中华人民共和国商务部和浙江省人民政府主办	每年6月8日举办,一般历时4～6天	每年一届,从2002年起开始举办,至2013年底已成功举办12届	简称"消博会",是中国进出口商品四大交易会之一,参展商以制造业企业为主,有中国年中"外贸第一展"之称	www.cicgf.com
中国浙江投资贸易洽谈会	由浙江省人民政府主办	每年6月8日举行	每年一届,1999～2013年底已成功举办15届	简称浙洽会,2002年起,浙洽会与中国国际日用消费品博览会(简称消博会)同时举办,2008年起与中国开放论坛一同举办,已经成为浙江省年中重要的展会	www.zjits.com
中国国际家居博览会	由中国轻工业联合会、宁波市人民政府主办	从2002年第二届开始,由宁波举办,每年的4月8～11日;从2007年第五届开始分期举办,每年的4月和7月共举办8天	每年一届,2002～2013年底已成功举办12届	简称"中国家博会",是中国轻工业联合会重点培育的三大会展之一,集家居产业展、贸、销、评、会、演多元形式于一体,是唯一通过全球展览业协会UFI认证的专业展会,是中央、行业和地方联合打造的国家级、国际性会展品牌,在业内具有较大影响力	官方网站:www.homeexpo.net;联盟网站:www.chiun.org

展会名称	主办单位	举办时间	周期	展会概况	展会官方网站
中国宁波国际住宅产品博览会	由宁波市人民政府、住建部科技与产业化发展中心主办	每年10月底至11月初举办，为期一般为4天左右	每年一届，从1996年开始已经成功举办18届	简称"中国住博会"，是中国住宅产业最具影响力的品牌展会，紧紧围绕全球住宅产业发展趋势，推进住宅产业与高新技术紧密结合，充分展示海内外住宅产品的最新成果、全新理念和人居文化内涵。经过十多年的精心培育，现已跻身中国十大展会，成为住宅产业界的著名品牌	www.zgzbh.com
中国国际文具礼品博览会	由中国国际贸易促进委员会、宁波市人民政府举办	每年3月举办，时间在3天左右	每年一届，至2013年底，已成功举办十届、	宁波——中国文具之都、亚洲新的文具礼品采购中心，本展会是中国最重要的文具展会，规模屡创新高	www.expo-china.com
中国国际声乐比赛	由中华人民共和国文化部主办，由宁波市人民政府持续承办	10～11月举办，时间一般为12天左右	每三年举办一次，前两届分别于2000年、2002年在广州及北京举行。自第三届起，该项赛事落户宁波，已成功举办五届	是由中华人民共和国文化部主办的中国国际音乐比赛系列赛事之一，与中国国际小提琴比赛和中国国际钢琴比赛并称为三大音乐赛事。中国国际声乐比赛（宁波）已加入国际音乐比赛世界联盟	www.civc.cn

2006 年,宁波获得了"中国十大会展城市"、"中国会展管理最佳城市"和"中国十大节庆产业城市"荣誉称号。这些大型会展活动的成功举办不仅给宁波带来了直接的宣传效应,提高了城市知名度,还带来了长期的效益,如推动相关领域经济的加速发展,带动了旅游、餐饮、住宿、交通物流等行业的兴旺。而且,近年宁波市政府也在积极采取措施,通过一系列的活动来提升节事活动的国际性,并且有选择地做大做强。

(二)节庆活动

旅游节庆活动是繁荣地区经济文化、提升城市美誉度的有效载体。全国各旅游城市非常重视节庆活动的拉动效应与助推作用,纷纷推出一系列丰富多彩的旅游节庆活动来提升城市形象和促进旅游吸引力的增强。近年,这些旅游城市除了继续对原有节庆活动品牌进行统筹规划、改革创新和加大扶持力度外,同时,还在注重放大节庆效应,着力拉长旅游产业链条,政府主导、多方联合,携手推出旅游精品,全方位宣传、海内外推广,全力打造国际品牌等前提下,围绕生态旅游、乡村旅游、文化旅游等方面,创意策划了更多的主题性旅游节庆活动来吸引市场的关注[①]。

宁波市自 1997 年举办第一届国际服装节以来,近十几年充分发挥地理区位优势、文化资源优势、产业基础优势和政策机制优势,旅游节庆数量不断增加,规模日益扩大,档次逐渐提高。据不完全统计,宁波现有旅游节庆活动 60 多个,一些以休闲为主的节庆活动,如中国湖泊休闲节、慈溪大桥国际旅游节等逐渐成为受游客欢迎的休闲类节庆活动。通过多年的努力,宁波的节庆活动取得了较大成果,2008年和 2009 年连续两次获得"最佳节庆城市奖"。另外,国际服装节、开渔节、梁祝爱情节(1999 年,宁波举办梁祝爱情节,并与作为朱丽叶家乡的意大利维罗纳市进行了文化交流,此次活动吸引了不少外国友人的参与加入)、旅游节、河姆渡国际文化节、雪窦山弥勒文化节、徐霞客开游节等品牌节庆均获大奖[②]。表 9-3 为部分节庆活动的一些简介。

---

①营销助力逆风飞翔——2009 年中国旅游城市营销巡礼[N].中国旅游报,2009−12−11.
②徐春红.基于城市营销视角下宁波城市形象对外宣传对策研究[J].宁波广播电视大学学报,2011(1).

表 9-3　宁波主要节庆活动

节庆活动名称	活动主题和主要内容	活动举办时间	活动举办地点	活动影响力
中国开渔节(CHFF)官方网站：www. fish-eryday.com/	主题为"保护海洋,感恩海洋"。活动内容主要包括仪式、论坛、文体、经贸和旅游五大板块	活动创办于1998年,每年一届,至2012年已举办了15届	宁波市象山县	"中国十大品牌节庆"。在2007年的最受欢迎节庆排行榜上名列首位,是象山县对外宣传和展示形象的一个平台
中国梁祝爱情节	弘扬梁祝美好的爱情观。活动期间,推出万人相亲会、宁波婚嫁产业博览会等活动	中国梁祝爱情(婚俗)节分别于2000年1月,2002年5月,2005年、2007年和2009年的10月,2012年11月成功举办6届	宁波市鄞州	宁波市三大节庆活动之一,"2007中国十大民俗类节庆",打响了宁波鄞州"东方爱情圣地"的品牌
宁波旅游节	以"让旅游成为生活方式,让休闲融入幸福指数"为主题,突出促进旅游消费、旅游惠民的宗旨	创办于2008年,一年一次,从2013年起,"市民旅游日"将改在每年10月的双休日举行	活动涉及范围广,包括宁波市区、县,以及各大旅游景点	旅游展、商务会奖旅游采购商大会,宁波最大的综合性旅游节庆
河姆渡国际文化节	以"弘扬河姆渡文化、彰显新余姚魅力"为主题。主体活动包括开幕式、国际论坛等形式	2009年5月26~31日开始举办,两年一次,已成功举办过3届	余姚市	举办的系列活动有论坛、书画比赛等多种形式,参与性广,促进海峡两岸的交流
雪窦山弥勒文化节	以"慈行天下,和乐人间"为主题	从2008年开始举办,每年一次,至2013年已成功举办6届	奉化市	中国佛教界的一大盛事,极大地提升了奉化乃至宁波在全国和海外的旅游知名度和影响力。有力地促进了奉化当地旅游业的快速转型发展

续表

节庆活动名称	活动主题和主要内容	活动举办时间	活动举办地点	活动影响力
徐霞客开游节	口号是"天下旅游，宁海开游"	从 2002 年第一届开始，至 2013 年已成功举办 11 届（2003 年没有举办）	宁波市宁海县	和中央电视台等电视频道合作，在全国具有广泛影响力。2011 年将 5 月 19 日定为中国旅游日

节庆活动能使消费者亲身感受到，甚至参与到当地渲染的节日氛围当中去，从某方面满足消费者参与其间、感受当地风俗民情及节日热闹氛围的要求。比如宁波的象山县，通过举办开渔节打造了良好的旅游氛围，为其打开了知名度。同时，象山县政府把象山县的发展目标定位为打造一流的滨海旅游城市，使得象山县的旅游产业得到了前所未有的快速增长，象山县也从一个名不见经传的小县城成为宁波的旅游大县。

四、体育赛事营销

体育赛事一般是指有一定规模及有一定级别的正规比赛，分为国际赛事和国内赛事。在经济全球化加快的今天，体育赛事不仅为爱好体育的消费者搭建了平台，而且还满足了人们追求健康、文明、高雅生活方式的心理需求，在体育活动规则的熏陶下，赛事文化所具备的感召力不仅能激起全市人民的热情与活力，还增强了宁波市民对法律法规、社会规范、礼貌文明的自我遵守和自我控制能力，使整座城市形成相互尊重和互帮互助的良好风气，这也成了支持和推动城市发展的软实力。"十一五"期间，宁波市体育赛事的举办比较活跃，举办的体育赛事规模、层次也在不断提高。例如，"八一"男篮宁波主场赛和中国女排北仑主场赛，这两个赛事已成为宁波的两张亮丽名片。

(一)"八一"男篮宁波主赛场

双鹿电池连续 11 年独家冠名赞助"八一"男子篮球队，由于双鹿电池有限公司在宁波，因此八一男篮在宁波打主场。八一富邦（宁波）男子篮球俱乐部成立于 2006 年 12 月 22 日，由中国人民解放军八一体育工作大队和宁波富邦控股集团有限公司共同组建。八一富邦（宁波）男子篮球俱乐部宣传了富邦控股集团锐意开拓的企业精神和八一双鹿电池篮球队永不言败的拼搏精神。在全国范围内，尤其是篮球爱好者中提高了宁波和北仑的知名度，也进一步发扬了宁波人的体育精神。

（二）中国女排北仑主赛场

宁波北仑于 2004 年 9 月正式同中国排管中心和中国排球协会签约，承办2005～2008 年中国国际女子排球赛（北仑赛区）、世界女排大奖赛（北仑赛区）和2006 年世界女排锦标赛资格赛。随着东方大港牵手中国女排："宁波市北仑区——中国女排指定主场（2005～2008 年）"，宁波和北仑的名字不胫而走，受到了全中国甚至全世界的关注，影响力和知名度由此得到了很大的提升。

（三）第五届世界女子拳击锦标赛

2008 年 11 月 20～30 日，由国际拳击联合会主办，中国拳击协会、宁波市人民政府承办的第五届世界女子拳击锦标赛在宁波的雅戈尔体育馆举行，这在中国还是首次举办，也成为了宁波体育史上档次最高的体育赛事之一。世界女子拳击锦标赛是女子拳击运动最高水平、最高规格的赛事，比赛期间，世界女子拳击顶尖高手齐聚宁波，将关注此次赛事的媒体及观众都聚焦在了宁波。

（四）环东钱湖自行车挑战赛

2007 年 5 月 20 日上午，首届环东钱湖自行车挑战赛在宁波东钱湖景区举行。自此以后，环东钱湖自行车挑战赛每年都会举办，参赛选手不仅有国内各大城市体育爱好者，也有很多来自国外的朋友。环东钱湖自行车挑战赛为拥有国家级的女排和女篮赛事的宁波，又增添一大令人瞩目的体育比赛项目。环东钱湖自行车挑战赛的比赛场地经过小普陀景区、福泉山景区、陶公岛景区和南宋石刻公园等景区，以及高尔夫球场和度假酒店等景点，并展示了东钱湖的独特魅力，逐步打响东钱湖等一系列的特色品牌。

承办国际国内的体育赛事不仅促进了宁波当地的经济发展、展示了宁波市的风采、为宁波的文化体育做了贡献，在提高宁波国际知名度、弘扬"宁波精神"的同时，还有利于当地长期的社会利益，比如公共设施、教育事业，等等。

五、媒体营销

电影作为城市营销渠道的载体，有很多成功的案例。作为构建城市文本的另类媒介方式，电影具有不同于普通营销媒介的特殊性，电影在展示某地风景的同时，通过搭建人物故事情节，使其比一般的广告更容易被人接受、认知，在观众心中也会留下潜移默化的影响。

《甬城之爱》和《寻找神秘人》这两部反映宁波人关爱弱势人群，彰显宁波人崇尚文明、展示文明风采和精神风貌的电影，在中央电视台一套、四套、七套《讲述·文明中国》栏目中连续播出。2012 年 3 月，一部反映宁波商帮历史的大型电视连续剧《向东是大海》在中央电视台一套黄金时段播出。《向东是大海》用电视剧特有的魅力，大气地展示了早期宁波帮商人艰苦打拼、艰难创业、百折不挠的情境。也引发了社会各界对宁波商帮文化的关注和社会各界关于"宁波帮"精神的大讨论。

2012 年 5 月 31 日～6 月 4 日，《香约宁波》作为城市旅游形象宣传片在宁波实地拍摄，该宣传片围绕"书香"、"渔香"、"米香"和"心香"，讲述了一位中国男孩和一位西方女孩在宁波相遇、相识、相知、相恋的故事，在宁波各大美景与美食的烘托下，这段故事显得更加唯美和浪漫。爱上一个人，进而爱上一座城，宁波，一座值得细细品味的城市。最终展现了宁波的文化之香、美食之香、心灵之香的独特旅游产品、旅游资源和城市旅游形象。以展示城市美丽景观为手段的城市宣传片带给观众的不仅是地理风貌的魅力，还有人文价值与城市品牌的宣传推广。宣传片通过创造观众与宁波之间的情感共鸣，让观众内心都萌动着一个与宁波的"香约"，成为了一次较有代表性的旅游城市形象互动体验。

2012 年 7 月 6 日，陈凯歌导演的都市时尚大片《搜索》在全国上映，该片展示了宁波秋冬季节精致唯美的画面，展示了宁波博物馆、鄞州公园和文化艺术中心等建筑和地点，也展示了宁波人文景观之美。结合电影《搜索》在全国院线以及网络影视平台的上映，《香约宁波》的旅游形象宣传片适时被推出了，成了电影播出前的贴片广告。

六、网络营销

网络营销是以互联网为主要媒介的营销活动，具有低成本、全球性、资源型、方便快捷、经济有效等特点。当当地居民、消费者或政府组织等利益相关者想要获取目标城市的相关信息时,通常会首先访问目标城市的政府网站或者政府门户网站,因此,从这一点来看,政府网站担负着城市对外宣传的重任。"中国·宁波"政府门户网站(http://www.ningbo.gov.cn/)分为公民站、企业站、政府站三个板块,有包括简体中文和繁体中文在内的7种语言,进入主页后有用户注册(包括姓名、联系方式、邮箱等基本信息)和登录,也有相应的微门户链接,点击进入并且可设置关注。在2012年中国优秀政府网站推荐及综合影响力评估当中,宁波市政府门户网站在计划单列市及省会城市网站中荣获2012年度"中国互联网最具影响力政府网站"、"中国政府网站领先奖"和"中国最具影响力外文版政府网站"荣誉称号。"东方热线——最宁波,最生活(www.cnool.net)"是宁波最大的门户网站,内容覆盖新闻事件、生活热点、折扣服务、娱乐时尚、体育赛事、旅游路线、美食餐饮、招聘求职等众多内容,已成为众多网友每日必访的心情港湾和交流平台。

随着我国国民经济的高速持续发展以及互联网和信息技术的普及发展,人们的生活方式和消费观念发生了转变,也改变了城市的营销模式。宁波市也通过建立网络营销体系来开发新经济时代下的城市营销,将市场推广活动中心逐步转移到网络营销等多种营销模式当中。

由宁波市海曙区人民政府、宁波广电集团、中国夏衍电影学会主办的"美丽海曙——宁波市首届微电影大赛",与网络平台中国第一影视门户爱奇艺视频网络合作,为大赛提供展示参赛作品的平台。此次大赛同时旨在通过微电影的表述方式再现宁波市海曙的自然之美、人文之美、历史之美和现代之美。微电影大赛启动以来,随着宣传的深入,大赛亮点之一的"定向征集"开始广受关注。与此同时,大赛还在官网上征集普通群众演员,甚至是普通市民,来参与到电影的拍摄当中。这样,此次微电影的拍摄不仅吸引了摄影爱好者及专业人员的参与,还吸引了一批市民积极参与进来,在一定程度上起到了宣传作用。

七、其他

在开发北京市场时,宁波市旅游局组织了1000位宁波市民进京旅游,每位市民的帽子和T恤上都写着"请您去宁波"、"浪漫宁波欢迎您"的字样,每人拿的50份旅游宣传资料也都分发给北京市民。就这样,1000位宁波市民既逛了北京,又宣传了宁波旅游。经过多方努力,北京游客数量升至宁波旅游者的第二位。此外,出租车司机载客观光时经常要向外地游客介绍当地旅游概况及美食文化等。凡此种种,都是一个出发点,即全民总动员,宣传旅游,营造城市的旅游氛围①。

2005 年 4 月,宁波艺术剧院甬剧团和民乐团携带甬剧《典妻》和民族音乐会《锦绣中华》前往德国亚琛市、匈牙利韦斯普雷姆市、奥地利维也纳新城访问演出。2006 年,按 1:1 复制米开朗琪罗代表作大卫像,同时,宁波市政府赠送佛罗伦萨市一对石狮子作为回馈,寓意吉祥和友谊,等等。2009 年国庆期间,宁波市政府携手东航,别出心裁在飞机航班上举办"宁波·台湾旅游节",活动历时 1 个月。这一举动被媒体称为"海陆空并举,全方位打造节庆会"。据市旅游局市场相关负责人介绍,举办空中旅游节在宁波还属头次,活动利用宁波与台湾直航的契机,整合航空产业资源,在飞行中对宁波进行了宣传。官方和民间的组织和个人通过这些多样的行动举措渗透到了社会生活的许多方面,由此带来的影响迅速扩大,从而对宁波城市名片推广起到了积极有意义的作用。

第二节 宁波城市营销的评价

根据 2007~2008 年中国城市营销指数即 CMI 的指标测评得分来看,宁波 CMI 总分为 100.649,在全国排名第六位,在浙江省排名仅次于杭州市,整体上处于领先地位。具体分析表现如下:城市品牌强度排名位列全国第五位,强于省会杭州;城市营销力度得分位列全国第十位,说明宁波的城市品牌资源具有一定积淀,品牌规划和定位具有成效,若其城市营销力度能够持续加强,则必将会推动整体营销更进一步发展。其中,在城市营销力度项下,宁波的城市网络营销、城市营销效益指标均排名前十位,而城市营销建设和城市营销沟通指标排名相对靠后,均在第 15 位。因此,宁波应该在公共服务、人居建设、产业质量、本地支持上加大力度,加强理念与实践的结合,以提高整体营销水平②。

---

①海内外旅游业专家指出:山东旅游期待全民促销[EB/OL].新浪网,http://news.sina.com.cn/c/2005－06－30/08266308280s.shtml.

②刘彦平.中国城市营销发展报告(2009~2010):通往和谐与繁荣[M].北京:中国社会科学出版社,2009.

表 9-4　2007～2008 年中国城市营销指数 CMI 的指标测评得分

城市名称	总体得分	总体排名	品牌排名	建设排名	沟通排名	网络排名	效益排名	营销力度排名
北京	126.176	1	1	1	2	1	3	1
上海	113.090	2	4	2	1	3	1	2
成都	105.898	3	2	6	7	9	21	9
重庆	103.583	4	3	7	8	12	20	12
杭州	101.737	5	6	5	3	10	8	5
宁波	100.649	6	5	15	15	2	13	10
天津	93.478	7	8	4	4	18	6	4

　　通过对宁波城市营销手段的梳理可以发现,这座城市与国际友好城市的交流合作有很好的历史,而且多年来一直试图通过多样化的手段在国内甚至国际众多特色城市之中体现出自己的特色,尤其是近年来力争通过更加系统化的定位对外宣传宁波的城市形象,但是仍然在以下方面有待提高:宁波的旅游资源虽然丰富,但目前对各方资源的整合力度不够,主体形象仍然不突出,未能形成复合式、立体式的城市形象传播系统;与中国其他的一些沿海城市,例如上海、深圳等港口城市相比,宁波的旅游国际化程度偏低,城市品牌效应与现代化国际性港口、国家级历史文化名城地位及整体经济发展水平不完全吻合,还存在很大的发展空间,具体如下:

一、关系营销评价

　　作为一个较发达,发展根基稳且拥有迅速发展企业的集商业、旅游二合一的港口城市,宁波在缔结国际友好城市的数量上还可以进一步增加。与国际友好城市的沟通不是一项短期的任务,而是一个能够长期为宁波带来宣传的有效渠道。在缔结友好城市之后的后续长期、稳定的合作,从而为城市的发展带来新的空间,这才是建立国际友好城市的根本初衷。从表 9-1 与宁波建立友好关系的城市中可以看出,宁波近年在建立国际友好城市的节奏上放缓,对外宣传的效果不明显,这对于一座有华侨之乡之称的城市来讲是很不相称的。

二、城市形象营销评价

宁波城市的新口号"书藏古今，港通天下"虽然更加贴切，但其宣传和推广力度仍不足，相比之前的口号，虽然有了个性和特色，但在具体操作层面上，还需努力。从另一方面来看，频繁更换城市宣传口号不利于加深受众群体印象。而宣传口号对于宁波"城市定位"显然很重要，不能一味地盲目模仿，要挖掘自身特色，避免出现"千城一面"的尴尬局面。提到城市推广的广告手段，并不是只要敢掏钱，在央视露脸或者其他卫视黄金时间段做广告就是营销成功了，因为真正的城市营销是需要战略分析和规划的，城市在营销环境研究、营销战略规划，特别是品牌规划上的投资，应该是战略性的投资，而广告投入仅仅是战术性的投资。

三、节事营销评价

宁波在开展节事活动时应注意区域合作，将有限的资源通过合作实现更加高效的利用，同时也可共享品牌、共享营销团队、共创营销网络、互助合作。宁波由于地理位置的特殊性，可与上海等周边城市合作，充分利用这些城市的特色，同时结合自己本地区的优势，尝试通过若干区域合作举办节事活动，通过联合开展宣传促销活动，形成"甬沪节事"的新局面。对于自身来讲，"政府引导、社会参与、市场运作"运作模式比较符合当前宁波的发展方式。节庆、节事等活动大部分需要定期举办，具有一定的时段性，对于大众来说，很容易缺乏新鲜性和吸引力，难免会降低一部分消费者的兴趣。

四、体育赛事营销评价

近年来，尤其是 2004 年、2005 年以来，宁波在体育赛事的举办上有了极大的进步。除了举办"八一"男篮和中国女排等这些较大的体育赛事外，还积极申办一些影响力很大的国际赛事，如在 2008 年 11 月 20～30 日，由国际拳击联合会主办，中国拳击协会、宁波市人民政府承办的第五届世界女子拳击锦标赛在宁波的雅戈尔体育馆举行，给宁波带来了世界的聚焦与关注。此外，宁波市自己创办的体育赛事，如环东钱湖自行车挑战赛，不仅促进了本地的体育事业发展，还吸引了大批国外体育爱好者的参与，这些都表现出了宁波政府和宁波人民对于体育的支持与热爱。

五、媒体营销评价

在媒体营销方面,宁波市巧借电影将宁波精神及人民形象传递给了观众,相对于直接的城市宣传片或是一些硬性的广告式植入,这种方式更能让观众印象深刻。同时,宁波市感动人物事迹的宣传及相关主题电影也让观众对宁波人的大爱精神印象深刻。在媒体营销上,尽管宁波市通过电影、电视等渠道对宁波的人文精神进行了宣传,也是所谓的软性植入,但除了这几方面及相应的宣传片外,宁波市的其他方面还有待增加。而且宁波市在利用媒体宣传、营销时,侧重面很窄,且相关的媒体资料也很少。

六、网络营销评价

在网络营销方面,宁波市的政府官网,在网页的色彩、链接、语言设置等方面做得很成熟,也很到位。宁波市的象山县、余姚市、奉化市等都有自己的专门网站以及相关节庆活动的专门网站。如宁波市象山县的中国开渔节(CHFF)的官方网站就是一个很好的例子,不仅在网页的设置等方面做得好,内容也包括相关图片、视频以及微博互动。此外,富邦(宁波)"八一"男子篮球俱乐部、环东钱湖自行车挑战赛的官网访问量也很高。但是在借助微博工具以及 APP 工具对宁波市进行宣传推广方面,宁波市还需要进一步借鉴其他优秀城市的经验,结合自己的特征挖掘和设计更能够为他人所知的新兴的宣传渠道和平台。

第三节 宁波城市营销的建议

宁波在多年城市营销过程中通过不同的营销手段取得了一定的效果,但是这些营销手段设计时的初衷并未完全达到,同时新兴的营销手段不断出现,如何更好地借助这些营销手段使宁波的知晓度提高进而使知名度更高,初步建议如下:

一、关系营销建议

在与国际不同城市间建立友好交流合作关系过程中，宁波市政府及相关方面应继续予以重视，通过与国际其他城市的沟通、交流合作寻求更多的发展机遇。一方面宁波的本土企业目前已有很好的发展，借助与更多友好城市的合作可以促进宁波市在经济贸易上的进一步发展；另一方面宁波是侨乡，与国外城市建立友好关系不仅有一定的便利性，还能增进与这些华侨的感情，通过他们的共同努力使宁波市在国际合作的过程中凝聚力更强。宁波市政府相关方面也可通过展会、节庆、体育赛事等促进外国友人来到宁波市，在促进本地的旅游等相关产业的发展的同时，宣传宁波进而寻求与其他国际城市建立合作的可能。

二、城市形象宣传建议

近代以来，宁波帮、宁波港、宁波装和宁波景共同被认定为宁波的"四大城市名片"，宁波帮的历史功绩不可磨灭。在400多年宁波商帮的发展史上，创造了无数传奇，留下了至今仍耳熟能详的品牌、人物和故事。比如上海老凤祥银楼、北京同仁堂药铺、亨得利钟表眼镜、九龙仓、大红鹰，等等；著名企业家，如"世界船王"包玉刚、"慈善大家"邵逸夫、"巴顿将军"沈国军、雅戈尔总裁李如成，等等；因此，宁波市可以通过众多企业的品牌效应和著名企业家的影响力来进行城市营销，这样既有利于通过企业品牌来吸引外部资源，又有利于政府扩大城市知名度，塑造城市品牌，为宁波市的营销起到了推动宣传的作用。

三、市场细分建议

城市营销市场的细分，是指按照城市顾客的欲望与需求，将所有潜在的顾客划分成若干个具有共同特征的子市场的过程。对于任何一个城市来说，资源是有限的，不可能满足所有市场的需求。通过市场细分，城市可以更深刻地理解和选择其目标市场，可以主动调试和减缓在目标市场上的竞争态势，进而生产和创造更能满足目标消费者需求的城市产品和服务。更重要的是，通过专注于特定的目标子市场，不断提升服务，有效满足顾客需求，能够有效降低城市总体成本，提高城市营销的运行效率和城市的综合收益。

目前,宁波的城市营销还处于大众营销阶段,因而营销效果不易清晰判断。事实上,消费者需求具有多样性,而限于资源、产品等的有限性,一个城市只可能满足一部分消费者的需求,所以宁波市应明确自身的相对优势,实施市场细分,然后把信息传递给对本地资源和对产品感兴趣的消费群体,提高信息的传递效率,使得营销效果更佳。同时,在营销的每一个步骤、每一个措施、每一个阶段,都要以目标消费者为导向,尽量满足他们的需求。

四、媒体营销建议

宁波市在媒体营销方面,如在中央电视台的电视剧播放,形式稍显单一,且宣传内容偏向于人文精神,而宁波的各种自然景观、人文景观以及文娱设施和节庆活动也是几道亮丽的风景线,应加以重视。尤其是在文化大融合的今天,宁波市的一些得天独厚的自然条件和独有的特色节事活动,更应成为其宣传营销的重点之一,应加大力度做好。此外,利用媒体进行宣传营销并不是一个即时性的效果显现,还需要做后期的相对应的或配套的宣传行动,并且适时进行再促销,以"留住老顾客,吸引新顾客"。

五、网络营销建议

宁波市各级政府及相关文娱活动的网站宣传都为其城市营销做了一定的贡献。但是在"微"概念快速普及,"微"营销工具的开发与应用的时代,宁波起步较晚,而且进度较慢,基于微电影、微博、微信这些平台,适时设计出更好的营销作品是宁波应该着手的方向之一,尤其是在国内外很多城市已经先后运用这些手段进行城市营销的现实面前,宁波更应该注意借鉴经验,扬长避短,设计出体现城市特色的营销方案,并且要随着技术的更新持续在此方面不断创新。

第十章　天堂苏州　东方水城
——苏州

苏州市是历史文化名城,中国十大重点风景旅游城市之一。地处长江三角洲,古称吴郡。苏州历史悠久,人文荟萃,素有"丝绸之路"、"园林之城"、"东方威尼斯"、"东方水都"之称,并以"上有天堂,下有苏杭"而闻名。苏州也是江苏省重要的经济、文化中心,同时也是中国最具经济活力城市、国家卫生城市、国家环保模范城市和全国文明城市之一。

近年来,苏州市政府一直致力于促进城市的进一步发展,运用各种营销方式,不断推动苏州城市发展进程。[①]

第一节　苏州的城市营销手段

苏州运用了多种营销手段进行城市营销推广,主要有关系营销、形象营销、节事营销、网络营销、文化营销、体验营销、影视营销七种营销方式,其中节事营销、文化营销及体验营销运用得较多,其他方式运用得相对较少。

一、关系营销

苏州市政府积极运用关系营销的手段,与国内国际城市共同合作、共同发展、共创繁荣。在努力寻求和其他城市的政府、企业进行交流与合作、推广苏州的过程

---

①吴东旺.苏州,迈向 21 世纪的现代国际名城——关于苏州城市发展的基本思路[J].华东经济管理,1997(5).

中,苏州市政府在关系营销的运用中发挥了重要的作用。

(一)国内关系营销

2010 年 8 月,马鞍山市旅游局和苏州市吴中旅游发展有限公司共同开展太湖山水休闲旅游宣传活动。两座山水旅游城市共谋进一步加强区域旅游合作大计,精心打造吴中"城市让生活更美好,太湖让城市更休闲"的旅游品牌,促进两市共繁荣。

2012 年 11 月,苏州市旅游局率苏州旅游促销团来到美丽的海滨城市大连举行旅游推介会。此次说明会的主题是"游东方水城、品苏式生活"。来自苏州四市六区的 30 多家景区(点)、酒店、旅行社的旅游促销人员,以及大连当地的 100 多家旅行社和近 20 家媒体参加了说明会。通过此次推介,苏州市的旅游资源引起了大连市旅游界同行的广泛兴趣,当地的 130 家旅行社均把苏州主要的旅游产品,纳入到 2013 年大连到苏州的精品长线旅游线路中。

2013 年 6 月 28 日,苏州赴台湾个人游正式启动。上午 9 时,苏州首发团的 19 名游客整装出发,踏上为期六天的台湾自由行之旅。

2013 年 10 月 25 日,苏州借中国国际旅交会专业日之际,在昆明举行苏州会奖旅游专业推介会。苏州市旅游局展示了苏州会奖旅游的优势及资源。推介结束后,参会人员马上进行了有效的交流对接。此次推介会让苏州市文博中心、文化论坛等企业受到了特别关注,让很多参会人员对苏州有了全新的认识。

(二)国外关系营销

苏州市积极和各地建立友好合作伙伴关系。自 20 世纪 80 年代以来,共有来自 17 个国家的 18 个城市与苏州结为友好城市。表 10-1 为与苏州结好的城市。

表 10-1　苏州国际友好合作城市

序号	城市	国家	时间
1	威尼斯(Vennice)	意大利	1980 年 3 月 24 日
2	维多利亚(Victoria)	加拿大	1980 年 10 月 20 日
3	池田市(Ikeda)	日本	1981 年 6 月 6 日
4	金泽市(Kanazawa)	日本	1981 年 6 月 13 日
5	波特兰市(Portland)	美国	1988 年 6 月 7 日

序号	城市	国家	时间
6	图尔恰县(Tulcea)	罗马尼亚	1995 年 9 月 20 日
7	全州市(Jeonju)	韩国	1996 年 3 月 21 日
8	里加市(Riga)	拉脱维亚	1997 年 9 月 22 日
9	伊斯梅利亚市(Ismailia)	埃及	1998 年 3 月 3 日
10	格勒诺布尔市(Grenoble)	法国	1998 年 9 月 20 日
11	奈梅亨市(Nijmegen)	荷兰	1999 年 9 月 23 日
12	埃斯比约市(Esbjerg)	丹麦	2002 年 8 月 20 日
13	阿雷格里港市(Porto Alegre)	巴西	2004 年 6 月 22 日
14	塔那那利佛(Antananarivo)	马达加斯加	2005 年 11 月 28 日
15	康斯坦茨市(Konstanz)	德国	2007 年 10 月 18 日
16	陶波市(Taupo)	新西兰	2008 年 2 月 7 日
17	洛根市(Logan)	澳大利亚	2009 年 11 月 9 日
18	南斯莫兰地区(Nantes moran)	瑞典	2012 年 8 月 22 日

资料来源:中国国际友好城市联合会,http://www.cifca.org.cn.

2010 年 7 月,苏州拙政园与澳大利亚悉尼的"中国谊园"结为友好园林。根据"谅解备忘录",双方将在园林保护、管理,互派人员研讨、访问等方面展开交流合作。悉尼"谊园"于 1988 年开园,占地约 1 公顷,包括荷花、枇杷树、竹子、石榴以及石雕、彩绘等,"谊园"内充满了中国的各种元素,是两国人民友谊的见证。[①]

二、形象营销

塑造良好的形象对一个城市来说十分重要,因为良好的城市形象是城市发展的基础,高知名度、美誉度不仅能吸引游客观光,还能招商引资,带动经济发展。下面从苏州城市形象定位、城市形象打造、城市形象推广三方面分析苏州的城市形象营销。

---

①苏州拙政园牵手悉尼谊园——两园结成友好园林[EB/OL]. 中华人民共和国国家旅游局,http://www.cnta.gov.cn/html/2010-7/2010-7-16-10-29-45639.html.

(一)城市形象定位

苏州是中国著名古都,曾为春秋之吴国、战国之越国、三国之孙吴、元末之张吴等多个政权的首都,也是中国现存最古老的城市,经著名史学家顾颉刚先生考证为中国第一古城。典型的"小桥、流水、人家"的场景构成了游客脑海中对"天堂苏州,东方水城"的第一印象。

苏州将自身城市形象定位为"天堂苏州,东方水城"。苏州的各古镇都使用"水乡"或"之乡"作为形象宣传口号,突出表现苏州水乡古镇的共性特征,如周庄以"小桥、流水、人家,中国第一水乡"的旅游形象口号刻画出了江南水乡古镇最典型的特征。

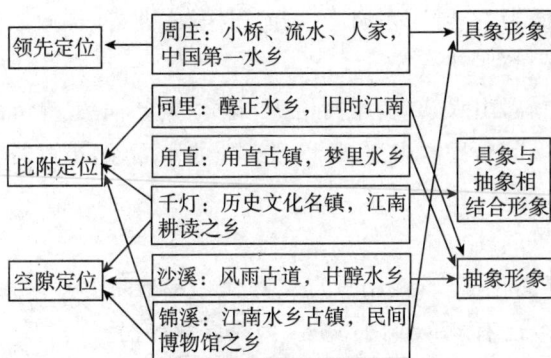

图 10-1　苏州水乡古镇旅游形象定位[①]

(二)城市形象打造

苏州作为历史文化名城,有很多标志景观,最著名的莫过于苏州园林,园林中又以拙政园最为著名,不仅如此,苏州还有虎丘塔、七里山塘、枫桥、寒山寺等著名景点。不仅如此,苏州市在积极推广旅游景观的同时,还积极提高城市美誉度,以期进一步提高城市形象。

1.苏州标志景观

苏州有众多景观标志,虎丘塔、拙政园、七里山塘等最为著名。

---

①李东和,张捷,卢松,钟静.苏州水乡古镇旅游形象定位研究——以部分水乡古镇为例[J].地域研究与开发,2007(2).

（1）虎丘塔

虎丘塔又称云岩寺塔,位于苏州市西北7公里处,高高耸立于景色幽雅的虎丘山巅,是苏州现存的最古老的一座塔。

虎丘塔始建于五代周显德六年(959年),建成于北宋建隆二年(961年),塔高7层,塔身平面呈八角形,是一座砖身木檐仿楼阁形宝塔。经专家测量,塔尖倾斜2.34米,塔身最大倾斜度为3度59分,虎丘斜塔也被称为"中国的比萨斜塔"。虎丘塔也被誉为"吴中第一名胜",已成为苏州的标志。[①]

（2）拙政园

拙政园是中国四大名园之一,国家5A级旅游景区,也是苏州最大、最著名的园林景区,被誉为"中国园林之母",并列入《世界文化遗产名录》。

拙政园始建于明朝正德年间,占地78亩,分为东、中、西和住宅四个部分。中园为主景区,西园原为"补园",东园为"归园田居"。此外,拙政园还有澄观楼、浮翠阁、玲珑馆和十八曼陀罗花馆等。

全园以水为中心,山水萦绕,厅榭精美,花木繁茂,充满诗情画意,具有浓郁的江南水乡特色,并以其布局的山岛、竹坞、松岗、曲水之趣,被胜誉为"天下园林之典范"。[②]

（3）狮子林

狮子林是世界文化遗产,全国重点文物保护单位,国家4A级旅游景点,苏州四大名园之一,至今已有671年的历史。因院内"林有竹万,竹下多怪石,状如狻猊(狮子)者",又因天如禅师维则得法于浙江天目山狮子岩普应国师中峰,为纪念佛徒衣钵、师承关系,取佛经中狮子座之意,故名"狮子林"。

（4）七里山塘

七里山塘始建于唐宝历二年,是诗人白居易为便利苏州水陆交通而开凿山塘河,并沿河建路,成为"山塘街",因其全长约7里而被称为"七里山塘"。山塘街自修建以来,以其秀丽的水乡风光成为苏州著名的旅游胜地,2011年批准为国家4A级旅游景区。七里山塘主要有通贵桥、山塘老街、苏州商会博物馆等景点,并以"泛舟山塘"的唯美体验而著称,素有"一条山塘河、一艘画舫、一杯香茗"的美誉,并有

---

①千年古城景中美景　荣苏州第一标志　千年古塔塔中精品　誉吴中第一胜景——走进苏州虎丘塔[J].中国地名,2011(10).

②胡诗旸.文人园林的特点与艺术魅力——从拙政园看文人园林的意境美[J].芜湖职业技术学院学报,2009(3).

"到山塘街不登一页画舫,确为一大憾事"之说。①

2.苏州美誉

苏州是历史文化名城,也致力于提高城市美誉,曾获得"国家卫生城市"、"全国文明城市"等称号。

(1)国家卫生城市

1998年5月26日,苏州获得"国家卫生城市"称号(全爱卫发(1998)12号文件)。国家卫生城市是由全国爱国卫生运动委员会办公室考核组验收鉴定,而评选出的卫生优秀城市。苏州市凭借其对垃圾和污水的合理处理以及较大的绿化面积和优质的环境质量获得中国全国爱国卫生运动委员会的认可,被评为国家卫生城市。

(2)全国文明城市

2009年1月,苏州市被评为全国文明城市。全国文明城市是指在全面建设小康社会,推进社会主义现代化建设的新的发展阶段,坚持科学发展观,经济和社会各项事业全面进步,物质文明、政治文明与精神文明建设协调发展,精神文明建设取得显著成就,市民整体素质和城市文明程度较高的城市,主要依据《全国文明城市测评体系》和《全国未成年人思想道德建设工作测评体系》进行评选。苏州市一直致力于全面建设小康社会,不断推进现代化发展,还设有文明苏州网(http://www.wm.suzhou.gov.cn/),以网络的形式大力推进苏州人民的精神文化素质建设,2009年被评选为第二批全国文明城市。

(3)中国十大最具经济活力城市

2004年11月,中央电视台揭晓了"2004CCTV中国最具经济活力城市",苏州入选并同时摘取"年度城市"大奖。评选委员会对苏州的评价是:"一座东方水城让世界读了2500年。一个现代工业园用10年时间磨砺出超越传统的利剑。她用古典园林的精巧,布局出现代经济的版图;她用双面刺绣的绝活,实现了东西方的对接。苏州经济社会的腾飞发展,生动说明了当今城市的竞争,已从单一的经济竞争走向了资源、管理、科技、人才、文化的综合竞争。"②苏州市此次获奖,极大地提升其城市形象的同时,也再次将"东方水城"苏州品牌推广出去。

(4)游客满意城市

2010年,根据中国旅游研究院"2010年第二季度全国游客满意度调查",共调

①曹丽琴.七里山塘[J].丝绸之路,2010(21).
②从苏州文化迈向"文化苏州"[EB/OL].人民网,http://culture.people.com.cn/GB/40483/40488/347027?

查 50 个重点旅游城市,苏州市排名第七位。在 2011 年、2012 年游客满意度调查中,苏州顾客满意度分别为 84.83、85.96,两年均排名首位。这说明苏州市获得了游客极大的认可。[①]

(5)最美旅游胜地、最美旅游名城

2008 年 12 月,《行游天下》旅游杂志、搜狐旅游、中国旅游胡同社区网、美景中国网站联合推出"中国最美旅游胜地评选"活动,以广大网民投票选举的形式,评选最美旅游胜地。苏州拙政园、留园、狮子林、网师园、木渎、甪直等景区入围"中国最美的旅游胜地"。

2009 年 4 月,"中国最美旅游胜地榜单"出炉,拙政园被评为"中国最美十大园林",苏州市也入列"中国最美六大旅游名城"之一。[②]

(三)城市形象推广

"君到姑苏见,人家尽枕河"、"绿浪东西南北水,红栏二百九十桥",成了苏州这座历史文化名城不可替代的个性。[③] "天堂苏州,东方水城"的文化个性符号,包含了苏州的历史底蕴、经济特色、文化精髓、未来方向,得到了全世界的认同。[④]

1.天堂苏州,东方水城

2010 年 10 月,苏州市在武汉市隆重举办"天堂苏州,东方水城"旅游说明会。苏州市旅游行业向武汉市民以及中部地区人民展示了天堂苏州的古韵今风——古典苏州的吴都古韵、新苏州的魅力朝气和洋苏州的浪漫时尚,全面展现出苏州的灵气、秀气、洋气,通过举办本次说明会,苏州市意在推进两地旅游市场的共同发展,实现资源共享、市场共拓、合作共赢。

2.中国第一水乡

2011 年 4 月,中国水乡第一乡——周庄迈出品牌国际化战略。周庄历经千年历史沧桑和浓郁吴地文化的孕育,拥有灵秀的水乡风貌、旖旎的田园风光以及质朴的民俗风情,是江南水乡的典范、东方文化的瑰宝。周庄是江南水乡古镇的典型代

①2012 年全年游客满意度调查报告发布 苏州排名首位[EB/OL].人民网,http://travel.people.com.cn/n/2013/0109/c41570—20140727.html.

②中国最美旅游胜地排行榜获奖名单[EB/OL].搜狐旅游,http://travel.sohu.com/20090306/n262652158.shtml.

③东方水城[EB/OL].苏州市旅游政务网,http://www.visitsz.com/articles/2004 — 04 — 01/2004040114331627172.htm.

④钟玲.城市营销理论的应用:苏州"环古城"游项[J].今日南国,2010(12).

表,每年能吸引 300 万左右的海内外游客。2011 年周庄抓住"中华文化旅游年"的契机,在香港举办主题为"爱上周庄,不是传说"推介会,力求借助香港走上国际舞台。

三、节事营销

节事营销是旅游目的地通过举办节事活动来达到宣传推广及促进发展的目的。目前,旅游业蓬勃发展,举办节事活动可将高质量的产品、服务、娱乐、背景、人力等众多因素围绕某一主题进行组织和整合,并集中大众媒体的传播报道,迅速提升目的地的知名度和美誉度,不仅吸引游客,也吸引众多投资商等。在提升城市形象,促进旅游业发展的同时,更重要的是吸引投资,促进经济的发展。[①]

很多城市试图通过事件举办赢得独特的竞争优势,苏州也不例外,苏州自己举办了很多活动,也和其他省、市甚至国际城市共同举办了很多节事活动,大打旅游牌。

(一)借助其他城市的重大节事宣传苏州

苏州在城市营销的过程中,不仅依靠自身的文化魅力展现城市特色,而且会有选取地借助其他城市举办的重大活动共同宣传苏州,双管齐下,将苏州呈现在更多的关注者面前。

1. 金鸡百花奖

2007 年 8 月 29 日上午,苏州金鸡湖畔举行中国电影"金鸡百花奖"科技文化艺术中心的启动仪式,自此苏州成为了电影"金鸡百花奖"的永久性评奖基地,这意味着每年"金鸡百花奖"评奖活动时,苏州都会成为人们关注的热点城市。苏州借此为契机,大力诠释"天堂苏州,东方水城"的城市形象,不仅能够促进苏州的旅游形象宣传,又有助于苏州旅游更好发展。[②]

2. 世博会

2010 年 4 月 16~23 日,苏州在上海市举办"2010 年上海世博会苏州推广周"

---

①许春晓,柴晓敏,付淑礼.城市居民对重大事件的感知变化研究——2006 杭州世界休闲博览会期间的纵向研究[J].旅游学刊,2007(11).

②潘婷婷,汪德根.节事活动对苏州"东方水城"形象推广效应的分析——以"金鸡百花奖"落户苏州为例[J].资源开发与市场,2009(8).

活动,全面拉开"世博"旅游宣传推广帷幕。活动主要由新闻发布会、苏州——世博会的"园外园"展览以及"世博在上海,旅游到苏州"三大部分组成。苏州市巧妙借助 2010 年上海世博会展示中心展示平台,推介苏州人文历史资源和社会发展成就,提升苏州城市知名度;"世博在上海,旅游到苏州"旅游推介活动积极推广苏州旅游资源,吸引世博游客走出世博园区,到苏州亲身体验和感受苏州古城保护与现代发展的多重内涵和实践成就。

(二)依靠自身的文化魅力展现苏州

苏州市自身也举办了很多节事活动展现其城市魅力,如苏州国际旅游节、中国国际旅游服装服饰赛博会等。

1.苏州国际旅游节

2013 年 4 月 12 日晚,第 16 届苏州国际旅游节精彩开幕,开幕式上还同期启动了"水天堂杯"首届"风尚苏州"微电影大赛,并推出众多特色活动,如环金鸡湖国际半程马拉松赛、大型骑游活动、"爱在苏州春天里"等,营造"市民节日"和旅游者深度体验盛事的节日旅游氛围。

本次苏州国际旅游节主打"东方水城"特色,推出的一系列精彩活动,营造出既有点睛之笔又花团锦簇的节日旅游氛围,热情绽放着苏州城市的无限魅力,充分阐释出雅致而又热闹、品质又不缺浪漫的"苏式生活"的真谛。

2.中国国际旅游服装服饰赛博会

2011 年 4 月 22 日,第十四届中国国际旅游服装服饰赛博会和第十四届中国苏州国际旅游节一起在苏州拉开帷幕,开幕式上推出国内外风情彩船巡游、名模走秀等节目。

此次赛博会主要有"大赛"和"博览"两大内容,其中,"大赛"包括"中国旅游职业装展示大赛"和"2011 中国国际旅游职业装创意设计大赛"。本届中国国际旅游服装服饰赛博会与旅游节同时举行,内容更加丰富,对于促进江苏省特别是苏州市旅游业又好又快发展,起到有力的推动作用。

3.中国苏州吴江"同里之春"国际旅游文化节

吴风越韵、精诚致远的吴江在中国百强县排名中一直名列前茅,"同里之春"旅游文化节自 1997 年以来已成功举办 15 届,已经成为江苏省的重要旅游节庆品牌。2011 年 4 月 18 日,以"文化旅游,品味同里"为主题的第十五届中国苏州吴江"同里之春"国际旅游文化节在吴江体育场隆重开幕,中央电视台为同里镇量身打造了"同里之春"国际旅游文化节晚会。本届旅游文化节涵盖了"旅游、影视、围棋、摄影"等内容,是"同里之春"举办以来活动项目最丰富、活动形式最隆重、活动内容最精彩的一届,充分诠释了同里作为江南水乡领军古镇的深刻内涵。

4.中国苏州虎丘曲会

"游石湖凳行春桥者,倾城面出,渡船如织,歌舞音乐之声,通宵达旦……"2010年9月25日,2010中国苏州虎丘曲会——首届石湖演唱会在石湖上方山望湖楼上隆重举行。来自全国各地的200余名昆曲曲友在石湖重现"一拍一寸一箫管,石湖夜夜石苔暖"的夜唱盛况。"石湖串月"期间,景区在灯会的衬托下,吸引了很多苏州的市民和游客,曲会也给整个夜景带来了很好的游园气氛。

除以上比较大型的节庆活动外,苏州还有很多颇具特色的本地节庆,这些节庆活动通过依托苏州的城市特色展示其自身的文化传统与魅力,例如乐园啤酒节、江南采莲节、阳澄湖旅游节、太湖开捕节、留园时令花展、同里油菜花会等,这些节庆活动的举办使游客能够更加全方位地感受苏州。

表 10-2 苏州特色的节庆活动

名称	起源时间	举办地点	时间间隔(年)	届数
乐园啤酒节	1997 年	不定	1	17
留园时令花展	1999 年	留园	1	15
太湖开捕节	2005 年	太湖	1	9
阳澄湖旅游节	2006 年	阳澄湖生态休闲旅游度假区	1	8
江南采莲节	2008 年	苏州荷塘月色湿地公园	1	6
同里油菜花会	2009 年	同里古镇	1	5

四、网络营销

城市网络营销是城市利用当代网络环境来展开的各类营销活动。苏州建立苏州旅游网,所辖地市也建立了相关微博网站等推广旅游。

(一)苏州旅游网(http://www.visitsz.com/webpage/index.php)

2003 年,苏州市旅游咨询中心正式启动"天堂苏州,东方水城"门户网站。经过几次维护完善之后,苏州市旅游网日均采编更新信息 30 条左右,内容覆盖了苏州景区活动、景点信息、美食消息、住宿特惠等各类实用信息。

苏州旅游网是全面展示苏州旅游文化和城市形象的窗口，实现了苏州旅游信息全方位的网络展示和传递，得到了市民、游客和旅游企业的一致好评。在2010年第三届中国（温州）网络旅游节上，苏州旅游网荣获"2010年度优秀旅游政务网站"奖。

（二）"同里古镇"——同里旅游官方微博（http://weibo. com/p/100101B2094757D06FA3FB459D）

2011年5月19日是首个"中国旅游日"，借此契机，吴江市第八届区域文化联动暨第二届京杭大运河（江苏）文化艺术节在同里拉开了帷幕，同时启动同里旅游官方微博。同里旅游官方微博与新浪合作，5月19日～6月19日，共同举办了以同里为主题的微博大赛，或图片，或漫画，或散文诗，或创意语言等，于8月底收集成"同里微语录"。同里镇党委书记在同里旅游微博仪式上发送微博："5.19，我们从同里出发。"

（三）海峡两岸（昆山）中秋灯会网（http://www. ks. gov. cn/zhuanti/2013zqdh/index. jsp）

2013年6月17日，中秋灯会官方网络宣传平台——海峡两岸（昆山）中秋灯会网正式开通运行。

网页划分为灯会概况、最新动态、灯区介绍、台湾商品美食、照片影音、表演活动、赞助商、灯会问答等板块，其中"最新动态"板块用于提供灯会筹备工作进展的相关内容，"灯会概况"、"灯区介绍"为市民提供灯会举办地址、灯会区域划分、灯组设计等实时、便捷的信息，"台湾商品美食"、"表演活动"、"照片影音"栏目发布灯会商贸活动信息、文化演艺活动信息。

灯会宣传组积极推动专题网页与乐居昆山网、中国昆山网，以及市内外影响力较大的网站交换链接，并不断充实网站信息，实时发布。

五、文化营销

苏州市是著名的历史文化名城，其文化产业发展有着得天独厚的历史与现实条件。苏州运用了这些条件,努力发展文化产业,进一步带动经济的发展。①

(一)苏州文化遗产

苏州有悠久的历史文化,有多项被列入非物质文化遗产。2008 年,苏州又确定百余处民国文化遗产,其中包括 5 个历史街区、39 个历史地段。2011 年,"甪直连厢"成功入围第五批苏州市非物质文化遗产代表作名录。2011 年 7 月,虞山绿茶制作工艺入选苏州市第五批非物质文化遗产代表性项目名录。

表 10-3 苏州世界级人类非物质文化遗产代表作名录

项目名称	类别
昆曲	表演艺术
古琴	传统音乐
苏州端午习俗	礼仪与节庆活动
苏州宋锦	传统知识技艺
苏州缂丝	传统知识技艺
苏州香山帮传统建筑营造技艺	传统知识技艺

表 10-4 苏州国家级人类非物质文化遗产代表作名录

项目名称	类别	项目名称	类别
碧螺春制作技艺	传统技艺	滑稽戏	传统戏剧
装裱修复技艺	传统技艺	中医传统制剂方法	传统医药
盆景技艺	传统美术	灯彩	传统美术
国画颜料制作技艺	传统技艺	泥塑	传统美术
民族乐器制作技艺	传统技艺	古琴艺术	民间音乐
核雕	传统美术	玉雕	传统美术
端午节	民俗	苏州御窑金砖制作技艺	传统手工艺
玄妙观道教音乐	民间音乐	香山帮传统建筑营造技艺	传统手工艺
剧装戏具制作技艺	传统手工技艺	吴歌	民间文学

①余大庆.率先实现基本现代化背景下苏州文化的传承与发展[J].唯实,2011(10).

续表

项目名称	类别	项目名称	类别
苏绣	民间美术	制扇技艺	传统手工技艺
苏剧	传统戏剧	宋锦织造技艺	传统手工技艺
苏州甪直水乡妇女服饰	民俗	苏州评弹	曲艺
桃花坞木版年画	民间美术	明式家具	传统手工技艺
昆曲	传统戏剧	苏州缂丝织造技艺	传统手工技艺

资料来源：苏州非物质文化遗产信息网，http://www.szfwzwh.gov.cn.

（二）同里船歌

"水乡同里好风光,东西南北处处桥"、"坐上游船听我唱,同里古镇好风光,看一看两岸的风景美,小桥湾湾流水长"……2010年10月,同里旅游公司为深入挖掘民间本土文化,在此国庆期间,全新推出由华也先生创作的带有浓郁地方特色的《同里古镇好风光》、《走三桥》、《同里美食名气响》等船歌,采用深受游人喜爱的当地方言,分别以《四季歌》调、《紫竹调》曲调、《无锡景》曲调来演唱,歌声委婉动听,旋律起伏跌宕,一气呵成,使人仿佛置身于小船上,漫游在江南水乡之中,心旷神怡,给佳节中的同里增添了无穷的乐趣。一首首婉转的曲子吸引了八方游客,最重要的是让游客了解了同里船歌,爱上船歌。

（三）苏州镇湖刺绣文化艺术节

2010年国庆期间,苏州高新区镇湖举办第三届中国刺绣艺术文化节,吸引了2万多名游客。此届中国刺绣文化艺术节首次引入旅游元素,将刺绣与山水、生态旅游进行了有机结合,并在湿地公园举办了"欢乐家游站,全家都来赛"主题活动,大大丰富了国庆假日的活动内容,为游客、市民举行了一次文化休闲旅游盛宴。

（四）苏州桃花坞

近年来,苏州桃花坞历史文化片区,坚持文化传承与特色开发相融合,积极探索文化旅游产业发展新模式,全力打造一个"带有苏州情感的国际化旅游新地标"。苏州桃花坞地区积极保护和修缮传统街巷、名人故居、古典园林、河道水系等苏州古城风貌;对区域内文化资源进行了系统梳理,融入了活力、创意的现代文化,打造泰伯庙吴文化展示体验、木刻年画非物质文化走廊、新"三馆"文化交流等一系列既反映桃花坞地域特色、又具有世界品质的旅游产品。不仅如此,桃花坞地区还积极引入民间力量,利用旅游产业带动居民创业致富和城市旧区改造,实现经济效益与社会效益的双赢。

六、体验营销

苏州精心设计各种旅游体验,让游客感知苏州,吸引更多的游客旅游观光消费以及商家投资。

(一)苏州"环古城"游

苏州市建设"环古城"游项目,旨在打造一个休闲景观带。苏州在环古城河一带建设众多配套设施,重点开发建设阊门地区、胥门地区、吴门桥地区、觅渡桥地区和远期实施的火车站地区5个节点和商业环城游设施,将古城风貌与现代人气、商气相结合。不仅如此,苏州用灯光点燃气氛,以设施完善服务,让环古城河风貌带进一步吸聚了人气,整体展现了休闲环城游的浓郁氛围。如今的护城河,碧波荡漾,垂柳依依,河的两岸,也用花岗岩做了斜斜的护坡,两边是宽宽的花圃,并临水搭了一条木质廊桥。

苏州"环古城"游项目的打造,吸引了八方游客一睹环古城河风貌带的繁华与美丽,并体验苏州的古城古貌和现代的人气、商气。[①]

(二)"四个一批"生态休闲旅游

2010年4月,苏州市相城区推出"四个一批"规划,积极构建生态旅游新格局。"四个一批":①发掘一批,在保护和挖掘太平、陆慕等老街资源的同时,大力提升御窑金砖、沈周墓、三槐堂等一批历史文化品牌,打造特色文化旅游精品;②招引一批,加大旅游招商力度,加快引进大型高档商务、旅游休闲娱乐项目;③建设一批,重点抓好三角嘴湿地公园、花卉植物园温室花卉展厅、美人腿"花海"等14个重点旅游项目建设;④推出一批,加快推出阳澄湖莲花岛"忆园"、"莲花居"等旅游项目,整合国际珠宝交易中心和珍珠宝石城,打响珠宝休闲购物旅游品牌。

苏州此次推出"四个一批"发展规划,旨在构建生态旅游新格局,为游客带来不一样的旅游新体验。

---

①钟玲.城市营销理论的应用:苏州"环古城"游项[J].今日南国,2010(12).

（三）乡村旅游

2008 年度苏州市共有 16 个旅游项目获得江苏省引导资金,总额达 820 万元,八成为乡村旅游项目。

乡村旅游,是当代"三农"与旅游业紧密结合而产生的新型旅游经济,是一种新型旅游形式。乡村旅游有利于促进农业产业结构调整,有利于吸引城市的人流、物流、资金流和信息流、开阔农民视野、更新观念、扩大就业、增加收入。对于旅游业来说,乡村旅游有利于充实和发展城市旅游理念,丰富和延伸旅游产品,有利于城乡互动,增强旅游产业发展的后劲,适应广大旅游者的消费需求。

2011 年 1 月 5 日,苏州市人民政府主办的苏州市乡村旅游推进会。本次推进会,旨在总结近年来苏州乡村旅游发展情况、交流经验,并部署工作、进一步推动苏州市乡村旅游又好又快发展。苏州在发展乡村旅游时,用科学思路引领发展,逐步形成"一区一特"、"一镇一品"、"一村一景"、"一户一业"的产业发展格局。

2013 年 6 月,苏州又推出苏州乡村旅游"驾"年华——"大爱无疆与爱同行"房车公益之旅活动,继续推进乡村旅游。

苏州发展乡村旅游,探索以旅助农、以旅兴农、以旅富农、农旅互动的新型乡村旅游发展之路,为游客带来回归自然的乡村体验。

（四）20℃林屋古洞——暑期学生游

2011 年暑期,持续高温天气,各种夏令营旅游活动大张旗鼓,吸引学生游客。其中西山景区的清凉世界——常年 20℃恒温的林屋古洞是游客避暑首选。西山景区的林屋古洞是"天然绿色大空调",2011 年暑期,西山景区特推出暑期学生游,针对中小学生持本人的有效学生证游览林屋古洞、石公山景区享受半价优惠,高三学生持本人高考录取通知书免费游览石公山、林屋古洞景区的特惠活动,引爆了林屋古洞,让学生们在这炎炎夏日体验清凉舒适之感。

（五）苏式旅游

2012 年国庆黄金周,苏州市积极营造内容丰富、凸显休闲度假特色的城市旅游氛围,特推出 80 多个主题旅游节庆活动。主要有生态休闲体验之旅、亲自愉悦欢乐之旅、品蟹品江鲜湖鲜美食之旅、水乡古镇悠闲之旅。这些主题旅游既让游客亲近自然,又感受与家人一起旅游的愉悦,还体验到江南丝竹、苏州评弹的如痴如醉。苏式旅游一经推出,便吸引众多市民和游客前来体验这别样情怀。

七、影视营销

影视营销是通过电影、电视等现代媒体对城市进行营销推广。苏州市也拍摄了各种旅游形象宣传片,以更直观的方式将苏州呈现在观众面前。

(一)"家在苏州:一座诗意栖居的城市"

美国东部时间 2012 年 12 月 20 日,"家在苏州:一座诗意栖居的城市"水墨动画城市形象片在美国纽约时报广场大屏精彩亮相。同期,从 12 月中旬开始,"美丽中国·家在苏州"城市形象片也在英国希思罗机场、法国戴高乐机场、德国法兰克福机场等欧洲三大枢纽机场电子屏正式上线。[①]

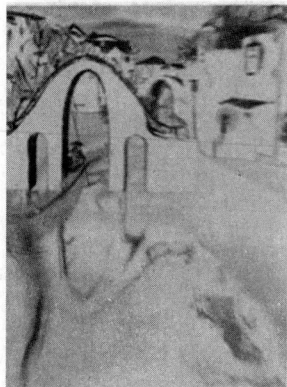

图 10-2　"家在苏州:一座诗意栖居的城市"截图

"家在苏州:一座诗意栖居的城市"苏州城市形象片,时长 1 分钟,以水墨为基调,并契合苏州的粉墙黛瓦,从"一条鱼"的苏州视线,一路游览苏州的平江路的水巷人家、冠云峰的凌空剔透、虎丘塔的奇巧幽然,还有各种优美场景,体味苏州的温婉柔美。"家在苏州:一座诗意栖居的城市"城市宣传片充分展现了苏州气质、苏州韵味,描绘出一幅"古典与现代相融、经济与社会协调、自然与人居相宜"的当代姑

①城市形象片出"新招"　园区企业"挑大梁"[EB/OL].中国苏州,http://www.suzhou.gov.cn/news/sxqdt/201301/t20130110_192276.shtml.

苏繁华图。[①]

(二)"风尚苏州"旅游微电影

2013 年 7 月,苏州市举行首届"风尚苏州"旅游微电影大赛,自启动以来,得到市民和游客的积极响应,并通过中国第一视频网站"优酷网"等媒体展播。

此次比赛获金奖的作品为《又见吴中》,以苏州姑娘韩雪重回故乡参加闺密婚礼为线索,讲述了她的童年回忆,同时反映出吴中旅游的今昔变化,优美的太湖风光、淳朴的古村落等逐一呈现,吸引了 30 余万人次的目光。

一个个的电影故事,让全国观众对苏州的著名景点、饭店等旅游企业有了更新的认识,展示出了老景点新玩法的全新内容。

(三)苏州情书

2013 年 1 月 4 日,国内首部官方城市形象微电影《苏州情书》首映。此部影片由苏州市政府新闻办公室出品,讲述"因为一个人爱上一座城"的浪漫爱情故事。影片将两个交错的情感故事与苏州人文风景相结合,展示城市的古典与现代交相辉映的魅力。

苏州市政府运用这短短 15 分钟的情感电影,艺术地呈现了东方水城人文风情,纵览千年文化之都精髓,展现苏州与众不同的城市特质。

第二节　苏州城市营销的评价

苏州作为富有历史的江南重镇在依托自身文化和风景的基础上,随着时代的变迁先后尝试采用不同的营销手段对这座古城进行提升与推广,从面向国内和国外不同角度的关系营销,结合历史风貌的江南水乡的形象营销,展现自身魅力与借助他山之玉的节事营销,传播传统文化遗产的文化营销,提升游客体验的体验营销,到借助科技手段展示苏州的影视营销与网络营销,等等,这些营销手段从不同的角度对苏州进行了宣传与推广,所取得的效果也不尽相同。纵观这些营销手段,不难发现具备以下特点:

---

①家在苏州[EB/OL].高楼迷论坛,http://www.gaoloumi.com/viewthread.php? tid=575423.

一、政府主导作用发挥较好,市民参与程度较高

苏州市政府在各地举行推介会,与国内城市合作,共促发展,不仅如此,苏州还和很多国际城市建立了友好合作伙伴关系,为苏州的国际化进程奠定了良好基础。在 2011 年、2012 年的游客满意度调查中,苏州均居首位,是国内顾客满意度最高的城市,这无疑离不开苏州市政府的不懈努力,在游客心中树立了良好的形象。如,苏州市政府从自身着手,加大教育力度,提升服务质量意识,以开展活动为载体,提高从业人员素质;加大市场检查力度,规范旅游经营秩序,并且还加强旅游安全工作,保障和谐旅游环境,开展旅游服务质量提升活动。这些工作的有效执行极大地提升了苏州的城市形象。

在苏州进行城市营销的过程中,苏州市民一直抱有积极的态度参与其中,苏州市政府举办的很多市内节庆活动,如乐园啤酒节、江南采莲节、阳澄湖旅游节、太湖开捕节、乐园啤酒节、留园时令花展、同里油菜花会等都获得了市民的积极响应,从而使得这些节庆活动成为苏州长期的节庆项目,并且逐步走出苏州为其他城市和国家所知。

二、开发不同旅游主题,提升游客体验价值

苏州在进行不同风格的旅游主题开发时,能够以不同游客的体验价值为考量标准,精心设计多条路线,满足多层次的市场需求,把江南水乡的多面性和立体性呈现在游客面前,如"环古城"游、"四个一批"生态休闲旅游、乡村旅游、20℃林屋古洞——暑期学生游、生态休闲体验之旅、亲自愉悦欢乐之旅、品蟹品江鲜湖鲜美食之旅、水乡古镇悠闲之旅等,这些旅游线路的设计由于其旅游主题的侧重不同,因此能够吸引不同需求的游客,使游客感受到苏州有无尽的魅力,并不是一次旅行就可以完整地感受。

三、城市形象缺乏时代气息,现代手段略显不足

从城市形象定位角度,苏州是历史文化名城,素有"丝绸之路"、"园林之城"、"东方威尼斯"、"东方水都"、"上有天堂,下有苏杭"的美誉,可以看出,这些称号均是基于苏州文化古城的历史形象,在现有的城市形象定位中并未尝试体现出更加

具备时代特征的元素。从城市营销主体角度，苏州在其营销过程中也大多仍是对其传统形象的进一步塑造，然而在驻足传统的同时，苏州在丰富城市形象层面并未融入更多的时代特色，并未展现出苏州的新发展。从城市营销的方式看，苏州对传统的营销方式，如关系营销、节事营销等运用较多，但对利用现代技术进行城市推广的方式，如网络营销和影视营销方面仍然有很多丰富的空间。

第三节　苏州城市营销的建议

针对苏州城市营销现状，以下从城市形象塑造、营销手段和营销效果评估几个方面提出以下建议。

一、城市形象的塑造需要传统文化与时代特色结合

苏州历史悠久、人文荟萃，拥有著名的水文化、吴文化，因此，苏州一直将城市形象定位于历史文化名城，所以城市营销的角度更多的是围绕传统文化与历史景观来进行设计，较少地融入了苏州近几十年社会发展带来的新变化和新面貌。但是如果准备进一步将苏州推向世界，作为一座能引起世界关注的城市，苏州不能仅仅"裹足"于"历史文化名城"的定位，而不对其进行丰富和发展，苏州应该借鉴其他既具历史特色又富有现代气息的国内外城市的城市营销经验，在依托并大力弘扬苏州传统文化特点和优势的同时，融入更多的现代文化、世界文化，使外界感受到苏州的包容与发展，从物理空间上的"小"城市逐步提升为文化层面上的"大"城市，通过挖掘创新元素，不断地丰富苏州文化的内涵，赋予苏州以新的姿容，使其在国际化道路上行走得更加稳健。①

二、营销手段的采用需要结合现代理念与技术

网络和多媒体等现代化技术的蓬勃发展，已经渗透到社会的各个层面，政府、

---

①从苏州文化迈向"文化苏州"[EB/OL]. 人民网, http://culture. people. com. cn/GB/40483/40488/3470275. html.

企业和个人无一例外地必须融入到这样的发展中,顺势而为,充分利用这些现代技术的优势结合行业或企业特色多角度地展现自己。对于开门迎接天下客的旅游城市而言,首先要树立起重视现代技术的理念,认识到它们的必然性,在此基础上体现出符合自己城市特征的独特性,吸引更多地关注,再进而将关注转变为真实的行动,使更多的人感受该城市的魅力与美好。目前,苏州市政府已经建立了苏州旅游网、官方微博等,但不难发现,这些手段基本是很多城市都已采用的基本手段,所以是远远不够的,网站的特色以及信息的及时性与有效性是游客衡量其价值大小的重要标准,另外,更多新媒体手段正在不断地被开发出来,及时发现和跟踪这些新媒体手段在市场中的被采纳程度,并基于此将城市营销与之迅速结合是旅游城市必须要认识到的重要方法,例如苏州可通过网络面向全国甚至全球游客举办各种活动,如苏州城市印象评价、关于苏州的有奖竞猜等,这不仅能带动游客关注苏州、来到苏州,更重要的是政府可通过这种方式更多地了解到世界眼中的苏州,能够更加有针对性地制定发展政策,从而更好、更有效地促进苏州的发展。

三、完善的监管和反馈机制亟须建立

政策的制定只有通过良好的督促和监管才能更有效地实施。可以看出,苏州市政府在城市营销的过程中已经制定了很多立足于促进该市旅游业发展以及提高城市形象的政策,但是这些政策执行的过程如何,政策的效果如何,并没有明显渠道可以了解和获得;同时,如果在执行不利或者无效的情况下,如何问责也是需要切实考虑的问题,例如,苏州市政府于2008年发布《苏州市乡村旅游区(点)管理办法》,提出要合理保护和开发利用乡村旅游资源、规范乡村旅游区(点)的经营行为,同时提出要求公安、卫生、质监、物价、环保、工商、税务等各个部门按照各自职责,加强对乡村旅游区(点)的监督和管理,但是政策提出之后,却没有具体的监管手段和反馈机制来配套落实,使得政策初衷的实现有了延迟性,政策的有效性也打了折扣。基于此,建议苏州市政府应该设立独立的城市营销监管机构以监督相关政策的实施情况,并且建立起相应的评价机制和奖惩制度,从而在城市营销的过程中使政策的主体更加清晰,政策的执行更加到位,政策的落实更加有效。

第十一章 宝岛第一站
——台北

　　台北市,位于台湾北部,是台湾政治、经济、文化、商业中心。全市面积 272 平方公里,为台湾地区第一大城市。全市共划分为中正、大同、中山、松山、大安、万华、信义、士林、北投、内湖、南港及文山 12 个行政区。

　　台北市与台湾其他县市比起来不算宽广,却拥有许多自然和人文景观,也存在着有别于其他国际城市的特殊风情。台北市拥有很多著名的自然风景区,如阳明山、北投风景区等,此外还有省内最大、建成最早、占地 8.9 万平方米的台北公园和规模最大的木栅动物园。台北市名胜古迹也颇多,其中台北城门、龙山寺、保安宫、孔庙、指南宫、圆山文化遗址等处,均为风景优美、适宜游览的好地方。台北市还拥有为数可观的博物馆、美术馆、纪念馆、庙宇等,如外双溪故宫博物院、顺益台湾原住民博物馆、台北市立美术馆、大龙峒保安宫、台北孔庙、行天宫等。

　　台北市是游玩的好地方,更是美食和购物的天堂。士林夜市集合大江南北小吃,应有尽有,著名的有刀削面、猪肝汤、蚵仔煎、高雄肉丸、大饼包小饼、士林大香肠、番茄沾姜汁、东山鸭头、炒花枝、红油抄手、青蛙下蛋等。西门町、东区、天母、士林、公馆等商圈林立,家具街、书店街、电脑街、婚纱街、花市、玉市……而街头巷尾一家家咖啡厅、泡沫红茶店、KTV、卡拉 OK、PUB,华灯初上后,闪烁的霓虹装点出不夜城的景象,让台北的夜晚展现另种风情。[①]

　　近年来,台北市致力于"都市发展、高科技产业、文化创意产业"的发展规划,并积极运用各种营销方式,力图将台北市营销推广出去。

---

①杨宁.城市、空间与人——杨德昌电影中的台北城市形象[J].当代电影,2007(6).

第一节　台北的城市营销手段

台北市运用多种营销手段进行营销推广,主要运用了关系营销、形象营销、节事营销、网络营销、文化营销、体验营销、影视营销七种营销方式。

一、关系营销

关系营销,是把营销活动看成是一个企业与消费者、供应商、分销商、竞争者、政府机构及其他公众发生互动作用的过程,其核心是建立和发展与这些公众的良好关系。

(一)与大陆的友好往来

一直以来,大陆和台湾同胞都努力促进两岸的友好关系,台北市已和大陆很多城市开通航线,促进两岸交流,主要城市有合肥、成都、厦门、福州、天津、榕台、长春、郑州、宁波、太原、青岛、九华山、石家庄、无锡、沈阳、黄山、温州、银川、张家界等。

台北和大陆各地市政府也积极相互交流,以促进共同和谐发展。2008 年 5 月 19 日,福建旅游局与台北市观光传媒局在网络媒体、平面媒体及呼叫中心交互推广旅游产品等方面进行了探讨,并达成了初步合作意向。2008 年 5 月 20 日,福州市和台北市签署加强交流合作共同声明,提出"友好合作、平等互利、优势互补、互动往来、和平发展"的共同愿望,以进一步加强两市的合作往来、促进和保护双向投资。2010 年 4 月 11 日,安徽省安庆市与台北市开展旅游合作交流活动并签署了台北—安庆两市旅游合作协议。2011 年 4 月 18 日,安徽省"安徽经贸文化宝岛行"大型访问团赴台湾开展经贸文化交流活动。

除此之外,两岸共同举办旅游推介会,并签署了合作协议。例如 2011 年 4 月台北市隆重举办安徽旅游推介会;2012 年 10 月举办"新疆是个好地方"旅游推介会;2013 年 10 月成功举办"美丽厦门·品质之旅"旅游推介活动;2013 年 10 月举办"逛皇城,品京味,发现不一样的北京"旅游推介会。通过这些旅游推介会,这些城市先后与台北签订了大量的合作协议,对两岸的进一步沟通与发展起到了很大的推动作用。

(二)与国际的合作交流

台北在与大陆各地市建立友好合作关系的同时,也积极与国际城市加强合作,建立友好合作伙伴关系。至今,台北已与国际几十个城市成为友好合作伙伴。

表 11-1   台北国际友好合作城市

时间	城市列举
20 世纪 60 年代	马尼拉(Manila)、奎松(Quezon)、汉城(Seoul)、西贡(Saigon)、休士顿(Houston)、洛梅(Lome)、科多努(Cotonou)
20 世纪 70 年代	吉达马歇尔(Jeddah Marshall)、旧金山(San Francisco)、洛杉矶(Los Angeles)、关岛(Guam)、克利夫兰(Cleveland)、印第安纳波利斯(Indianapolis)、凤凰城(Phoenix)、亚特兰大(Atlanta)、圣多明哥(Santo Domingo)、德古斯加巴(Tegucigalpa)
20 世纪 80 年代	凡尔赛镇(Versailles)、俄克拉荷马(Oklahoma)、圣荷西(San Jose)、巴拿马(Panama)、亚松森(Asuncion)、约翰内斯堡(Johannesburg)、普利托里亚(Pretoria)、里朗威(Lilongwe)、黄金海岸(Gold Coast)
20 世纪 90 年代	乌兰巴托(Ulan Bator)、华沙(Warsaw)、乌兰乌德(Ulan Ude)、维尔纽斯(Vilnius)、达拉斯市(Dallas)、波士顿(Boston)、圣尼古拉斯(Saint Nicholas)、马拿瓜(Managua)、圣萨尔瓦多(San Salvador)、危地马拉(Guatemala)、拉巴斯(La Paz)、达喀尔(Dakar)、珠尔(Banjul)、比索(Peso)、墨巴本(Mbabane)、蒙罗维亚(Monrovia)、马久罗(Majuro)
21 世纪初至今	大邱(Daegu)、里加市(Riga)、瓦加杜古(Ouagadougou)

资料来源:维基百科,http://zh. wikipedia. org/wiki/%E5%8F%B0%E5%8C%97%E5%B8%82%E5%8F%8B%E5%A5%BD%E5%9F%8E%E5%B8%82%E6%88%96%E5%A7%90%E5%A6%B9%E5%9F%8E%E5%B8%82%E5%88%97%E8%A1%A8.

二、形象营销

形象营销对于一个城市而言,是通过一系列的市场营销活动,建立城市的良好形象,为城市的发展奠定良好的基础。[①]

---

①乌兰.略论旅游形象营销战略[J].经济师,2002(9).

(一)城市形象打造

台北打造城市形象,主要通过品牌营销的方式。品牌营销是通过市场营销使公众形成对城市品牌和产品的认知过程,城市要想不断获得和保持竞争优势,必须构建高品位的营销理念。最高级的营销不是建立庞大的营销网络,而是利用品牌符号,把无形的营销网络铺建到社会公众心里。

1.台北101大楼

台北101大楼,高达508米,于1998年1月动工,购物中心于2003年开始运营。

台北101大楼融合东方古典文化和台湾本土特色,造型宛若劲竹节节高升、柔韧有余,象征生生不息的中国传统建筑意涵,并运用高科技材质及创意照明,以透明、清晰、营造视觉穿透效果,与自然及周遭环境和谐融合。

台北101大楼有时尚服饰区、名牌精品区、化妆品专柜、书店等,提供优雅、宽敞的购物空间;各大餐厅和美食街有各种不同风味的料理,举行大宴小酌都十分适宜;还包含运动健身馆、休闲SPA等服务。

台北101大楼购物中心结合证券、金融、企业总部、工商活动与娱乐、生活、购物等多种用途,兼具时尚、美食、娱乐、社交与文化的复合功能,使其成为台北的新地标,吸引各地游客来台北一睹101的风采。

2.美食之都

2011年3月,台北市向联合国教科文组织申请国际"美食之都",旨在向全球营销美食。台北市拥有1万多家餐厅,特色美食料理多元、丰富。台北市在过去历经多年食尚秀比赛、米其林评比、牛肉面节等,展现的料理水平已有长足进步,尤其是融合中华八大菜系特色,因此"多元丰富"是台北市申请美食之都的主题。台北市踏出这一步,更有助营销台北。

3.乐台北

2012年7月,为推动大陆居民赴台个人游,台北市观光和传播局推出"乐台北Fun Taipei"个人游。"乐台北"为大陆游客量身打造5条风格不同的特色路线,有"经典台北之旅"、台北101等,同时推出适合亲子路线的"花博梦幻之旅"、适合情侣的"时尚浪漫之旅"、喜欢台湾电影以及明星艺人的旅客规划"电影追星之旅"以及适合中老年的"名人故居之旅"来满足不同游客的需求。随着两岸旅游不断升温,赴台个人游显示出了巨大的成长空间,赴台个人游的游客将会越来越多,同时,"乐台北"也越来越受游客的喜爱。

（二）城市形象推广

台北推广城市形象，主要通过举办并参加各种活动进行，例如，台北举办了摄影展，并参加了金犊奖广告设计活动等。

1. "台北好精彩"摄影展

2008 年 3 月，台北市观光传播局在北京新光天地举办"台北好精彩"摄影展，此次摄影展由台北观光传播局和大陆商务广告协会合办，展示 300 张照片，包含故宫的中国文化瑰宝、各种经典建筑、世界最高的 101 大楼、琳琅满目的美食小吃、洋溢街头的咖啡文化、24 小时不打烊的时尚书店等。台北市将"景观"、"时尚"、"休闲"、"文化"的台北展现给北京民众，传递台北印象，旨在让大陆朋友了解台北各种风情，看到台北多元的一面，吸引更多的大陆游客到台北观光。[①]

2. "台北好精彩"台北熟悉之旅

台北市观光传播局还特意邀请 2008 年台湾最卖座的电影《海角七号》中的日籍演员兼歌手中孝介担任"台北好精彩"台北熟悉之旅活动的代言人，希望借中孝介的知名度及魅力，将台北推介到世界各地，吸引各地游客来台北旅游。[②]

3. "金犊奖"与台北城市意象

2009 年 3 月，台北参加第十八届金犊奖。金犊奖是全球华人地区规模最大的学生广告活动。台北参加此次活动，旨在为台北作"台北城市意象"广告宣传，将文化台北、创意台北展示给世界，将台北打造成亚洲"酷城市"、亚洲顶尖文化创意城市。[③]

台北市的创意产业拥有悠久的历史和良好的发展环境，在国际性的交流浪潮中，创意台北显示了极大的激情与活力。台北拥有台湾地区最优良的文化创意产业发展环境，拥有保存最完整的文化资产，也拥有最优质的文化创意人才，台北市文化创意产业占台湾地区 40%。通过此次活动，台北不仅展示了创意台北的城市形象，也展示出了台北愈来愈精彩的城市风貌与活力。

[①] "台北好精彩"摄影展近日在北京亮相[EB/OL]. 华夏经纬网，http://www. huaxia. com/xw/tw/2008/00785059. html.

[②] 把台北卖出去[EB/OL]. 百度文库，http://wenku. baidu. com/link? url = 5aj2cZtd6UiPrZ4 — b0jMs39n4bh5HCasQTmsy0zwliTUpCBhehRe7BZUsGwjmW1H3etZLtdppGWz—GRBUP—yN2HOPVxpUF Jp3N0z2lKrWDi.

[③] 台北市政府文化局，http://www. culture. gov. tw/.

三、节事营销

节事营销是指城市运用节日以及特殊性事件进行宣传、推广等，来达到营销的目的。台北也借助各个节事来营销、推介台北，如海峡旅游博览会、台北旅展等。

为推广台北市的自然资源及文化特色，台北市政府积极举办各种活动，增进游客对台北市地方特色的了解。近年来台北市府也积极争取国际性活动的主办权，并设置相关奖励机制，鼓励相关产业发展，促成国际会议与展览活动在台北举行，例如 2010 年台北国际花卉博览会就在台北市政府的不懈努力下获得举办权。[1]

(一)台北花博会

2006 年 4 月，台北市政府及台湾区花卉发展协会以精彩的愿景规划及完善的城市公共建设，受到国际社会的肯定，争取到了 2010 年国际花卉博览会的举办权。

2010 台北国际花博会是台湾第一次正式获得国际授权举办 A2B1 级博览会的至高荣誉，也是亚洲第 7 个举办国际级博览会的城市。此次博览会以"彩花、流水、新视界"为主题，共有花卉 3200 万株，3300 个品种，有圆山公园区、美术公园区、新生公园区和大佳河滨公园区 4 大园区和 14 个展馆。花博会不仅展示了花卉的娇艳，也举办了各式各样的活动，吸引了众多游客的眼球，如花艺竞赛、原声时尚秀等，不仅如此，花博会还举办了爱心募捐活动。台北花博会吸引了世界各地 26 个城市精心设计的 28 座园艺文化特色庭园参展，展现了绚丽多彩的花卉风情。

(二)台北国际观博会

"台北国际观光博览会"是台湾夏季最大的游览盛会，自 2007 年开办以来，已日益成为两岸旅游业界交流合作、资源共享的重要平台，成为台湾民众认识大陆、了解大陆的良好渠道。2012 年 5 月，"2012 台北国际观光博览会"在台北世贸中心展览馆开幕。2013 台北观光博览会也于次年 5 月举行，此次观博会共有 12 个省市代表团赴台参展。台北观光博览会举办各种推介活动，包括知名景点、民宿等，据

---

①把台北卖出去［EB/OL］.百度文库，http://wenku.baidu.com/link? url = 5aj2cztd6UiPrZ4_b0jMs39n4bh5HCasQTmsy0zw1iTUpCBhehRe7BZUsGwjmW1H3etZLtdqqGWz_GRBUP_yN2H0PVxpUFJp3NOz21KrWDi.

台北观光博览会主任姚大光表示,观博会为台北市带来可观收入及众多商机。①

(三)海峡旅游博览会

海峡旅游博览会由国家旅游局、福建省人民政府联合举办,福建省旅游局与厦门市政府承办,台湾观光协会、台湾旅行行业品质保障协会等协办,旨在促进旅游项目招商、推介、洽谈,旅游风光、旅游商品会展,旅行社互动交流,旅游业务对接等,所有活动均围绕海峡旅游合作与发展主题,努力打造"海峡旅游"品牌,构筑"海峡旅游"合作平台。

2005年9月,首届海峡旅游博览会成功举办。2008年9月,台北首次参加海峡旅游博览会。此次博览会是第四届,与第十二届中国国际投资贸易洽谈会整体联办,展会凸显海峡旅游的特色与魅力。主要活动内容:旅游精品会展、旅游投资合作、海峡旅游圆桌会议暨海峡西岸旅游区区域合作联盟(厦门)宣言签约仪式、海峡旅游"1+1"(旅行商对接)洽谈会、"海峡旅游杯"第四届高尔夫球友谊赛以及两岸旅行商海峡西岸行等活动。台北首次独立组团参会便取得了很大的成果,与众多旅游企业签订旅游发展战略合作协议和组团合作协议,相约共同推动海峡西岸旅游区建设。此后,台北市都积极参与每一届博览会,力求在会上取得更多的合作,进一步推动台北发展。

(四)海峡两岸台北旅展

海峡两岸台北旅展由海峡两岸旅游交流协会和台湾观光协会共同主办,旨在展示海峡两岸旅游资源,扩大两岸旅游业界交流,深化合作,推动两岸旅游业共同繁荣和共同发展。

首届台北旅展于2006年11月召开,大陆共有31个省、市、自治区代表参与,共设200多个摊位,总计500多人参加。至2013年海峡两岸台北旅展已成功举办八届,2013年10月,第八届海峡两岸台北旅展在台北世贸展览馆举办,以"美丽中华·海洋旅游"为主题,两岸共同奉上一道道精美的旅游盛宴。

海峡两岸台北旅展成功举办,对台北旅游业发展起到了很大的促进作用。两岸双向旅游交流人数从2008年470万人次增至2012年792万人次,年均增幅14%,旅游已成为两岸人员往来的主渠道。七年来,两岸业界推动台北旅展规模逐

---

① 2009 台北国际观光博览会 5 月 22 日开幕[EB/OL]. 中国新闻网, http://www.chinanews.com/tw/news/2009/05-20/1699136.shtml.

渐扩大、内涵逐年丰富,已成为两岸双向旅游交流合作的重要平台。在两岸业界的共同努力和各有关方面的大力支持下,两岸旅游业已形成大交流、大合作、大发展的良性发展态势和互为重要客源市场的大格局。[①]

(五)温泉旅游文化节

2011 年 12 月,福州市与台北市联手开发温泉旅游,以"探福·享福"为主线,通过一系列特色活动,推动文化与旅游对接、资源与产业对接。此次温泉节吸引了众多企业,包括中青旅、港中旅、国旅、首旅集团等 30 多家大型旅行商派代表参与盛会,并签订了发展合作协议,例如两岸温泉景区共同发布《福州温泉宣言》,并共商两岸温泉旅游发展大计。不仅如此,温泉节上还推出"百万礼包惠游客"活动,并设置"搭海峡号赴台温泉游"的大礼,这些惠民活动更是吸引游客前来参加,使台北旅游业再创佳绩。

(六)借力世博会

2010 年,世界博览会在上海举办,台北市政府也借博览会之契机,于 2 月 11 日启动"2010 世博会台北馆创意竞赛",旨在让台湾共同分享参展世博会的荣誉。在世博会期间,台北馆引发 70 万人参观热潮,也是唯一拥有两项主题"无线宽频、宽频无线"与"垃圾不落地、资源回收"的展馆,并获选为参展"城市最佳实践区"。台北馆还设有一座 360 度 3D 剧场,并采用实景拍摄的方式,为台北制作 3D 影片,影片拍摄景点有故宫、庙宇、温泉等,直观展现台北故宫内的宝物、庙宇中的神佛及温泉区内的人物。[②]台北参展世博会,引起新一轮台北旅游热潮,许多没有来过台湾的游客,在参观台北馆之后,萌生到台北观光旅游的念头。

四、网络营销

在理论和一般意义上,城市网络营销是城市利用当代网络环境来展开的各类营销活动,是传统营销在网络时代的延伸和发展。在实践和具体操作上,网络营销

---

①第八届海峡两岸台北旅展举办[EB/OL]. 国家旅游局,http://www. cnta. gov. cn/html/2013－10/2013－10－18－17－35－31513_1. html.

②世博台北馆将开放试营运　料吸引逾 170 万人次参观[EB/OL]. 国家旅游局,http://www. cnta. gov. cn/html/2010－4/2010－4－1－14－2－46567. html.

是城市利用网络技术来整合多种媒体,实现营销传播的方法、策略和过程。

(一)台北旅游网

台北观光传播局的官方网站台北旅游网(http://www.taipeitravel.net/),是台北市提供旅游相关信息的最重要的平台,浏览人数已超过3800万。打开主页,卡通动画版"台北一游未尽"映入眼帘,极具吸引力。台北旅游网共设有"玩乐新鲜报"、"台北全攻略"、"主题游台北"、"美馔食食乐"、"购物购购 Go"等9大板块内容,从衣食住行各方面为游客提供旅游信息[EB/OL].台北旅游局官方网站为台北市构建了一个综合性(自然、度假、文化、美食、民宿、商务、艺术、购物)的旅游目的地形象,并突出其国际化的特色、自然生态(自然、观光)和度假主题(度假、温泉、服务),全方位地将台北推广出去。

(二)"趣台北"官方微博

2011年6月7日,为吸引个人游客到台北市观光旅游,台北市观光传播局进驻新浪微波,开设"趣台北"微博,至2013年"趣台北"已发布1500多条微博,拥有近70万位粉丝。该官方微博为大陆民众提供台北旅游的全方位信息,并可在线上与网友互动,以了解大陆民众关注的旅游议题和想获知的旅游资讯,以更好地满足大陆游客需求,营销台北的旅游资源。[①]

五、文化营销

文化营销强调城市的理念、宗旨、目标、价值观、经营管理制度、城市环境、品牌个性等文化元素,其核心是理解人、尊重人、以人为本。文化创意产业的共同卖点在于国家或民族的特有文化,在台湾创意与产业的链接已趋成熟,要发展具有"台湾味"的庶民文化,就要找到可营销全球的文化因素。

(一)台北故宫博物院

台北故宫博物院,原名中山博物院,又被称为国立故宫博物院,位于台北市士林区外双溪。始建于1962年,占地总面积约16公顷,是仿照北京故宫样式设计建

---

① 台北观光传播局开微博提供旅游信息[EB/OL].新浪新闻中心,http://news.sina.com.cn/c/2011-06-08/203222607403.shtml.

筑的宫殿式建筑。台北故宫博物院是中国著名的历史与文化艺术史博物馆,藏品包括清代北京故宫、沈阳故宫和原热河行宫等处旧藏之精华,以及海内外各界人士捐赠的文物精品,共约 70 万件,分为书法、古画、碑帖、铜器、玉器、陶瓷、文房用具、雕漆、珐琅器、雕刻、杂项、刺绣及缂丝、图书、文献等 14 类。

台北故宫博物院的典藏虽来自大陆,但却和北京故宫有不同的定位。台北故宫运用来自大陆的文物,发展传统与新颖相结合的商品,利用固有的元素陈述具有自我特色的国际性故事。台北故宫通过开发文化创意产品让消费者对故宫产生好奇,并进一步了解故宫。台北故宫希望将文化内涵通过教育的方式传承给岛内厂商,将文化元素灌注于商品设计中。例如,故宫与知名设计品牌 Alessi 合作推出一系列"清宫娃娃",成功地将台北故宫品牌推向国际。[①]

(二)姐妹园

2008 年 9 月,台北林家花园与鼓浪屿菽庄花园缔结为姐妹园,此后,双方多次进行了旅游及文化方面的交流。2010 年 9 月,鼓浪屿景区与厦门南乐团联袂赴台北林家花园进行文化交流。国立台北艺术大学与南乐团的表演艺术家们进行了传统音乐传承与发展的深入探讨,参访团还参观、考察了台北地区的旅游景点。此次文化交流不仅促进了两岸的艺术文化交流,双方也在旅游产业的交流、合作上取得了新的共识。

(三)年货大街

2011 年 1 月 15 日,台北"年货大街"正式开张,由"后车站"、"大稻埕"、"地下街"、"华阴街"、"滨江"和"宁夏"等六大传统商圈,与近年持续升温的"网络商圈"共同举办。各大商圈都展示了自己的招牌商品。2011 年的"年货大街"还特意推出了"除旧布新"、"送礼"、"团圆"和"逛街"四大主题活动,这是为凸显春节的传统文化内涵特意推出的,希望市民在活动中找到渐渐被现代科技冲淡的新年气象,再一次体会新年的浓浓文化气息。

六、体验营销

体验营销对城市而言是指城市通过采用让人们观摩、聆听、尝试等方式,使其

---

① 林雅萍.金士先营销"台北故宫博物院"[J].华人世界,2009(12).

亲身体验城市提供的产品或服务，让其实际感知产品或服务的品质或性能，从而促使其认知、喜好并吸引游客旅游观光、消费以及商家投资的一种营销方式。

2008年5月，台北参展团在第十届"海交会"的亮相体现了其"旅游"与"发明"的特色，"海交会"全称为海峡两岸经贸交易会，是福建省举办的一年一度大型综合性对外经贸活动，是两岸经贸交流的盛会。"海交会"又称"5·18"活动，固定安排在每年5月18日开幕，内容涵盖两岸合作、区域协作、商品交易、项目招商、经贸研讨、文化交流等。由福建省人民政府、中国贸促会主办，福州市人民政府承办，以"促进两岸合作、加强经贸交流、展示海峡西岸"为主题。"海交会"前身是创办于1994年的中国福州国际招商月和创办于1999年的海峡两岸科技成果交易会。"海交会"能带动商贸、服务、旅游等行业的发展，深受业内人士的广泛认同和投资者的欢迎，在海内外客商中享有较高的知名度。

第十届"海交会"，台北参展团设立了台北好精彩摄影馆，台北好精彩摄影馆内展示了台北的景观、时尚、文化、休闲等相关照片。此次展会不仅展示了台北的自然、风土、文化，还展示了台北的科技发明，台北市政府希望通过海交会，把发明的一些好用的产品介绍过来，与大陆寻求合作发展。参展者体会到了台北的美丽与热情，更看到了台北的科学发展。

2010年，世界博览会在上海举办，台北荣誉参展。台北馆设有360度3D剧场，采用实景拍摄，用最直观的方式展现台北，展现台北的文化古迹、风土人情。馆内还设有互动区，参观者可以看到以计算机仿真制作出的台北市基隆河、淡水河中特有的鱼类、蟹，用手触摸，鱼蟹还会闪躲，相当逼真。此次世博会的设计，让参观者虽未到台北，却看到、触摸到真实的台北，台北馆荣获参展"城市最佳实践区"，引起新一轮的台北旅游热潮，许多游客参观过后就到台北旅游。

七、影视营销

还记得《一页台北》中女孩与男孩相遇的书店吗？还记得《不能说的秘密中》周杰伦为桂纶镁弹钢琴的学校吗？还记得《向左走·向右走》中梁咏琪与金城武遇见的那个喷水池吗？这就是台北。[①]

1996年，台湾导演侯孝贤在剥皮寮"太阳制本所"取景，拍摄电影《恋恋风尘》，

---

①台北6日电影之旅期待一次不可思议的遇见(7)[EB/OL]. 中华网，http://travel. china. com/vane/tour/11119697/20130806/17982685_6.html.

电影中的诗意镜头、写意风格，记载了剥皮寮的风华。

2010 年，钮承泽导演拍摄的《艋舺》的主要拍摄地也在剥皮寮老街，该电影以最时尚的方式重新包装，奉献给观众一个新的"台湾乡土文化"。这不只是一个关于过去的怀旧故事，也是一个充满现代质感、新鲜创意与流行元素的新电影。《艋舺》不但成功地营销了台北，而且带动了城市许多区域的活化和商机。拍摄结束后，台北市文化局斥资 400 万元将已搭建完成的拍摄场景予以保留与强化，以实际行动鼓励本土电影"在地拍摄"，并推动万华区的观光产业。电影《艋舺》上映后，"剥皮寮老街"——一个之前陌生的名字，很多人都慕名而来，一睹"剥皮寮老街"的风华，"剥皮寮老街"也成为台北最著名的景点之一。[①]

2010 年 2 月，台北观光传播局借台北参展世博会之机提出，要以"台北·生活·微笑"为主题，结合 3D 立体影音多媒体与 360 度环场舞台灯光台，拍摄台北实景。此部影片以现代台北为主题，带领参观者造访故宫、庙宇、温泉等景点，台北故宫内的宝物、庙宇中的神佛及温泉区内的人物，都会跳出银屏，活灵活现，仿佛伸手可及，让人们对台北有了更直观的了解。

2010 年 4 月 2 日，《一页台北》上映，该影片由陈骏霖导演，入围柏林影展"青年导演论坛"，并荣获"最佳亚洲电影奖"。《一页台北》记录了台北的美好，全方位展现了台湾人的热情、幽默和趣味，该部影片成功地将台北推广出去，极大地推动了台北旅游观光产业。[②]

"才刚刚开始，空气中都是甜甜的味道，然后，看到你对我微笑，我们的故事，才刚刚开始，在台北遇见了灰姑娘，这一定是童话"。2012 年，台北市政府观光传播局拍摄系列宣传微电影《爱上台北》，该系列影片包含很多创意元素，将品牌、产品融于故事情节之中。从小小的故事与观众产生共鸣，同时也大大提升了台北的形象。

台北旅游业蓬勃发展，无疑离不开台北影片的大力宣传，它们不只是一部部电影，更是台北一部部宣传片，不断地向世界展现台北，吸引游客来台观光旅游，促进其旅游业发展。

---

① 电影营销成功案例[EB/OL]. BENT 商学院，http://www.bnet.com.cn/2010/1118/1944183.shtml.
② 陈尔东. 一页台北，爱情童话[J]. 艺术与设计，2011(1).

第二节　台北城市营销的评价

作为宝岛台湾的中心城市,台北市尽管与台湾其他县市比起来不算宽广,但是丰富的自然和人文景观却为其提供了很好的旅游资源和城市特色,另外,美食和购物也是吸引世界各地的游客来台北的重要原因。多年来台北一直尝试着积极运用多种城市营销手段,向外界介绍台北、宣传台北、推广台北,而且近年来台北更是提出了"都市发展、高科技产业、文化创意产业"的规划,以期通过其高科技产业和文化创意产业的发展更好地展现台北的都市特色,从而提升其城市竞争力,扩大其城市美誉度。不可否认的是这些营销思路与具体措施都已经体现出了其各自的成效,使得大陆很多城市与台北的交流更加顺畅,也使得更多国外游客受到吸引前往观光游览。然而在城市营销的过程中,台北在以下方面仍然有提升的空间。

一、城市形象定位不明显

在城市推广的过程中,任何营销手段的采用都需要围绕该城市的定位和特色。台北作为宝岛台湾的中心城市,已经依靠其已有的自然和人文景观等观光资源引起众人的关注,它也正在通过很多规划和政策来管理各种产业的发展;对于既有历史人文也有现代元素的一座城市而言,台北城市营销的手段虽然丰富,但是其城市形象的定位仍然不够明显和清晰,并没有很突出地体现出其与其他同等规模或者发展水平的城市在形象定位上的区别,也正是因为这一点,使得其丰富的营销手段并没有取得预期的效果,从而会影响其未来的长期发展。

二、新兴营销手段运用较薄弱

纵观台北市已经运用的多种营销方式,可以发现其在关系营销、节事营销和文化营销等传统的营销方式上运用得更加娴熟,在过去的城市发展过程中取得了一定的效果。但是在借助近年来新兴的营销手段来进一步扩大城市知名度和美誉度方面,台北市仍然需要努力,对影视营销、网络营销、体验营销等现代手段的挖掘仍然有很广阔的空间。近年来,互联网的迅速发展已对众多产业带来了影响甚至是变革,台北市在城市营销的过程中如何将这些变革得以体现? 如何更好地借助这些变革进一步进行城市推广? 台北市政府已经建立了台北观光传播局的官方网站"台北旅游网"和其官方微博"趣台北"等新兴的城市营销渠道,但是这些渠道的被关注度和传播度仍然不高,并没有真正体现出预期的价值;同时,在建立专门的通过提高互动效果增强潜在消费者的体验感、参与感等方面的平台方面仍然不足。

三、目标客源市场开发较窄

由于台湾与大陆在地理位置上的毗邻以及文化传承上的同源,所以台北在过去进行的城市营销推广中所面向的目标客源市场以大陆为主;同时,随着近年两岸在"三通"方面的日趋便利以及配套管理措施的实施,作为台湾中心城市的台北更将其目光集中在大陆客源市场开发以及相应的营销手段设计上,比如台北市为推动大陆居民赴台旅游,特推出"乐台北(Fun Taipei)"个人游,为大陆游客量身打造5条旅游路线,同时推出各种主题游以满足大陆不同游客的需求。相比之下,一方面,台北在尝试吸引更多来自其他国家或地区的游客方面所做努力明显不足,没有针对性地设计符合其他各地国家或消费者的特色化营销和推广方案;另一方面,台北多年来一直积极和大陆不同的城市联合举办各种节事活动,既有旅游推广也有商业合作等,比如已成功举办数届海峡旅游博览会、海峡两岸台北旅展等。但是,台北承办的面向更多国家和地区的文化交流活动仍然不多,从而也大大降低了其借助节事活动向更多消费者营销这个城市的机会。

四、当地民众参与性较低

从宏观的角度来看,城市营销过程中的定位和各类营销手段的设计以城市所在地的政府为主导角色,从而保证其营销思路的统一。不难看出,在台北城市营销推广的过程中,其市政府确实积极发挥了主导作用,无论是和众多城市建立友好合作,还是通过举办各种节事交流活动,抑或是建立观光传播局的官方网站和官方微博等,但在这些手段的执行过程中,其带动作用和波及效应却没有很好地发挥出来,尽管各种官方活动此起彼伏,但是民间自发举办的活动很少,而且市民的参与性较低,民众在台北的城市营销推广中积极性并没有被充分调动起来。

第三节　台北城市营销的建议

从台北城市营销过程中取得的良好效果和仍然存在的改进空间,提出建议如下:

一、明晰城市形象定位

明晰城市形象定位是更好地进行城市营销的前提,在过去的发展中台北市已经依托其拥有的自然和人文景观等观光资源采用不同的营销手段进行推广与宣传,但是无论对于未去过的还是作为已去过的游客,仍然不能很清晰地描述这座城市的核心定位与特征。因此,作为一座现代感的城市,在全方位发展的同时,更重要的是明确城市发展方向,制定清晰的城市定位,例如大连定位于将自己打造"国际导向、全域协作、创新推动、幸福大连"的城市,西安明确提出要打造世界旅游胜地,也在努力打造亚洲技术创新中心、中国大飞机制造基地,等等。在未来的城市营销中,台北市应该就其自身特色和发展状况尽快制定和描绘出其清晰的城市形象定位和发展方向,并围绕这个定位和发展方向制定和设计更有针对性的营销手段,这样才能引导和推动台北这座城市更好地发展。

二、充分运用各类营销手段

在台北城市营销过程中,随着时代的发展所采用的传统营销方式已经为宣传、推广台北带来了很大的收益,在未来的发展中,台北市应该在进一步开发原有传统营销方式的前提下,更加积极地将新兴的营销方式融入其中,使这些新兴的营销方式所承担的角色从之前的补充角色更多地走向舞台,与传统营销方式共放异彩。在向其他城市宣传的过程中,台北现阶段仍主要通过各种现场交流会进行营销推广,在未来可以更多地通过虚拟的方式进行交流,如利用网络平台举办各种交流活动,由于网络所具有的传播快、范围广、反馈多的特点,所以这样的营销方式既可以节省成本,又可以使双方获得更多、更广、更充分的沟通。因此,台北市在设计未来的营销方案时要抓住网络营销的特点,充分发挥网络营销的优势,以更少的成本、更快的速度、更高的效率使台北市获得更多的关注和喜爱。

三、进一步拓展目标客源市场

作为目标客源市场，大陆无疑具有很广阔的拓展空间，但是台北在继续加强和大陆不同城市的交流合作的同时，也应该努力吸引更多其他国家和地区的游客赴台旅游观光，并积极争取更多的民间合作，在此过程中台北可以借鉴"乐台北"的思路为不同国家和地区的游客制定更具针对性的旅游路线，从而引导和满足不同游客的需求，例如单车游台北，外国游客可以通过单车穿梭在台北的大街小巷、花草丛林之中，在亲身体会台北各种风情的同时，也贴近台北市民的真实生活。此外，台北要树立国际城市的形象，应该在可能的范围内更加积极地争取世界级文化交流活动的主办，这无疑需要城市过硬的竞争力和吸引力，更需要台北市政治、经济、文化的全方位发展和更加有效的营销推广。[①]

四、调动当地民众的参与性

台北市政府应充分发挥引导和带动作用，不能仅仅依靠政府的力量来宣传推广台北，民众的参与性也是不容忽视的。城市营销的成功与否，和城市民众本身对城市的认同和共识有很大的关联，所以民众在城市发展中的重要地位和作用应该得到重视。因此，为调动民众营销台北的积极性，政府可制定一定的奖励机制及支持计划，鼓励民众参与政府组织的各类活动并尝试自发设计丰富的民间活动以吸引深度游的消费者，增强其体验感，从而进一步推动旅游业的发展，吸引更多的游客。除此之外，政府还可制定企业奖励机制，促进本土企业与外地企业的商业性合作，带动经济的发展，进一步提高城市竞争力。

①把台北卖出去[EB/OL].百度文库，http://wenku.baidu.com/link? url=5aj2cztd6UiPrZ4_b0jMs39n4bh5HCasQTmsy0zw1iTUpCBhehRe7BZUsGwjmW1H3etZLtdqqGWz_GRBUP_yN2H0PVxpUFJp3NOz21KrWDi.

第十二章　宝岛的港口重镇
——高雄

　　高雄市是台湾五大省辖市之一,位于台湾本岛西南部,是台湾的"南大门",成立于 2010 年 12 月 25 日,由既有的高雄市与台湾省高雄县合并而来。合并之后面积达 2947 平方公里,分为四个地区:高雄县、凤山县、冈山县和旗山县,是当前台湾境内面积最广的直辖市。高雄是台湾第二个建有捷运系统(MRT)的都会区。南起小港站、北至南冈山站的高雄捷运红线于 2008 年 3 月通车,西至西子湾站、东抵高雄县的捷运橘线于 2009 年 10 月底通车。高雄就像大陆的上海,在地理区位上,高雄居于亚太成长轴的中心位置,高雄港与亚太各主要港口间的平均航程最短①。地理区位的优势以及文化产业的积累,使得高雄市在城市营销方面不同于其他城市,高雄市政府也为城市营销做出了不少努力。本章主要分为三个部分:第一部分介绍高雄市的城市营销方案及案例,也是最主要的一部分;第二部分对高雄城市营销案例作简要分析与评价;第三部分对高雄在城市营销方面发展的建议。

第一节　高雄城市营销手段

　　城市营销包括城市发展的政治、经济、文化和社会的战略规划过程,帮助城市更宜居、更宜商、更宜游。不少城市得益于城市营销,实现了很好的发展。高雄市政府作为城市营销的主要管理者和主要决策者之一,在制定高雄市城市营销的战略规划上发挥了不容小觑的作用。在城市基础设施建设、整合节事活动、联合关系

---

　　①吴孟德.高雄的前世、今生与未来[J].城市发展研究,2005(2).

营销以及实现品牌化发展上做出了努力,并取得了相应的营销成果。

一、关系营销

关系营销主要是指城市间建立的友好交流关系。高雄市先后与 26 个国外城市结交为姐妹城市,与内地若干城市建立了合作交流关系。通过与不同城市的友好交往,高雄市的经济与贸易得到了发展。

(一)高雄与国际城市的友好关系

高雄市是台湾第二大都市,亦是台湾的"南大门",经贸、文化和环保等国际交往活动十分活跃。高雄市目前共有 25 个国际姐妹城市及 1 个国际友好城市,分布情况分别为北美洲 14 个,亚洲 4 个,非洲 3 个,中美洲与南美洲 3 个,大洋洲 1 个和欧洲 1 个。具体分布情况见表 12-1。

表 12-1　高雄国际姐妹城市和国际友好城市

大洲	国　家	城　市
北美洲	美国	夏威夷州檀香市(Honolulu),佐治亚州梅肯市(Macon)、普莱恩斯市(Plains),科罗拉多州科罗拉多泉市(Colorado Springs),德克萨斯州圣安东尼奥市(San Antonio),华盛顿州西雅图市(Seattle),田纳西州诺克斯维尔市(Knoxville),佛罗里达州迈阿密市(Miami)、彭萨科拉市(Pensacola)、罗德岱堡市(Fort Lauderdale),阿拉巴马州莫比尔市(Mobil),阿肯色州小石城(Little Rock),俄克拉荷马州塔尔萨市(Tulsa),俄勒冈州波特兰市(Portland)
亚洲	韩国	釜山市(Busan)
	菲律宾	宿雾市(Cebu City)
	日本	东京都八王子市(Hachioji)
	越南	岘港市(Da Nang)
非洲	南非	德班市(Durban)
	马拉维	布兰岱市(Blantyre)
	冈比亚	康尼芬市(Kanifing)
南美洲	哥伦比亚	巴兰几亚市(Barranquilla)

大洲	国　家	城　市
中美洲	哥斯达黎加	卡塔哥市（Cartago）
	伯利兹	贝里斯市（Belize）
大洋洲	澳大利亚	布里斯本市（Brisbane）
欧洲	德国	萨克森州矿山县（Mine County）

资料来源：http://zh.wikipedia.org/wiki/.

（二）高雄与大陆城市的友好交流

为了加强与大陆城市的友好交流，在高雄市政府的支持与倡导之下，高雄开展了以下一系列的友好交流活动：

1. 经贸交流与合作："南宁—高雄经贸合作联谊会"（桂台经贸文化合作论坛）

2013 年 4 月 26 日，高雄市邀请南宁市经贸文化代表团在高雄市寒轩国际大饭店举办桂台经贸文化合作论坛。连续几年开展的桂台经贸文化合作论坛，规模一年比一年大，层次一年比一年高，合作领域一年比一年广，已成为桂台两地越来越多人士的共识，两市在经贸合作方面有着广阔的发展空间。这次联谊会的举办，进一步推动了两地的经贸交流与合作。

2. 文娱活动交流：海峡两岸七夕牵手会

2013 年 8 月 9～14 日第 12 届七夕牵手会在厦门、高雄两地跨海举办。由两岸媒体联手打造的这一大型主题活动，植根于中国传统文化并发展创新，已成长为两岸民间交流、青年互动的重要媒介。该活动的成功举办，获得了地方政府与参会观众的高度认可。从 2008 年起，海峡两岸七夕牵手会接连四年被国台办和福建省委外宣办评为"重点交流项目规划"、"福建省对外民间交流重点项目"；2012 年被中宣部、国台办列入《2012 年对台宣传工作要点》。此项活动加深了两岸之间的人文交流，提高了高雄的城市品位，为高雄塑造了良好的城市形象。

3. 多城市间的友好合作交流：2013 亚太城市高峰会

2013 年 9 月 9～11 日，高雄市在巨蛋体育馆举办了以"城市经济新创能——城市挑战，城市行动"为主题的"2013 亚太城市高峰会"，这次峰会意在带动城市经济发展与商贸新契机，加强了亚太城市合作联盟网络，透过政府与非政府（NGO）组织的合作，塑造新的城市交流运作模式，提升亚太区域整体竞争优势。通过这次峰会的成功举办,加强了高雄在内的世界各地城市间的紧密合作。有助于推动以高雄为中心的南台湾地区与大陆的城市交流。作为台湾推动自由经济示范区的重点城市之一,高雄市在此项活动中受益匪浅。

4.旅游行业的交流与合作:旅游推介会与旅游界产品说明会

2008年7月19日,中国台湾高雄市观光推广团广州推介会在广州香格里拉大酒店举行,这是高雄市第一次来广东省作旅游推介,为两地的旅游合作翻开了新的篇章。2008年大陆居民赴台旅游开放以来,贵州自费赴台游客达4万人次。随着贵阳至台北航线的开通和加密,新增贵阳至高雄直飞航线,贵州与台湾旅游交流更加便捷,路线产品更加丰富,市场潜力更加巨大。2013年9月27日,"多彩贵州·风行天下"旅游推介会在台湾省高雄市举行。

2011年4月21日,由安徽省旅游协会与台湾旅行商业同业公会联合会主办,高雄市旅行商业同业公会、台湾观光领队协会、台湾旅行业经理人协会和台湾雄狮旅行社协办的2011(高雄)安徽旅游业界产品说明会在高雄市隆重举行,共计200余人参会。此次说明会对皖台及安徽与高雄的旅游合作起到了积极的推动作用。

二、形象营销

城市形象是一座城市内在历史底蕴和外在特征的综合表现,是城市总体的特征和风格。城市形象定位是城市形象的集中体现,反映了一个城市的特色和内涵。城市形象塑造旨在通过塑造城市特色将城市形象定位推向市场,吸引更多的外部资源和城市顾客,以促进城市经济发展。

城市形象定位是指城市根据自身资源挖掘,建立自身的竞争优势,确立城市在社会经济发展中的位置,城市定位是通过深入分析城市在一定时期内、相关区域内发展的作用、职能、地位,并将其加以科学概括和凝练。下面从城市形象定位与标识、城市形象打造和城市形象推广三部分来介绍高雄的城市形象营销。

(一)城市形象定位与标识

城市形象定位就是分析和研究城市历史和现状,规划城市的发展模式、发展方向,发展空间及经济布局,是城市未来的一种导向,是对城市形象的升华。城市形象最直接的表达方式就是城市市徽的发布。

2009年高雄世运会会徽,如图12-1所示,主要是以主办城市高雄市的首个中文字"高"字为主要元素,做成彩带形状,呈现律动感觉,表现出选手竞赛时的亮丽身影。而彩带上头以各种颜色点缀,整体表现出色彩缤纷的感觉,表现出各国选手欢聚在高雄同场竞技,并传达和谐、友谊、律动、飞跃、进步、欢乐的概念。同时彩带状的"高"字起头为黄色系,结尾使用蓝色系,表现出高雄市为一座阳光和海洋的城市。会徽于 2010 年 1 月 1 号改为高雄市市徽。

The World Games
2009 Kaohsiung

图 12-1　高雄市市徽

(二)城市形象打造

　　林奇(Lynch)在《城市意象》(The image of the city)一书中认为,城市意象是市民对都市环境中的某个地区经过长时间的观察、使用与认识而形成的记忆与产生的意义。从 2000 年起,高雄市首先确立了"海洋港都"的发展战略目标。在取得城市转型的同时,2007 年高雄更以"市民参与,幸福高雄"为主轴,在战略操作层面上,坚持以"幸福高雄,海洋港都"为城市品牌主题,在融传统文化元素于城市情景场域之中方面主要做出了以下三方面的努力:

　　一是融传统文化元素于城市情境场域之中。如在通道方面,除了注重现代捷运橘红两线的构建外,街道命名如"一心、二圣、三多、四维、五福、六合、七贤、八德、九如、十全",无不体现出城市传统文化意蕴。在节点方面有中央公园、左营车站、西子湾打狗英领馆等,地上标志有八五大楼、爱河之心、巨蛋等,不同文化与地域交织在一起,构成了一幅幅传统文化图景。

二是将光与水的交融构建起城市新意象。港口城市高雄市近几年来充分利用港口水资源丰富的优势,以"水和光的特色"来打造城市意象,如包括"爱河"、"城市光廊"、"河堤公园"在内的很多市政建设,都以灯光为主题,并逐步将公共设施装点成现代艺术品。

三是整合文化节点与文化事件的沿河区块。在良好的基础设施、文化内涵和公共空间的基础上,高雄还十分注重节事活动对城市意象的区块构建作用。生活在高雄,行走在高雄,游乐在高雄,人们常会被各种民俗活动、表演活动所吸引,丰富多彩的文化与艺术休闲活动增强了市民对身处城市的认同感和归属感,树立起"人文港都"新形象[①]。

此外,高雄市十分重视城市公共空间的再造。例如对位于高雄多功能经贸院区内的1~22号码头,就按其功能布局和在充分考虑区位、人们的生活习惯和审美要求等基础上,将1~3号码头开发为渔人码头,11号、12号码头为真爱码头,13~15号为光荣码头,22号为新光码头,共计9个码头为户外公共休憩场所。

(三)城市形象宣传

城市形象宣传片作为一种电视传媒形式和手段,是现代城市营销最为重要与有效的宣传手段。城市形象宣传片以强烈的视觉冲击力和影像震撼力树立城市形象.概括性地展现一座城市历史文化和地域文化特色,被称作一个城市或地域宣传的视觉名片。一部成功的城市形象宣传片应综合该城市历史和文化、自然地理特色,风土人情,更应注重该城市的发展和未来。城市形象宣传片的制作者需要具备社会学、科学、哲学、艺术学、政治学等多方面的知识,同时对表现对象有足够深入的了解和热爱,具备充足的创作激情和欲望。

1.城市宣传片

高雄市政府针对本区的具体情况和文化、资源特色,组织拍摄本区的形象宣传片。这些宣传片的拍摄和播放对于当地的形象推广都起到了很好的作用。例如,《海角七号》红遍两岸之后,高雄市趁热打铁,邀请《海角七号》主演田中千绘拍摄了宣传片《我嫁给你,高雄》。男主人公在向女主人公求婚,承诺如果能生活在一起,"一定会保护你;好好工作赚钱;想去哪儿玩就去哪儿玩,交通四通八达;我们的小孩一定会很聪明;一定会身体健康……"伴随着男主人公的话语,镜头分别切换到

---

①王志章,尹喆,王晓蒙.港口城市意象研究(上)——以台湾高雄为例[J].中国名城,2012(3).

教育、交通、工作、卫生、环保等部门的负责人直到市长。通过爱情、通过求婚向人们展示高雄的美好,温馨而又自然,被打动的不仅是女主人公,更有广泛的观众。

2.城市宣传微电影

微电影具有当地的特殊性,是一种贴近人文、贴近生活的小型电影。高雄市结合自身特点,赞助发布了以高雄为主要拍摄场景的《痞子英雄》,剧中许多著名的高雄景色,媲美的电影的高水准拍摄画面让人赞叹不已,透过《痞子英雄》的传播,在许多新闻版面标题,纷纷出现"痞子英雄"、"高雄"、"城市营销"等关键字眼,这关键字不同的排列组合,不仅带动了高雄市的观光热潮,更加深了高雄市的城市形象。

3.城市形象大使

城市形象大使一般是指具体人物,对所代言的城市进行推广与宣传。形象大使与政府的相关组织进行合作,依托大使本人较强的社会影响力与人格魅力,为所代言的城市开展相关的推广宣传工作,高雄市利用当红的"五月天"组合作为形象代言,吸引了年青一代对高雄市新的向往,是高雄市生气勃勃的生动体现。有力地塑造了高雄市富有激情、积极进取的一面,提高了高雄市的国际形象。

(四)城市形象推广

为了凸显爱河在城市形象中的地位,2006年,高雄市工务局启动了"爱河溯航计划"。2010年高雄提出了"产业高雄、生态之都"的理念,以支持"幸福高雄,海洋港都"之可持续发展。在高雄市城市形象代言人"五月天"乐团发表《第二人生》的歌词中,描述了高雄人追求幸福生活的梦想以及对一场梦想旅程的向往。此外,高雄一些影视观光产业的电影取材高雄,如《加油!男孩》、《总铺师》、《世界第一麦方》、《拔一条河》等电影,展示了高雄的地理风情、人文情怀,让人们见证了高雄丰富的生活产业与奋斗精神,高雄市借助这些文化传播的先进手段和技术,将高雄的城市形象推广上升到一个新的境界。

三、节事营销

节事是指能对人们产生吸引,并有可能被用来规划开发成消费对象的各种节庆活动和特殊事件的总称,其形式包括各种传统节日和在新时期创新的各种节日以及具有纪念性的时间。节事活动作为一种重要的经济社会和文化活动形式,在我国城市发展中扮演着越来越重要的角色。节事活动的发展,不仅张扬了城市的

个性,而且繁荣了城市经济、文化生活①。高雄市的节事活动比较多,下面对体育赛事和大型节庆进行介绍:

(一)体育赛事

体育赛事是一种提供竞赛产品和相关服务产品,并能够对社会文化、自然环境、政治经济等多个领域产生重大影响的特殊事件。经营好体育赛事能对一个城市的社会、经济和综合文化方面产生显著效益。利用体育赛事,尤其是顶级国际赛事来营销城市,已成为一种普遍现象。高雄市不仅举办了世界青少棒锦标赛、世界运动会等大型国际赛事,还举办或参加了一些岛内赛事,对城市的经济、文化、知名度等产生了较大影响。

1.世界青少棒锦标赛

2003 年第 11 届 IBA 世界青少棒锦标赛于高雄市立德棒球场举行。世界媒体广泛聚焦这一国际赛事,此项赛事成为高雄市宣传自身的有利契机。此项比赛的成功举办对于世界青少年互相了解提供了有利平台,对高雄的城市形象宣传提供了一个有力的宣传窗口,提高了高雄的国际知名度,国际影响力。

2.世界运动会

第八届世界运动会(The World Games 2009),简称 2009 高雄世运,于 2009 年 7 月 16~26 日在台湾省高雄市举行,是首次在台湾举办的国际性大型综合运动会,与台北听障奥运列为 2009 年台湾两大国际综合性赛事。

高雄世运共有 202 个国家和地区、近 5000 名选手参加。大部分的比赛项目是在高雄市进行,部分项目由高雄县的凤山市、鸟松乡及大树乡来承办。垒球比赛 7 月 17~20 日在立德棒球场举行,这是继第三届世界运动会之后再度出现,以邀请赛模式进行,计有俄罗斯、日本、韩国、加拿大、新加坡与地主中华台北队。高雄世运举办期间的空气品质良好,给外宾留下良好印象。世运总会主席朗·佛契于 7 月 16 日世运开幕式时,称高雄世运是“世界运动会史上最精彩的一次‘开幕典礼’”,他在闭幕致辞中进一步称赞这是“有史以来最成功的‘世界运动会’”。此外,世界花式台球锦标赛等国际性的台球赛事亦多次于高雄市举办。

3.岛内赛事

在岛内竞赛方面,高雄市主办过职棒首站赛,总冠军赛等一系列赛事,并以高雄市为代表,获得过 2007 年、2009 年、2011 年、2013 年连续四届中国台湾省运动

---

①王冬梅.我国城市节事活动未来发展策略探讨[J].产业与科技论坛,2008(9).

会金牌数、总奖牌数第1名的优异成绩,这些成功的背后是高雄市一系列的城市宣传和城市营销的结果。赛事充分利用高雄市得天独厚的自然环境和人文特色,凸显了高雄市的鲜明特色,对高雄打造城市形象起到了良好的促进作用。

(二)大型节庆

大型节庆活动指国际性的或地方性的,以经济、文化等为主题的大规模活动,是具有潜力的高消费专项活动,节庆活动综合功能强大,后续效应明显,对提高城市知名度、发展城市经济文化、吸引旅游者或商务会议参与者等具有很大的促进作用。下面介绍大型节庆活动有高雄电影节、国际会议和国际展览为主的国际性节庆活动,也有高雄市当地的较大型的特色节日活动。

1.高雄电影节

高雄电影节(官方网站:www.kff.tw/)是台湾的一个大型电影节,由高雄市政府文化局、高雄市电影馆主办,民间单位招标承办,影展自2001年开始,2006年扩大电影节主题,增加影展片量,至2013年已举办十三届,已成为高雄市一项重要的文化活动。高雄电影节除放映电影外,亦逐年新增活动特展,以及"48小时拍摄"与"高雄电影节短片竞赛"等活动,于闭幕举行颁奖,鼓励台湾本土的电影创作。高雄市电影馆位于高雄市盐埕区,是南台湾唯一的电影文化推广单位。

表12-2　高雄历届电影节

时间	展期	主题	内容
2001年(第一届)	12月22～28日	影展共分三大专题:"韩国焦点"(Spotlight on Korea)、"亚洲跨界"(Inter-AsiaCollaborations)和"台湾经验"(Taiwan Experience)	由高雄市政府新闻处主办,共有来自九个国家的37部片,知名影界人士亦参与盛会
2002年(第二届)	10月26日至11月1日	"数位影像"(Digital Cinema)	分为"华人数位"、"丹麦数位革命"、"数位短片精选"、"特别放映"、"国际动画"、"高解析数位电影"等专题,有多国影片参展。并有朱延平、狄龙等人参与
2003年(第三届)	12月21～31日	"跃动"(Feel the Vibe)	"南方电影人——郭南宏导演专题"、"亚洲电影专题"、"动画高雄研习营"与"国际论坛"

续表

时间	展期	主 题	内 容
2004 年 (第四届)	9 月 24 日 至 10 月 3 日	"海洋之城·世界之眼"(O-cean City)	举办海洋城市影展、创作研习营、国际论坛等多项活动,推广电影活动与城市行销
2005 年 (第五届)	9 月 23 日 至 10 月 2 日	"阳光海洋·健康都市"(Sunshine Ocean, Health City)	"高雄健康城、国片新纪元"、"国际都市电影文化交流——高雄 vs. 南特"、"南方电影人 vs. 姊妹都市电影人——黄玉珊 vs. 陈英雄",并邀请法国南特影展主席亚伦·贾拉杜(Alain Jal-ladeau)参加
2006 年 (第六届)	6 月 17 ～25 日	"跃动海洋新生命·引爆影像新势力"(Vibrant Oceanic Life and Energy vs. Innova-tive Graphic Images)	邀请韩国釜山影展金东虎主席、洪孝淑策展人及李沧东导演莅馆参观
2007 年 (第七届)	10 月 26 日 至 11 月 4 日	"幻想无限"(Fantasy)	共有七大主题单元,包括"前进未来"、"次文化"、"焦点影人"、"国际视窗"、"惊人的第一部:日舞影展精选"、"蓝领生活——人民故事"、"作家身影——新台风"等专题
2008 年 (第八届)	10 月 24 日 至 11 月 6 日	"斗魂"(Kaohsiung Spirit)	共有来自各地影展的七十六部片参与影展。"焦点影人"单元邀请来自日本的导演三木聪以及捷克导演大卫昂德利克。开幕片《记住我青蜥魔》导演小泉德宏亦随片来台
2009 年 (第九届)	10 月 16 ～29 日	"英雄 vs. 反英雄"(Hero vs. Antihero)	"幻想无限"、"焦点影人"、"国际视窗"、"惊人的第一部:戛纳金摄影机奖精选"、"人民力量"、"美丽岛事件"、"作家身影——新台风"、"高雄魂"、"推理剧场:伊坂幸太郎专题"

续表

时间	展期	主 题	内 容
2010 年（第十届）	10 月 22 日至 11 月 4 日	"爱欲星球"（Love Eros）	超过百部电影,共有十几个主题单元。"幻想无限"、"幻想双重奏:泰国 vs. 塞尔维亚"、"焦点导演"、"国际视窗"、"人民力量"、"新台风"、"高雄城市映像"、"推理剧场:人性空间",另外还有"惊人的第一部:美国独立精神奖精选"、"奇幻动画极短篇"和"东京国际短片影展精选"等单元
2011 年（第十一届）	10 月 21 日至 11 月 6 日	"末日天堂"（Death or Alive）	分为"国际视窗"、"疯狂世界"、"孩子幻想国"、"人民力量"、"台湾国度"等 14 个主题单元。其中"短片竞赛"主题分为"奇幻短片"、"绿色地球——末日天堂 Global Warning 短片"及"EOS 电影短片"。陈汉典担任影展大使
2012 年（第十二届）	10 月 13 日至 11 月 4 日	"未来时代"（Future Age）	涵盖 14 个主题单元,超过 150 部国内外影展强片,带来各国最具启发性的科幻电影,《月球之旅》等
2013 年（第十三届）	10 月 18 日至 11 月 3 日	"变奏国度"（Variation Nation）	影展主视觉来自歌舞电影《异形奇花》和《绿野仙踪》的综合想象。特别献上另类、非典型的歌舞及音乐电影,在人心动荡不安的年代,充满欢乐的音乐歌舞片让人暂时挥别政治恐慌的阴霾,最坏的时代用音乐来鼓舞人心

资料来源:http://zh.wikipedia.org/wiki/%E9%AB%98%E9%9B%84%E5%B8%82.

　　高雄自 2011 年开始,已经逐渐成为亚洲地区电影后制的重镇,成功吸引国际上最重要、最知名的电影特效公司及动画公司不约而同进驻,目前进驻的海外公司有好莱坞节奏与色彩工作室（Rhythm）&（Hues Studios）、日本小学馆、新西兰甲虫工作室（Huhu Studios）。

　　2.国际会议

　　世界上重要的国际城市基本上都会有较发达的国际会议产业,由于会议产业产生的非经济效益往往高于经济效益,对于国际会议,由于它的差异性和短暂性特点,它的成功举办不仅能促进本地区经济、文化、服务业和交通业的发展,在很大程度上还能促进本地区的宣传,提高该地区的国际知名度。也正是由于这一点,会议尤其是国际会议的举办受到了各国大城市的高度关注与重视。高雄市在 2006 年举行水岸城市高峰论坛,在 2009 年 10 月 4 日举办第 33 届国际都市发展协会(IN-TA33)年会,高雄市政府并为此举行"高雄行动创意"征选活动来共襄盛举,在 2013 年 9 月 9 日举行亚太城市高峰会。表 12-3 为高雄举办过的部分国际会议的概况。

表 12-3 高雄举办过的部分国际会议

会议名称	举办时间	会议主题	会议概况
水岸城市高峰论坛	2006 年	城市生态景观建设	此次论坛参会者不仅有国内代表,还有国外相关行业代表来参加
第 33 届国际都市发展协会(INTA33)年会	2009 年	在高雄及台北两地举行提供世界各国都市发展及都市更新政策经验交流之机会,有助于台湾都市发展政策之拟订与推动	高雄市政府为配合 INTA33,特拟"高雄行动创意"国际征选(Idea for Action Kaohsiung International Competition)活动来呼应 INTA33,期以自由创作、不设限之创新精神广邀世界人才投稿,以个人力量改变城市命脉,达到"创新"诉求
亚太城市高峰会(APCS)	2013 年	两年一届,宗旨为提升亚太地区及其他重要城市的经济发展。APCS 已成为亚太地区重要的政府与商务论坛,针对城市企业发展、投资环境与其经济效益方面进行深入探讨,为跨国企业进军亚太市场的最佳平台	高雄市政府于 9 月 9~11 日在高雄巨蛋举办"2013 亚太城市高峰会",会议主题为"城市经济新创能——城市挑战,城市行动"2013 年 8 月 6 日已经有 54 个城市参加

3.国际展览

通过举办各种类型的国际展览会和提供各种类型的服务,可带动商品、物资、人员、信息等的跨国流动,为世界经济发展和国际贸易增长做出贡献。同时也在很大程度上带动举办地的经济发展、完善当地基础设施建设、促进举办地旅游观光业的发展,以及解决人口就业问题等等。下面主要介绍高雄市定期举办的台湾国际扣件展览会和高雄旅行公会国际旅展两个大型国际展览,以及于2014年举办的首届台湾国际游艇展。

(1)台湾国际扣件展览会(官方网站:www.fastenertaiwan.com.tw)

2010年10月19~20日,由台湾螺丝同业公会、台湾外贸协会举办的首届台湾国际扣件展览会在高雄市隆重举行。应台湾螺丝同业公会的邀请,大陆参访团10余人参观了展览,本次展览约有320个展位,190家台湾紧固件厂商参加。尽管展会在巨蛋体育馆举行,并没有标准展馆宽敞,但2天展览已吸引超过1000名海外买家参观,展览现场人气很旺。其中,除欧洲、美国、日本等地的买主之外,还有来自新兴市场,包括俄罗斯、东欧、中东等地区的买主。根据主办单位外贸协会针对现场买主所做的调查显示,高达八成的买主表示展品深具多样性,且已在展场中找到适合的供应商,给予本次展览高度肯定。

2012年3月13~14日,第二届台湾国际扣件展览会在高雄巨蛋和汉神巨蛋举办,本次展览会有416个摊位,230家参展厂商,国外买主1600人,国内有24000人次参观。

2014年4月14~15日,第三届展会于全新落成之高雄展览馆盛大举办。使用820个摊位,330家参展厂商,将跃升为全球第3大扣件展览会。

(2)高雄旅行公会国际旅展

高雄市旅行公会国际旅展自2001年起开始举办,一年一度,一般在5月中旬举行,至2013年已经举办13届,第14届高雄市旅行公会国际旅展于2014年5月15~19日举办。高雄市旅行公会国际旅展在每年展览期间吸引十几万的参观人数,影响规模大,范围广,是台湾南部地区一年一度旅游观光,经贸洽谈的盛会之一。这个国际旅展为高雄市提供了有力的旅游业展示及交易平台,吸引了众多的观光旅游机构和旅游业相关从业者,是台湾南部地区旅游业发展趋势的风向标。

作为高雄市旅游界知名度最高、影响力最大的展览之一,高雄市旅行公会国际旅展依托自身地理优势,挖掘旅游业有利资源,促进了当地旅游业的发展,促进了高雄与其他地区或城市的交流与合作,创造了良好的经济效益和社会效益,促进了当地经济良好、有序发展。

(3)2014台湾国际游艇展

2014年5月8~11日,首届台湾国际游艇展将在刚刚落成的高雄展览馆展出,展览由台湾国际贸易局与高雄市政府共同主办,他们表示将打造一场专业、精致的游艇展呈现给全球买家及业者。据主办方介绍,首届台湾国际游艇展包括游艇、五金、造船、零组件、船舶与内装设计、维修服务与水上休闲观光等展出内容。这是台湾地区首度举行大型游艇展,此次展览获得游艇从业者及相关零配件厂商热烈支持,纷纷积极参加,展示出大型精品游艇、游艇零配件与机械设备等产品。

　　充满阳光的高雄市拥有得天独厚的港湾,气候和地理条件使得高雄市成为制造游艇最理想的城市,因此也形成了游艇产业聚落,全台33家游艇制造企业中有17家在高雄,产值占80%。2014台湾国际游艇展旨在呈现台湾地区游艇产业完整的供应链,凸显游艇周边产业的坚强实力,该展会将成为全台湾地区唯一B2B专业游艇展,对台湾地区发展蓝色公路,推广海上观光与游艇休闲活动,建立游艇文化将起到积极的推动作用。

　　4.节日活动

　　高雄市的节日活动众多,但节日的主题、风格、举办时间、举办频率各不相同,如表12-4所示,其中左营万年季和前镇戏狮甲艺术节并称为"北万年、南戏狮",是高雄市主要的大型传统庆典。高雄市利用各种缤纷节日活动这一人文资源,将城市形象融入到这些节日中,通过这些节庆活动来推广其丰富的旅游资源,抓住优越的地理优势和国际交流的机会,促进高雄市与国际接轨,从而使高雄的文化底蕴和文化魅力得到更好的保护和发扬。

表 12-4　高雄的主要节日

节日名称	起源时间	举办频率	主要活动内容
高雄灯会艺术节	由高雄市政府主办,是全台湾省历时最久的灯会	元宵节期间,活动通常为期半个月	高雄灯会海上焰火更成为全世界独一无二结合陆、海、空三种方式欣赏的4D焰火秀。并与台湾灯会、台北灯节并称为台湾三大灯会
高雄左营万年季	从2001年开始于高雄市左营区,也称之为左营万年季	由高雄市政府民政局每年举办,于每年秋季10月份左右	万年季源于在地庙宇的宗教庆典活动,其中最具特色的即为"迓火狮"活动。2012年为期9天的万年季突破152万人次

续表

节日名称	起源时间	举办频率	主要活动内容
高雄戏狮甲艺术节	起源于地方上的戏狮活动，2006年开始举办	不定期举办	举办狮王争霸赛（高桩狮）、创意舞狮赛（地面狮）、国际高桩狮、夜光龙邀请赛等赛事
大港开唱（官网：www.indievox.com/thewall）	在2006年10月于高雄11号、12号码头举办第一届大港开唱	2006年10月举办第一届，两届后停办两年，于2010年复办，每年一次	是高雄规模最大且以南台湾演出阵容为主的独立音乐节。"大港"在台湾语言的发音中的有充足、饱满之意
篮筐会	由早期传统赶集活动延伸发展而成，已有两三百年的历史	一年举办2～3次	为重要的民间竹器交易市集，举办地点的摊位长约两公里，以竹编篮筐、刀器金属五金等为主，形成特殊景观，每年吸引约10万人次前往
高雄国际货柜艺术节（官网：container.khcc.gov）	2001年开始举办第一届国际货柜艺术节	每两年一次，于当年12月至次年1月举办，至2013年已成功举办七届	新兴的节日活动，将货柜堆成"货柜迷宫"，让参观者深入货柜寻找出口；将货柜拖至街上游行的"货柜踩街"、货柜艺术市集、货柜咖啡屋、货柜造型蛋糕比赛等活动
高雄国际钢雕艺术节	于2002年首次举办国际钢雕艺术节	每两年一次，一般为20天左右，至2012年已成功举办六届	代表高雄产业的艺术盛会，显示了高雄钢铁城市的艺术风貌。亚洲顶尖雕塑家的参与使得节日影响力更为巨大
高雄内门宋江阵（官网：www.who－ha.com.tw）	效仿《水浒传》中宋江的领袖精神，后流传至台湾，由习武健身变为无活动要求表演	一年一次，于每年3月或3月底至4月初举行	有民俗技艺展示、阵头比赛、雕刻彩绘表演、建筑物景观游览等活动内容。是世界宋江阵活动在民间最兴盛之处，吸引了越来越多的年轻人加入

续表

节日名称	起源时间	举办频率	主要活动内容
福德正神祭	当地流传下来的传统习俗	一年一次,于每年的农历二月初二举行	这是当地流传下来的传统习俗,在这一天,人们通常会敬备牺礼香果祭祀福德正神,以前老一辈的人们喜爱设台唱戏,相当热闹,到后来便在这一天放映电影,别有风味
文昌帝君祭	古时认为,文昌帝君为民间尊奉的掌管世人功名利禄之神,文昌亦称文曲星	一年一次,于每年的农历二月初三举行,为期九天左右	祭拜掌管功名利禄的文昌帝君,是许多考生及家长必拜之神。每到这一天,许多人在这里瞻仰、膜拜,虔诚地祈祷。祭祀供品以生菜为主,有芹菜(勤奋)、蒜(计算)、葱(聪明)、桂花(蟾宫折桂)、粽子(高中)等
端午节赛龙舟	早在乾隆二十九年,台湾就有端午赛龙舟的习俗了,这也是高雄流传下来的风俗	一年一次,于每年的农历五月初五举行	同大陆的赛龙舟没有太大的区别,但在高雄这是最热闹的一天,在清澈明亮的爱河上,男人们尽情地挥洒着船桨,妇孺们则在岸上欣赏着自己亲人的雄姿英发

四、文化营销

城市竞争力分为硬实力和软实力两部分,硬实力包括设施、区位、环境等,软实力主要包括文化、制度、管理等。而城市文化中又蕴含着有形物质和无形文化两部分,文化通常是通过有形的物质来展现的。在全球化竞争浪潮中,一个城市的文化特色显得越来越重要,因此塑造城市文化品牌在城市竞争力中扮演着重要角色。

(一)有形物质

在城市文化的有形物质方面,高雄市的街道命名,如"一心、二圣、三多、四维、

"五福、六合、七贤、八德、九如、十全",体现出城市传统文化意蕴。在区域规划命名上更加注重"情境场域"的内涵,如爱河、海港、后劲旧城文化圈,还有三多商圈、新崛江、眷村等商圈、文化聚居地等,每个区域命名就是一种文化的再现。中央公园、左营车站、西子湾打狗英领馆、八五大楼、爱河之心、巨蛋等,不同文化与地域交织在一起,构成了一幅幅传统文化图景。这是有形物质或以有形物质为载体来体现本地文化特色的文化战略营销。

此外,位于高雄市盐埕区大勇路南端尽头的驳二艺术特区,本是一段高雄城市产业变迁的故事,如今成了高雄新的地标和热门观光景点。驳二艺术区有大大小小21个作为展览馆的仓库,是高雄的"798"。2013年在这里举办的展览有"糖果天后的异想世界"、"2013好玩汉字节"、"2013第七届'高雄人来了'城市角色创作展"、"吃心绝对——饮食概念展"、"火车跑到大街上——镜头下的轻轨"等,主题文化的展览吸引了大批群众前来观看。每到假日,很多台湾民众、大陆游客必游此地。游客可以从中了解这座城市的变迁,感受高雄的历史和文化①。

(二)无形文化

城市文化中的无形文化是依托其他有形物质形式来进行展现的。在各种政策的助推下,高雄文化产业有了迅速发展,"影视"与"数码"成为高雄文化创意产业两大支柱。高雄近几年来通过港口城市意象的构建及其对城市文化的重视和构建,其影响力、文化魅力越来越受到国际社会的关注,来此投资者、旅游观光者、求学者等逐年攀升,港口地位加强,经济发展向好,正在成长为一座知识城市和全球城市。高雄港口城市文化构建的经验为世界同类城市提供了很好的借鉴。

五、网络营销

网络营销是以互联网为平台,以网络用户为核心,利用各种网络手段去实现营销目的的一系列营销活动。网络营销具有低成本的信息传播优势,又有广大的网络用户是潜在受众,因此,近年利用网络营销越来越多,形式也越来越多样。

(一)高雄旅游网

高雄市观光局主要负责旅行业、旅馆业、观光旅馆业、游乐区与其他观光产业

---

①李炜娜,吴亚明.高雄开发加入更多大陆元素[N].人民日报海外版,2013—04—03.

的督导管理、调查、研究、推展及重大观光活动筹办等事项。作为高雄市观光局的官方网站,高雄旅游网致力于成为高雄旅游门户网站。打开高雄旅游网,首先映入眼帘的是首页缤纷的色彩,接着是背景图案上的海岸线、平原、高山,还有古塔、凤山大东艺术中心、现代标志性建筑 85 大楼,以及油纸伞、民族性标志的人物。宣传语为:"旅行台湾,首选高雄",网页首页有简体中文、英语、日语及韩语的切换设置。另有微博(爱高雄)、旅游手札、脸书粉丝团、Facebook 等一些社交互动的链接和二维码的扫描。在滚动的图片下方又有高雄最夯、主题高雄、旅游行程、多媒体专区等专题窗口。其中多媒体专区包含影音专区、电子刊物、电子 DM 下载、高雄魅力报和友善连接。

为了利用网络的影响力进行宣传推广,高雄市观光局不但邀请了挤进澳洲"世界最棒工作"前三强的台湾女孩代言,并与大专院校合作,经营高雄旅游网与粉丝网页,举办"WiKie 高雄观光图像拍写创作上传照片墙"活动与"高雄 OS 一分钟"观光行销短片竞赛,相关参赛作品和比赛过程都可以通过"高雄旅游网"进行观赏。

(二)"爱高雄"官方微博

近年来,随着微博热的出现和微博营销的不断发展、完善,作为城市营销的手段之一,微博营销越来越受到各界的关注。高雄市亦认识到微博这个新的推广平台对其城市营销的重要价值,于 2011 年 10 月正式进驻新浪微博,开设高雄市政府观光局的官方微博——"爱高雄",微博的首页背景与高雄旅游网的背景一致,展现了高雄市旅游资源的丰富多彩。至 2013 年"爱高雄"已发布 1200 多条微博,拥有近 6 万位粉丝,尤其在 2013 年以来,微博的发布量和粉丝数量呈明显快速增长状态,高雄观光局在微博中通过发布高雄的风景、民俗活动照片及提供旅游资讯的同时积极与网友互动,吸引更多大众人士了解高雄、游览高雄、熟悉高雄、宣传高雄。

第二节　高雄城市营销的评价

从营销手段可以看出,高雄市很重视城市的战略规划,城市品牌建设和形象推广工作做得十分到位,尤其是高雄市政府善于抓住机遇,借势营销。但是在营销创新方面,高雄城市营销部门还应给予更多的关注与重视,同时在城市交流方面与城市宣传方面还应向做得比较好的城市借鉴,使之更加完善。

一、关系营销评价

在关系营销上，高雄市主要以城市旅游营销为主，兼顾其他，高雄市在旅游营销方面保持稳步发展。一方面，高雄市通过对本地市容市貌、基础设施、相关特色建筑设施进行保存或适宜的建设改造，有利于维护本地区的特点和形象；另一方面，高雄市和其他城市的旅游合作也有利于以后发展长期的旅游项目，实现经济文化的长期发展。

虽然，高雄市在国际上的友好城市数量不少，但是高雄市和这些相应的友好城市的关系营销活动却很少。例如，在与内地的若干城市友好往来上，城市的数量少，且主要集中在合作交流主题简单，如会议交流等相对范围比较小，且缺乏深度合作的交流项目上。

二、形象营销评价

城市形象塑造，旨在通过塑造城市特色，将城市形象定位推向市场，吸引更多的外部资源和城市顾客以促进城市经济发展。高雄市政府结合自身特点，集合自己的地理优势、人文优势，巧借高雄世运会徽为市徽，对城市形象的标识构建起到了很大的宣传作用；同时，通过政府主导的城市宣传片推动了高雄城市魅力的进一步推广，通过城市微电影的宣传传播、形象大使的宣传，体现出了高雄市所独有的自然资源，带动了高雄市的观光旅游发展，有力地塑造了高雄市富有激情、积极进取的一面，提高了高雄市的城市形象、国际面孔。

但在高雄市的城市形象营销不断发展的同时，也应看到这些城市宣传都具有时间上的短暂性，并不具有持续性。高雄市应该尝试首先确立城市营销的核心定位，无论是核心理念还是城市宣传的标志性用语，这些都是后续从不同角度和多种手段对核心定位的阐述，这样才能在使用不同营销手段时既借助了这些手段本身所具有的特色和优势，又能使得这些手段的采用能够紧密围绕统一的形象理念发挥特色，从而使得高雄在城市营销的过程中避免出现模糊的、各自孤立的、聚焦不清的城市形象，而呈现出清晰的、完整的、立体的形象。

三、节事营销评价

节事活动的发展，不仅张扬了城市的个性，而且繁荣了城市经济、文化生活。高雄市的节事活动比较多，节事活动已快速演变为节事经济，高雄的节事活动举办的时间和地点比较合理、均衡，尤其是大型体育赛事和大型国际节庆活动，不仅给当地带来了一定的经济效益，还为本地区的招商引资、综合实力提升做出了很大的贡献。高雄市充分利用节事活动平台，宣传高雄丰富的经济、工业、人文、旅游资源，营造浓厚的城市形象宣传氛围，积极拓展各项领域的交流与合作，从而带动高雄市从经济到人文，从经济到旅游等一系列的宣传营销。

但同时也应注意到，高雄市的节事营销在规模上还需要进一步引导和规范，在时间上更好地安排规划，例如，高雄节事活动虽然多，但在质量上参差不齐，大部分不精，水平不高，在如何发展与提高影响力上还值得去开发创新。

四、文化营销评价

高雄市是拥有大量海洋环境景观与资源的港口城市，是台湾地区唯一拥有海岸线和国际港的大都会，其所具有的鲜明意象与文化特质，与台北、台中相比较大不相同。高雄市近年来通过港口城市意象的构建及其对城市文化的重视和构建，其影响力、文化魅力越来越受到国际社会的关注，来此投资者、旅游观光者、求学者等逐年攀升，其港口地位加强，经济发展向好，在城市文化营销中，高雄市既凸显了高雄的城市品牌主题，又重视对城市公共空间和公共设施的再造，同时还将旧工业建筑更新与产业转型结合，这些理念都体现了高雄城市管理的人文性及城市营销的永续性，也体现了高雄市政府对城市发展战略规划的重视，这种思想和战略是值得很多城市学习和借鉴的。

五、网络营销评价

高雄市利用网络这一便利途径，将高雄市旅游资源充分体现在了互联网上，这有利于扩大其城市的旅游宣传力度。高雄市旅游观光局通过网络举办行销短片竞赛活动，促进了当地民众积极参与的同时，也对当地的景观特色在互联网上进行了较有影响力的宣传。但是高雄市的网络营销有自身局限性，如缺乏较高的可见性、信息不完善、内容有一定的时间滞后性等,尤其是在网站的可见性还有待于完善和发展,可以说离高雄市全面开启网络营销还有一定距离。

第三节　高雄城市营销的建议

纵观高雄城市营销的经验,能明显看出高雄市在城市营销方面的发展与成效,但未来城市能否在此基础上进行更深层次的文化再造与营销再造,仍面临着一些问题。城市的可持续发展不仅涉及城市之间的交流、文化交流、人文环境的构建和产业转型,还应考虑城市福利等不可忽视的因素。

一、关系营销建议

高雄市应该利用台湾省第二大都市的优势,友好交流城市不仅要在数量上取胜,更要在质量上取胜。对于友好交流的国际城市和国内大陆城市,在建立友好关系的基础上还应采取一些具体的活动与措施,进一步发展经济、文化、教育、旅游等方面的交流与合作,这样不仅可以促进本地文化经济的繁荣发展,还可以学习其他城市在这几方面的优势与经验,这种深入交流,会给高雄带来很大的营销效果。因此,高雄市应在因地制宜利用好自己优势资源的同时,培养良好的平衡的城际间关系营销,不仅仅在旅游资源,地理资源上发挥优势,并且要在城际间的经济交流,人文交流上进行政策上的鼓励,财政上的支持。

二、形象营销建议

城市政府应该从城市实际出发对城市形象做出科学的、有城市特色的、符合城市历史文化的定位。城市形象的塑造离不开有效的传播。城市形象只有通过传播才能产生价值,只有通过传播设计才能产生价值,尤其是经济价值使城市形象这一无形资产产生效益。

城市品牌化作为一种专业化的城市形象营销手段,表现为城市对自我期望形象的规划、设计和管理,是一种主动的创制和安排。清晰、良好的城市形象是吸引游客、投资者、企业及人才的重要条件,也是市民荣誉感和归属感的源泉。高雄市在设计城市形象营销的方案前,不仅要考虑结合自身优势和特色开展,更应该首先将自己的各项优势资源提炼化、浓缩化、精华化,从而升华为城市品牌的核心,并围绕该核心层层设计出城市品牌形象的宣传与推广方案,使高雄的城市形象逐步清晰而立体地呈现,并能使其城市形象更容易为外界接受、记忆、理解、传播。无论采用何种具体的营销手段,这些手段都是共同围绕城市形象的打造与推广服务,所以清晰、统一的形象定位是基础,如果这个基础没有很好地提炼与设立,后续的营销与推广效果都会大打折扣,出现投入巨大而收效甚微的局面。另外,城市形象不仅需要官方的单方向宣传推动,还需要根据当地居民及外界对其城市营销手段的反应进行适当的调整与完善,这样能更好地对城市形象的塑造与推广实现动态化管理。

三、节事营销建议

高雄的节事活动举办的时间和地点比较合理、均衡,尤其是大型的体育赛事和大型国际节庆活动,不仅给当地带来了一定的经济效益,还为本地区的招商引资、综合实力提升做出了很大的贡献。但同时也应注意到,高雄市节事营销产业化水平低,市场化运作不规范,品牌意识差,宣传力度欠缺,高雄的节事营销在规模上还需要进一步引导和规范,节事活动要按照市场规律办事,走产业化的道路,是产业长远发展的共识,高雄市节事活动虽然名目繁多,但影响力巨大的屈指可数,高雄市可以整合有利资源,提高节事活动的传播力、影响力。

四、文化营销建议

城市文化在城市营销中扮演着越来越重要的角色,城市营销中的城市文化应是本地所特有的、不同于其他城市的文化底蕴和特色。高雄市兼备山、海、河、港,拥有优越的自然、人文、产业、历史环境,有助于创新城市与文化创意产业的发展,加上高雄市近年来大力发展观光产业,全力开发观光景点,因此,政府部门在培养市民的城市美学过程中,还应关注并加强市民文化素养的持续提升,这样,文化创意产业将更具发展前景。

其次,高雄市应在文化营销方面发掘自身有利资源,结合自身特色,形成完善的文化营销体系。依高雄文化产业规划、发展过程,高雄市正着手准备朝向创意经济的发展策略,对此,高雄市政府可通过设立明确的负责文化创意产业的专责单位，如文化创意中心，来全力推动文化新产业的发展与更新。

五、网络营销建议

　　网络是营销的一个平台，但更是一个提供服务的平台，是一个与目标群体自由交流的沟通平台，高雄市应该充分利用网络开发更多的营销功能。在经济发展日新月异的今天，高雄市要想在激烈竞争的市场中形成并保持其自身优势，应该完善自己的网络营销体系，明确自己的目标对象，合理设置网站栏目，完善网站内容，注重网站的实用性、界面友好性等。

　　高雄市观光局官方网站具有发布信息的功能，网站的建设要具有较高的可见性，且当有一定的访问量时，才有可能起到对外宣传的作用。在完善官方网站的同时，更应努力开拓新兴交流平台，比如微博、微信等，实现实时与用户交流沟通，这样更能进一步拉近和用户之间的距离，同时也可与微电影、宣传片等相结合进行网络营销，以达成事半功倍的营销效果。互联网只是一个平台，运用互联网也只是一个手段，要真正实现网络营销的预期效果还需要靠线下的各种前期后期工作予以配合和支持。

参考文献

[1]Manuel Castells. The Rising of the Network Society[M]. Oxford:Blackwell,2000.

[2]Philip Kotler, Somkid Jatusripitak, Suvit Maesincee. The marketing of nations: a strategic approach to building national wealth [M]. Free Press, 1997.

[3]2012 年深圳文化产业统计数据[EB/OL]. 深圳市文体旅游局,http://www. szwtl. gov. cn/.

[4]2012 年武汉专业的会议服务公司约 400 家[EB/OL].新浪网,http://hb. sina. com. cn/news/magazine/2013—05—17/164475174_2. html.

[5]2013 中国国内旅游交易会闭幕[EB/OL]. 人民网,http://travel. people. com. cn/n/2013/0422/c41570—21231154. html.

[6]艾斌. 天津特色招商再出新[J].国际商报,2011(5).

[7]曹丽琴. 七里山塘[J].丝绸之路,2010(21).

[8]曹连众. 聚焦南京青奥会交锋体育价值观[J].体育与科学,2011(6).

[9]陈波. 企业开展新媒体营销对策浅析[J].中国商贸,2010(8).

[10]陈尔东. 一页台北,爱情童话[J].艺术与设计,2011(1).

[11]陈红. 我国城市形象营销策略研究[J].新闻界,2009(3).

[12]陈凌墨,刘鸿清,蒋璐.武汉国际赛马节扬鞭[N].楚天都市报,2013 年 10 月 28 日.

[13]陈转青. 城市品牌营销策略研究[J].江苏论坛,2008(7).

[14]城市形象片出"新招" 园区企业"挑大梁"[EB/OL].中国苏州,http://www. suzhou. gov. cn/news/sxqdt/201301/t20130110_192276. shtml.

[15]城市形象宣传片[EB/OL].360 百科,http://baike. so. com/doc/242328. html.

[16]从苏州文化迈向"文化苏州"[EB/OL].人民网,http://culture. people. com. cn/GB/40483/40488/3470275. html.

[17]戴光全,保继刚.西方事件及事件旅游研究的概念、内容、方法与启发(上)[J].旅游学刊,2003,18(5).

[18]第47届国际规划大会在武汉举行[EB/OL].中国政府网,http://www. gov. cn/jrzg/2011—10/25/content_1977861. htm.

[19]第八届海峡两岸台北旅展举办[EB/OL].国家旅游局,http://www. cnta. gov. cn/html/2013—10/2013—10—18—17—35—31513_1. html.

[20]第九届民族运动会赛事结束,贵州"三个第一"创造历史[EB/OL].中新网,http://www. chinanews. com/ty/2011/09—18/3335160. shtml.

[21]第九届外来青工文体节将于4月26日至5月26日举行[EB/OL].深圳盐田政府在线,http://www. yantian. gov. cn/cn/a/2013/d07/a148367_403204. shtml.

[22]第九届中国国际航空航天博览会圆满落幕[EB/OL].中国国际航空航天博览会官方网站,http://www. airshow. com. cn/cn/Article/xhzxx/2012—11—18/19124. html.

[23]第十届"鹏城金秋"社区文化艺术节开幕[EB/OL].搜狐网,http://roll. sohu. com/20110919/n319867785. shtml.

[24]第一届中国国际马戏节珠海开幕胡春华李长春何厚铧等出席[EB/OL].珠海市政府网,http://www. zhuhai. gov. cn/xxgk/xwzx/zhyw/201311/t20131121_2500581. html.

[25]电影营销成功案例[EB/OL].BENT商学院,http://www. bnet. com. cn/2010/1118/1944183. shtml.

[26]丁荡新."创意深圳,时尚之都"我市文体旅游新形象定位和形象LOGO昨启用[N].深圳晚报,2011—03—01.

[27]东方水城[EB/OL].苏州市旅游政务网,http://www. visitsz. com/articles/2004—04—01/2004040114331627172. htm.

[28]东湖国家自主创新示范区总体规划(2011—2020年)[EB/OL].武汉市国土资源和规划局网站,http://www. wpl. gov. cn/pc—69—48662. html.

[29]董小麟,朱惊萍.城市营销及其对城市发展与竞争力的效应[C].中国市场学会2006年年会暨第四次全国会员代表大会论文集,2006.

[30]贵阳设专项扶持资金打造夏季会展名城[EB/OL].新华网, http://

news. xinhuanet. com/society/2010－08/18/c_12459540. html.

[31]国际花园城市［EB/OL］.百度百科,http://baike. baidu. com/view/1526339. htm.

[32]国家旅游局公告:《中国优秀旅游城市检查标准》进行了修订［EB/OL］.国家旅游局网站,http://www. cnta. gov. cn/html/2008－6/2008－6－2－21－23－28－319. html.

[33]海内外旅游业专家指出:山东旅游期待全民促销［EB/OL］.新浪网,http://news. sina. com. cn/c/2005－06－30/08266308280s. shtml.

[34]航拍《大江大湖大武汉》旅游宣传片在汉首映［EB/OL］.航拍中国网,http://www. cftts. com/news/12_345. html.

[35]郝丽萍,覃春燕.深圳欢乐谷国际魔术节影响力入选"国际十大"［N］.深圳商报,2011－09－15.

[36]何珍.城市营销研究——以上海世博会为例［D］.华东政法大学,2011.

[37]胡诗旸.文人园林的特点与艺术魅力——从拙政园看文人园林的意境美［J］.芜湖职业技术学院学报,2009(3).

[38]槐安梦.深圳欢乐谷 国际魔术节"十一"开幕［N］.深圳特区报,2013－10－0

[39]黄晓东.开发历史资源,增强珠海城市特色［J］.广东社会科学,2009(2).

[40]姬敏,徐侠,薛晓华.城市营销策略分析［J］.现代商业,2011(35).

[41]纪峰.城市品牌营销策略［J］.合作经济与科技,2010(12).

[42]家在苏州［EB/OL］.高楼迷论坛,http://www. gaoloumi. com/viewthread. php? tid＝575423.

[43]贾耀斌等.武汉统计年鉴 2012［M］.武汉:武汉年鉴社,2012.

[44]江汉关大楼［EB/OL］.中华人民共和国武汉海关官网,http://wuhan. customs. gov. cn/Default. aspx? tabid＝4293.

[45]蒋川,安树伟.城市营销手段比较及我国城市营销手段完善方向［J］.城市,2012(4).

[46]今年避暑旅游需求逾 5000 亿元,贵阳据适宜地首位［EB/OL］.新华网,http://news. xinhuanet. com/fortune/2013－06/20/c_116214088. html.

[47]柯云芜.厦门旅游营销环境分析［J］.湖北广播电视大学学报,2010(4).

[48]空前,超前——珠海 3D 打印图文展圆满落幕［EB/OL］.再生时代媒体网, http://www. irecyclingtimes. com/iPrint/index. php? index ＝ BusDyn&showid＝116.

[49]李东和,张捷,卢松,钟静.苏州水乡古镇旅游形象定位研究——以部分水乡古镇为例[J].地域研究与开发,2007(2).

[50]李涵,深圳动漫节今天开幕[N].深圳特区报,2013-07-17.

[51]李慧.节事营销对城市长期旅游效应的影响研究[J].企业活力,2012(12).

[52]李齐放,郑浩吴,宗世芳.城市营销:城市发展的新动力——以宁波为例[J].三峡大学学报(人文社会科学版),2007(5).

[53]李炜娜,吴亚明.高雄开发加入更多大陆元素[N].人民日报海外版,2013-4-3.

[54]李燕琴,吴必虎.旅游形象口号的作用机理与创意模式初探[J].旅游学刊,2004(1).

[55]李跃,李铁.2014年青奥会对南京城市品牌营销提升研究[J].辽宁体育科技,2013(6).

[56]李衹辉.大型节事活动对旅游目的地形象影响的实证研究[J].地域研究与开发,2011,30(2).

[57]利用电影进行城市形象营销效果研究报告[EB/OL].天海文化网,http://www.tianhaijinhui.com/article/t-page-18-184.html.

[58]林璧属,潘雪.城市整体营销体系下厦门会展业发展策略研究[J].厦门理工学院学报,2006(14).

[59]林雅萍.金士先营销"台北故宫博物院"[J].华人世界,2009(12).

[60]刘碧文.重新认识古建筑和仿古建筑[J].南方建筑,2007(2).

[61]刘路.论城市形象传播理念创新的路径与策略[J].城市发展研究,2009(11).

[62]刘彦平.中国城市营销发展报告(2009-2010):通往和谐与繁荣[M].北京:中国社会科学出版社,2009.

[63]刘彦平.城市营销战略[M].北京:中国人民大学出版社,2005.

[64]刘源,陈翀.事件与城市特色[J].城市问题,2006(7).

[65]旅游标志揭晓了,贵阳旅游有了品牌形象[EB/OL].金黔在线,http://gzsb.gog.com.cn/system/2007/07/25/010095222.shtml.

[66]绿色扮美高原林城[EB/OL].新华网,http://www.gz.xinhuanet.com/ztpd/2004-04/25/content_2033203.htm.

[67]绿树成荫,住在贵阳[EB/OL].金黔网,http://gzdsb.gog.com.cn/sys-

tem/2008/05/09/010267944. shtml.

[68]马骥远. 深圳文体旅游形象有了新 LOGO,定位为"创意深圳,时尚之都"[N]. 晶报,2011－3－1.

[69]马璇. 深圳文艺展演本周亮相世博[N]. 深圳特区报,2010－7－26.

[70]马志强. 论软实力在城市发展中的地位和作用 [J]. 商业经济与管理,2001(4).

[71]孟想. 厦门国际马拉松和厦门城市品牌捆绑营销策略[J]. 东方企业文化,2012(18).

[72]梦想初绽放,微电影的"青春期"[EB/OL]. 中国时刻网,http://www.s1979. com/news/china/201308/0797295907. shtml.

[73]倪鹏飞. 2012 年中国城市竞争力蓝皮书:中国城市竞争力报告. 北京:社会科学文献出版社,2012.

[74]宁波全球征集城市 LOGO[EB/OL]. 杭报在线,http://zt－hzrb. hangzhou. com. cn/system/2012/09/11/012096821. shtml.

[75]潘建桥. 武汉统计年鉴 2012 [M]. 北京:中国统计出版社,2012.

[76]潘婷婷,汪德根. 节事活动对苏州"东方水城"形象推广效应的分析——以"金鸡百花奖"落户苏州为例[J]. 资源开发与市场,2009(8).

[77]千年古城景中美景 荣苏州第一标志 千年古塔塔中精品 誉吴中第一胜景——走进苏州虎丘塔[J]. 中国地名,2011(10).

[78]深圳城市形象标识全球征集 [EB/OL]. 深圳新闻网,http://www.sznews. com/zhuanti/content/2012－01/17/content_6402499. htm.

[79]深圳大运会宣传片《理念篇》全球发布[EB/OL]. 中国新闻网,http://www. chinanews. com/ty/2010/08－09/2456554. shtml.

[80]深圳大运网,http://www. sz2011. org/.

[81]深圳第十一届"鹏城金秋"社区文化艺术节即将开幕[EB/OL]. 广东文化网,http://www. gdwh. com. cn/whwnews/2013/0815/article_17882. html.

[82]深圳概览[EB/OL]. 深圳政府在线,http://www. sz. gov. cn/cn/zjsz/szgl/.

[83]深圳市城市总体规划 2010－2020[EB/OL]. 深圳市规划和国土资源委员会（市海洋局）网站,http://www. szpl. gov. cn/xxgk/csgh/csztgh/201009/t20100929_60694. htm.

[84]深圳市文化艺术概况 [EB/OL]. 腾讯网,http://news. qq. com/a/

20100804/001582. htm.

　　[85]深圳微博发布厅[EB/OL].新浪网,http://focus. weibo. com/pub/i/zt/szwbfbt.

　　[86]深圳位列中国科研实力十强城市第六[EB/OL].中华人民共和国商务部官方网站,http://www. mofcom. gov. cn/aarticle/resume/n/201105/20110507572054. html.

　　[87]生态文明贵阳国际论坛2013年年会开幕,习近平致贺信[EB/OL].新华网,http://www. gz. xinhuanet. com/2013—07/20/c_116620327. html.

　　[88]世博台北馆将开放试营运 料吸引逾170万人次参观[EB/OL].国家旅游局,http://www. cnta. gov. cn/html/2010—4/2010—4—1—14—2—46567. html.

　　[89]世界超级跑车锦标赛中国珠海站结束[EB/OL].央视网,http://www. cctv. com/program/qqzxb/20070330/101144. shtml.

　　[90]首部城市文化形象微电影22日首映[EB/OL].长江网,http://news. cjn. cn/24hour/wh24/201309/t2353204. htm.

　　[91]苏州拙政园牵手悉尼谊园——两园结成友好园林[EB/OL].中华人民共和国国家旅游局,http://www. cnta. gov. cn/html/2010—7/2010—7—16—10—29—45639. html.

　　[92]孙跃辉.网络营销在城市营销中的应用探究[J].科技创新与应用,2012(24).

　　[93]台北6日电影之旅 期待一次不可思议的遇见(7)[EB/OL].中华网,http://travel. china. com/vane/tour/11119697/20130806/17982685_6. html.

　　[94]台北观光传播局开微博提供旅游信息[EB/OL].新浪新闻中心,http://news. sina. com. cn/c/2011—06—08/203222607403. shtml. 台北市政府文化局,www. culture. gov. tw.

　　[95]唐子来,陈琳.经济全球化时代的城市营销策略:观察和思考[J].城市规划学刊,2006(6).

　　[96]万君宝.上海世博会的文化营销与软实力构建[J].城市规划学刊,2006(3).

　　[97]王冬梅.我国城市节事活动未来发展策略探讨[J].产业与科技论坛,2008(9).

　　[98]王刚.节事旅游营销策略研究——以青岛为例[D].青岛:中国海洋大学,2009.

[99]王慧琼,崔嵩.深圳大力增加城市绿量建设公园之城[N].深圳特区报,2011 年 10 月 20.

[100]王淼.微博上的城市形象营销[D].上海外国语大学,2012.

[101]王在兴.文体旅游形象宣传片发布[N].深圳晚报,2011 年 8 月 11 日.

[102]王志章,尹喆,王晓蒙.港口城市意象研究(上)——以台湾高雄为例[J].中国名城,2012(3).

[103]文长辉.传媒营销学[M].北京:中国传媒大学出版社,2011.

[104]乌兰.略论旅游形象营销战略[J].经济,2002(9).

[105]吴德群.李克强视察深圳展区[N].深圳特区报,2009 年 10 月 20 日.

[106]吴东旺.苏州,迈向 21 世纪的现代国际名城——关于苏州城市发展的基本思路[J].华东经济管理,1997(5).

[107]吴孟德.高雄的前世、今生与未来[J].城市发展研究,2005(2).

[108]吴师彦.城市形象标志设计初探[J].艺术·生活,2010(6).

[109]武汉地产集团简介[EB/OL].武汉地产集团网,http://www.whdc.cn/Company/introduction.shtml.

[110]武汉地方志编纂委员会.武汉城市圈年鉴 2010 [M].武汉:武汉出版社,2010.

[111]武汉概览.中国武汉政府门户网站,http://www.wuhan.gov.cn/.

[112]武汉国际渡江节的由来[EB/OL].新浪网,http://blog.sina.com.cn/s/blog_49b38e770102e28r.html.

[113]武汉国际旅游节[EB/OL].百度百科,http://baike.baidu.com/view/4454644.htm.

[114]武汉国际旅游节惠民开幕[EB/OL].湖北省旅游政务网,http://www.hubeitour.gov.cn/a/2013/10/14797/.

[115]武汉国际赛马节[EB/OL].中国武汉政府门户网站,http://www.wuhan.gov.cn/publish/wuhan/2008−10/11/2006−01−2968246.html.

[116]武汉口号标识征集[EB/OL].长江网,http://zt.cjn.cn/zt2012/whkh-bzzj/.

[117]武汉市标[EB/OL].中国武汉政府门户网站,http://www.wuhan.gov.cn/publish/wuhan/2013−07/22/1201307221502530025.html.

[118]武汉长江隧道获"詹天佑"奖[EB/OL].中国武汉政府门户网站,http://www.wuhan.gov.cn/publish/wuhan/2011−02/14/1201102140947370329.html.

[119]辛亥革命武汉起义纪念馆简介[EB/OL].辛亥革命武汉起义官网,http://www.1911museum.com/news.asp?cid=1.

[120]徐春红.基于城市营销视角下宁波城市形象对外宣传对策研究[J].宁波广播电视大学学报,2011(1).

[121]许春晓,柴晓敏,付淑礼.城市居民对重大事件的感知变化研究——2006杭州世界休闲博览会期间的纵向研究[J].旅游学刊,2007(11).

[122]许朗.贵阳的城市名片[J].贵阳文史,2009(2).

[123]许良洪,蔡传明.大型体育赛事提升城市体育软实力的价值研究——以厦门国际马拉松赛为例[J].体育科学研究,2011(3).

[124]杨媚.30万办起全国首个剧院艺术节[N].深圳特区报,2010年12月12日.

[125]杨宁.城市、空间与人——杨德昌电影中的台北城市形象[J].当代电影,2007(6).

[126]杨武生."山水城市"概念在无锡城市旅游形象设计中的运用[J].郑州轻工业学院学报(社会科学版),2009(6).

[127]杨子炀,张艳蕊.天津经验[J].中国企业报,2011(8).

[128]姚凌漪,唐淑婷,陈倩.浅析城市营销[J].大众商务,2010(6).

[129]姚平.南京城市形象片登陆美国CNN[N].南京日报,2013年7月18日:要闻版.

[130]殷勇,谢作正.深圳统计年鉴2012[M].北京:中国统计出版社,2012.

[131]营销助力逆风飞翔——2009年中国旅游城市营销巡礼[N].中国旅游报,2009年12月11日.

[132]于泷,耿改智.浅析微电影营销[J].企业导报,2013(2).

[133]于宁.城市营销研究——城市品牌资产的开发、传播与维护[D].大连:东北财经大学,2006.

[134]余大庆.率先实现基本现代化背景下苏州文化的传承与发展[J].唯实,2011(10).

[135]余青,吴必虎,殷平,童碧沙,廉华.中国城市节事活动的开发与管理[J].地理研究,2004(12).

[136]约翰·艾伦著,王增东,杨磊译.大型活动项目管理[M].北京:机械工业出版社,2002.

[137]张党利,郗芙蓉.文化营销的概念及其实施研究[J].中国管理信息化,

2008(11).

[138]张鸿雁.论城市形象建设与品牌战略创新——南京城市综合竞争力的品牌战略研究[J].南京社会科学,2012(12).

[139]张克孝等.武汉市志·城市建设志[M].武汉:武汉大学出版社,1996.

[140]张秀芳.天津城市营销初探[J].天津经济,2005(3).

[141]张一彪,李宏彬,刘青峰,熊郁云.大投资、大交通、大产业,构造中部崛起核心发展区——武汉城市圈全面提速[J].中国经济周刊,2009(2).

[142]赵柏.视觉城市——基于城市标识系统的城市形象定位与案例分析[J].大众文艺,2011(20).

[143]赵曦岚.基于节事活动的城市形象营销[D].兰州:兰州商学院,2009.

[144]郑欢.贵阳旅游产业与城市品牌传播[J].广告大观综合版,2010(6).

[145]郑向鹏,蓝岸."深圳特别活动日"闪耀上海世博舞台[N].深圳特区报,2010年07月30日.

[146]中共深圳市委、深圳市人民政府关于提升城市发展质量的决定[EB/OL].深圳市规划和国土资源委员会网站,http://www.szpl.gov.cn/xxgk/zcfg/fgk/csghl/201109/t20110928_66800.html.

[147]中共无锡市委宣传部课题组,王立人,卢俊峰,许敏雄.无锡城市国际化的现实、比较与定位[J].江南论坛,2011(11).

[148]中国(贵州)国际酒类博览会开幕[EB/OL].新华网,http://news.xin-huanet.com/society/2011-08/18/c_121877556.html.

[149]中国·深圳·设计之都官方网站,http://www.shenzhendesign.org/.

[150]中国国际友好城市联合会,http://www.cifca.org.cn/Web/Index.aspx.

[151]中国最美旅游胜地排行榜获奖名单[EB/OL].搜狐旅游,http://travel.sohu.com/20090306/n262652158.shtml.

[152]中央电视台"相约大运,畅游深圳"节目制作完成[EB/OL].深圳政府在线,http://www.sz.gov.cn/whj/qt/gzdt/201012/t20101223_1620098.htm.

[153]钟玲.城市营销理论的应用:苏州"环古城"游项[J].今日南国,2010(12).

[154]周蜀秦.大事件驱动城市增长机制的中外比较[J].中国名城,2010(11).

[155]周小松.浅谈城市营销策略[J].现代企业教育,2009(7).

[156]朱春阳.传媒营销管理[M].广州:南方日报出版社,2004.

[157]朱伟霞.珠海市会展旅游业的发展策略研究[J].2011(6).

[158]珠海发布政务微博和珠海微博发布厅今日正式上线[EB/OL].新浪网,http://gd.sina.com.cn/news/m/2013-07-29/175930753.html.

[159]珠海国际半程马拉松赛 12 月 15 日开幕,现正接受报名。来吧,起跑线上约定你[EB/OL].珠海市文体旅游局网,http://www.zhwtl.gov.cn/html/view-8014.html.

[160]珠海荣获最美丽城市美誉,成外国人最爱的中国城市[EB/OL].金羊网,http://news.ycwb.com/2013-08-20/content_4883980.htm.

[161]专家学者纵论武汉精神:引领城市未来[N].长江日报,2012-08-24.

[162]左仁淑,崔磊.城市营销误区剖析与城市营销实施思路[J].四川大学学报(哲学社会科学版),2003(3).